本书受国家自然科学基金青年科学基金项目（72403269）资助

李成明 著

数字经济、结构转型与包容性增长

人民日报出版社

北 京

图书在版编目（CIP）数据

数字经济、结构转型与包容性增长 / 李成明著.
北京：人民日报出版社，2024. 9. — ISBN 978-7-5115-
8406-9

Ⅰ. F492

中国国家版本馆CIP数据核字第2024HT1901号

书　　　名：数字经济、结构转型与包容性增长
　　　　　　SHUZI JINGJI、JIEGOU ZHUANXING YU BAORONGXING ZENGZHANG
著　　　者：李成明

出 版 人：刘华新
责任编辑：蒋菊平　南芷葳
封面设计：中尚图

出版发行：人民日报出版社
社　　址：北京金台西路2号
邮政编码：100733
发行热线：（010）65369509　65369527　65369846　65369512
邮购热线：（010）65369530　65363527
编辑热线：（010）65369528
网　　址：www.peopledailypress.com
经　　销：新华书店
印　　刷：三河市中晟雅豪印务有限公司
法律顾问：北京科宇律师事务所 010-83622312

开　　本：710mm×1000mm　1/16
字　　数：316千字
印　　张：20
版次印次：2024年9月第1版　2024年9月第1次印刷

书　　号：ISBN 978-7-5115-8406-9
定　　价：79.00元

CONTENTS 目 录

一、选题背景与意义

习近平总书记强调："数字经济事关国家发展大局"，要"不断做强做优做大我国数字经济"。随着人工智能、区块链、云计算、大数据、物联网等数字技术迅猛发展及应用，数字经济已成为推动经济增长的"新引擎"。《"十四五"数字经济发展规划》提出到2025年数字经济核心产业增加值占GDP比重达到10%的目标。与此同时，作为一种新经济形态，数字经济以数字技术为核心驱动力，不仅颠覆了传统产业的运作模式，引发了经济社会各领域的深刻变革，推动了经济社会各个层面的结构性重塑，也为推动共同富裕、实现包容性增长提供重要抓手。因而，如何高效利用数字技术、有效配置数字资源，实现数字经济赋能经济高质量发展，推动我国经济结构转型升级和全体人民共同富裕成为当前推动中国式现代化的重大课题。

在全球经济格局深度调整背景下，我国经济结构转型的必要性和迫切性愈发凸显。传统经济结构在多个方面带来了显著的问题。首先，传统经济结构在生产、流通、分配和消费等环节存在明显脱节现象，产能过剩、流通不畅、分配不均和消费不足等现象并存，导致资源利用效率低下，经济社会成本高昂。而且，在传统经济结构下，企业在追求利润的过程中，往往忽视了对环境的保护和资源的合理利用，导致环境污染和资源浪费问题日益严重。其次，传统经济结构中的收益分配方式往往存在资本偏向，企业和政府等投资主体往往占据了大部分利润，而劳动者和消费者的利益则相对被忽视。这种利润分配方式不仅加剧了社会贫富差距，也抑制了消费需求的增长，阻碍了经济的可持续发展。此外，传统经济结构下产业结构失衡问题明显，过度依赖某些行业或产业，而忽视了其他具有发展潜力的新兴产业。这种失衡的产业结构不仅限制了经济的多元化发展，也增加了经济风险。当前，中国特色社会主义进入新时代，我国社会主要矛盾已经转化为人民日益增长的美好生活需要和不平衡不充分发展之间的矛盾，而传统经济结构在资源利用、环境保护、利润分配和产业结构等方面与新时代发展目标的不相适应，迫切需要加快结构转型，推动包容性增长，以解决我国当前发展不平衡不充分问题。

习近平总书记强调："数字经济发展速度之快、辐射范围之广、影响程度之深前所未有，正在成为重组全球要素资源、重塑全球经济结构、改变全球竞争格局的关键力量。"数字经济以数据为关键生产要素，以数字技术创新为核心驱动力，以现代信息网络为重要载体，通过数字技术与实体经济深度融合，推动传统产业升级换代，已成为加速重构经济发展与政府治理模式的新型经济形态。数字经济具有高创新性、高渗透性、正外部性和普惠共享等特征（师博和胡西娟，2022），这为加快经济结构转型提供源源不断的动力。一方面，数字产品和服务以其高效、便捷、智能的特点，正在深刻改变着人们的生产和生活方式。作为推动经济增长的新动力，传统经济结构若不及时进行转型，将不能适应生产力发展要求，也将面临被市场淘汰的风险。而且，在"双碳"目标下，经济结构转型是应对资源环境压力、实现可持续发展的必然选择。长期以来，我国经济发展过度依赖资源消耗和环境污染，给生态环境带来了沉重压力。随着环保法规的日益严格和人们对生态环境的关注度不断提高，传统经济单元也必须转变粗放式发展模式，走绿色低碳发展之路。通过引入新技术、新工艺和新模式，借助数字技术降低能耗和排放，提高资源利用效率，进而实现经济与环境的和谐共生，构建数字生态文明。另一方面，随着经济社会的发展和人民生活水平的提高，人类需求层次正发生跃迁，经济模式也正从传统的体力经济和思维经济转向情感经济阶段（Rust和Huang，2021），多元化和个性化需求不断增加，而传统经济结构在产品和服务供给上往往存在结构性失衡、质量不高等问题，难以满足人们多样化的需求，加快推进数字经济赋能经济结构转型，推动产业结构优化升级，提供更多高质量、个性化、多样化的产品和服务，是满足人民日益增长的美好生活需要的内在要求。另外，在全球经济一体化加速推进的当下，各国之间的竞争日益激烈。只有具备先进技术、高效管理和创新能力的经济体，才能在激烈的国际竞争中立于不败之地。因此，通过数字经济赋能以加快经济转型升级步伐，提升自主创新能力，增强产品和服务质量是提高国际竞争力的必由之路。

新发展理念背景下推动包容性增长是时代主题。包容性增长，作为一种强调机会平等、公平合理地分享经济发展成果的增长理念，与数字经济的高创新性、高渗透性、正外部性和普惠共享等特征紧密相连。因而，通过发展数字经济推动经济结构转型升级，确保经济增长的成果能够惠及全体人民，进而推动包容性增长是推进中国式现代化的内在要求。鉴于此，我们不禁思考，数字经济在推动结构转型的过程中是否能够"提高发展的平衡性、协调性、包容性"？如果是，其内在机理是什么？在各个经济主体上有什么样的具体表现和发展趋势，以及同一主体类型下不同群体具有何种异质性特征？回答上述问题，在理论上有助于我们从结构转型视角明晰数字经济推动包容性增长的内在机理，完善数字经济下经济发展和结构转型的理论体系，为数字经济赋能构建公正、平等和互利共赢的包容性经济体系夯实理论基础；在实践上有助于为推动经济结构转型和全体人民共同富裕的中国式现代化提供数字化转型路径，具有重要的理论和现实意义。

二、解构与重构：数字经济驱动结构转型的理论逻辑

在人类社会的发展进程中，人类需求作为推动社会进步的原动力，对技术进步起着决定性的牵引作用。人类需求的不断演变和升级，是技术创新和技术进步的动力源泉。人类需求的多样性和层次性促使技术持续向更精细、更高效的方向发展。这一过程中，技术创新和进步不仅满足了人类的基本生存需求，更在提升生活质量、促进社会发展等方面发挥了关键作用，数字技术的发展亦是如此。在人类的信息需求驱动下，数字技术的发展重塑了信息传播的链路，打破了信息传播的空间壁垒，推动了信息传播从实体物理空间向虚拟数字空间的空间转移，进而带来信息从生成、加工、传播、使用等全链条的重塑，信息成本趋于零边际成本，与之相伴的是革命性的资源配置效应。人类倾向于用更低成本满足更多需求，因而需求驱动下的数字技术进步会带来各领域信息成本的下降，正重塑社会成本结构。这种成本效应不仅体现在生产过程中的原材料、能源和劳动力成本的减少，更体现在消费者福利的提升，以及新技术应用所带来的整体经济效益的增进。进而社会成本结构

的变动将推动组织模式的变革，传统经济组织模式正在被解构，并重构为新产业新业态新模式。科斯定理揭示了企业组织存在的交易成本基础，而在社会成本结构变动的背景下，包括企业在内的各类组织将寻求更加高效、灵活和可持续的新组织模式，以适应市场需求的快速变化，带来原有组织模式的解构和新组织模式的重构。新组织模式的变革不仅提高了企业的适应力和竞争力，也将在宏观上为整个社会的经济结构转型和数字经济新生态奠定微观基础。随着新组织模式的不断涌现，产业结构、就业结构以及消费结构都在发生结构性变化。新兴产业和行业的崛起，为经济发展注入了新的活力；就业结构的多样化，为劳动者提供了更多的选择和机会；消费结构的升级，推动了产品和服务质量的不断提升。这些新变化是数字经济新生态的重要表现，变化的过程也是从传统业态转向数字生态的经济结构变迁过程，而在新的历史背景下也将孕育形成新的思想观念，带来数字文明下的文化繁荣，"解放思想永无止境"。因而，理解从传统经济旧业态到数字经济新生态的转型过程就要把握"技术变革–成本变动–模式变化–结构变迁"的大逻辑，更好理解经济社会各个领域的具体表现以及对经济社会的系统影响。

（一）人类需求驱动技术变革

人类需求牵引技术进步。根据马斯洛的需求层次理论，人的需求分为生理需求、安全需求、社交需求、尊重需求和自我实现需求，呈自底向上的层次递进。随着经济社会的发展，数字时代人民需求的显著变化是信息需求的持续增长。

从需求视角看，过去人们的信息获取渠道受限于物理空间约束，而数字技术能够突破信息的物理空间限制，人们得以从数字空间中迅速获得各种各样的信息。在此过程中，人们开始追求更加丰富多样的信息，信息需求不再仅满足于基本的生理与安全需求，更是对世界形成深层次理解、获得爱与归属感以及达成自我实现的追求。人类需求的方向决定了技术进步的方向，人们对物质自由和精神自由的追求决定了旨在打破物理空间约束的信息技术变革方向，驱动了数字技术进步。一方面，随着社会经济的发展和物质生活水平的提升，人类的需求在不断变化，信息需求越来越多。消费者在自身的预算约束下，有充分利用现有资源达到效用最大化的目标，而信息决定了资源配置效率，这催生了更强的信息需求。生产者面对市场不同主体对差异化产品的需求，同样面临压缩自身生产成本追求利润最大化的动机，在满足消费者差异化需求中获得经营利润，进一步增加了信息需求。另一方面，社会组织越来越复杂，人与人、物与物、人与物的链接复杂紧密，强化了全社会的信息需求。具体而言，人与人之间的关联已经从简单的血缘、地缘关系，扩展到了更为广泛的社交网络、职业网络和经济网络，这些网络中的信息流动和交换日益频繁，对信息的准确性和时效性提出了更高的要求。同时，物与物之间的连接也变得愈发紧密和复杂，物联网技术的快速发展使得各种设备、系统能够相互连接、相互通信，实现了数据的实时共享和智能决策，这不仅提升了生产效率和生活便利性，也对信息的处理能力提出了更高的要求，进一步驱动数字技术进步。更为关键的是，人与物之间的联系也在不断地强化和深化，人类通过各种智能设备、传感器等实时获取物体的状态、位置、运动轨迹等信息，进而实现对物体的智能控制和优化管理。人类正进入万物互联的数字新时代，这不仅改变了人类与物体的交互方式，也极大地拓展了人类获取信息的渠道和范围。信息是组织形成的基础，日益复杂的社会组织结构对信息的需求不是简单的需求加总，而是涌现为指数级的信息需求跃迁。在数字经济新生态下，每一个主体节点都需要更高效、准确、全面地获取、处理和利用信息，以适应日益复杂的社会生态环境挑战，这些需求将持续加速数字技术的发展，不断推动数字技术变革。

从供给视角看，根据马克思主义政治经济学理论，技术是资本的副产品，资本的增值需要驱动了技术变革，而归根到底还是来自满足人类需求，即新的使用价值的创造和缩短必要劳动时间的效率提升。从创造新的使用价值来看，使用价值是商品能满足人们某种需要的属性，即商品的有用性，随着信息需求的增加，资本家和劳动者对这一使用价值的追求驱动技术进步，通过数字技术进步创造新产品满足新需求。从缩短必要劳动时间来看，由于资本主义的生产方式在于追求剩余价值，也就是资本家通过无偿占有工人的剩余劳动时间来获取利润，数字技术作为提高生产效率、缩短必要劳动时间、延长剩余劳动时间的手段得到了快速发展和应用。

（二）技术变革带来成本变动

人类需求是技术变革的底层驱动力，打破信息传播的物理空间约束催生了各类数字技术，这些数字技术变革正重塑社会成本结构，进而形成新产业新业态新模式。数字经济的崛起引领了一场信息成本革命，其影响范围覆盖整个产业链和社会经济体系，是一场颠覆性变革。我们可以从两个层面理解，一是信息本身的成本，即信息从生成到运用的全周期的资源消耗，如搜索成本、复制成本、运输成本、跟踪成本和验证成本等；二是由信息成本等构成的经济社会成本，如管理成本、物流成本、决策成本、资本成本等。

1. 信息成本变革

信息成本是指为了获取、处理、存储、传输和使用信息而需要付出的各种资源或代价。在经济学意义上，信息成本的价值体现在其对市场效率和资源配置的重要影响。一方面，信息成本的下降推动产品多样性水平提高，使得企业能更好地满足消费者个性化需求，从而促进市场的繁荣和经济增长。这种多样性的增加不仅丰富了消费者的选择，还激发了市场竞争，推动了产品和服务的创新。另一方面，信息成本的降低减少了企业在获取市场信息时的支出，使得资源能够更加高效地流向其他更有价值的创新领域，提高经济整体的创新水平和生产效率。

具体来看，互联网消除了时间和地理上的界限，促进了信息的即时和广泛传播，从而降低了信息传播成本。Cairncross（2001）认为，信息传输成本的下降将导致"距离的消亡"，孤立的个人和公司将能够融入全球经济，欠发达地区的消费者也将获得与其他人一样的数字产品和服务，知识将在全球范围内传播，正如《世界是平的》一书中预言的——数字时代世界是平的，这无疑将重塑全球的经济格局，个人、公司和国家之间的界限将变得模糊，合作和竞争将更加频繁和激烈。例如，通过实施智慧物流模式，利用大数据、云计算和物联网等先进技术，实现物流信息的实时追踪和资源的优化配置，通过供应链上下游企业之间的合作与协调，实现资源的共享和协同作业，减少供应链中的浪费和损耗，从而减少运输过程中的浪费和冗余，降低运输成本。此外，大数据技术能够从庞大的信息集合中提取出有价值的洞见，为组织和企业提供了数据驱动决策的能力，从而降低了信息处理成本。云计算模式允许用户远程访问服务器上的资源，包括数据存储和计算功能，减轻了企业在IT基础设施上的投资负担，增强了信息处理的灵活性和可伸缩性，从而降低了企业的信息技术成本。这一系列的技术革新降低了交易过程中的信息成本，大大提高了交易效率。

而且，有研究也证实，与数字经济活动相关的五种不同信息成本也正不断降低，包括搜索成本、复制成本、运输成本、跟踪成本和验证成本（Goldfarb和Tucker，2019）。数字技术变革使得信息检索更加迅速和精准，缩小了搜寻和匹配交易对手所需的时间和资源；实现了数据内容的快速复制和分发，降了内容生产和传播的成本；通过优化物流网络和智能调度系统，减少了物品运输的物理距离和时间成本；利用物联网和大数据技术，实现了交易流程的实时跟踪和监控，提高了管理效率。这不仅提高了社会交易的效率和便捷性，也促进了资源的优化配置和市场的公平竞争。

具体而言：（1）搜索成本是查找信息的成本，经济社会几乎所有信息活动都涉及搜索成本。在数字经济的背景下，线上比离线更容易找到和比较潜在的经济交易信息，较低的搜索成本使消费者更容易比较价格，给同类产品带来价格下行的压力，同时缩小产品价格之间的差异（Aker，2010）。推荐引擎等先进技术的应用，使得在线搜索过程更加精准和个性化。算法不仅基于用户的购买历史和偏好进行推荐，还能捕捉用户的潜在需求和兴趣，从而提供更加符合其偏好的商品建议。从福利经济学的角度来看，搜索成本的降低对消费者剩余和整体福利具有积极的影响。消费者剩余是衡量消费者从市场交易中获得的额外收益的指标，随着搜索成本的降低，消费者能够更快速地找到符合自己偏好的商品，减少了搜索过程中的时间和精力消耗，从而提高了消费者剩余。此外，商品品种的多样性和商品展示的趣味性也为消费者提供了更多的价值，进一步提高了消费者的福利水平。（2）数字产品的复制成本几乎为零。传统的物质产品复制往往需要大量的原材料、设备和人力，而数字产品的复制则几乎不需要任何物质成本，只需通过计算机网络进行简单的复制操作即可。这种低成本、高效率的复制方式，极大地促进了数字内容的传播和分享。并且，数字产品在被一部分人消费的同时不会降低其他人可以获得的数量和质量，而且由于零边际成本特征，还可能产生网络效应，例如开源代码、维基百科等。由于复制是零边际成本的，那么数字商品的分销成本也接近于零。（3）跟踪成本也显著降低。数字活动很容易被记录和存储，网络服务器也可以存储海量的信息，这就为信息的追踪奠定了基础。企业可以轻松地收集消费者在网上的活动记录，并利用这些数据对消费者进行精准画像。这种对数据的集中处理和分析降低了信息的追踪成本，使企业能够更准确地了解消费者需求、支付意愿等信息，为定制化生产或精准营销提供有力支持。在法律纠纷中，通过运用大数据、物联网等先进技术，当事人能够更便捷地收集和保存与纠纷相关的证据，从而提高案件处理的效率和准确性。这一变革不仅加速了法律程序的进行，还通过公开透明的追踪系统增强了司法透明度，有助于公众对司法程序的监督。（4）除了跟踪成本下降之外，数字技术还使身份验证和创建数字声誉变得更加容易。在缺乏这些技术的情况下，企业提供可靠的质量信息的长期解决方案是以品牌的形式建立声誉（Livingston，2005）。然而，数字经济的发展使得品牌效力在下降，数字市场涉及成千上万的大小玩家，通过数字声誉可以搭建其一个去中心化的自组织信用社会。研究表明，使用移动设备进行数字身份验证的能力使移动支付网络能够将资金转移给他人。例如，区块链技术的去中心化、透明可追溯以及无须信任中介的特性，使得价值交换可以在两个遥远的互不信任的各方之间安全、高效地进行。

然而，经济中的稀缺性正从信息稀缺主导转向注意力稀缺主导，随着信息的空间转移，注意力也在空间转移，因而获取用户的注意力成为一种新的成本，"流量"正成为各方角逐的主战场。注意力经济是指在信息爆炸的时代，人们的注意力成为一种稀缺资源，而经济活动的核心转向了如何吸引和保持这种稀缺资源。在数字经济时代下，注意力经济的特征随时代变迁而越来越突出。首先，注意力具有稀缺性与竞争性，这是由时间约束所决定的，每人每天只有24小时时间。注意力可以像货币一样充当信息产品的价值尺度，很多免费的互联网服务通过广告或数据挖掘以注意力作为货币实现价值交换，因而在信息爆炸背景下有限的用户注意力成为多个平台和内容提供者竞争的对象。其次，注意力具有分散性和流动性，面对数字经济下源源不断的信息流，个体大脑的认知容量有限导致信息过载，长期或深度专注于某一领域变得困难。最后，注意力具广泛的应用性，尽管注意力难以量化评估，但它直观地代表着用户的意向与需求，实时地影响着产品经济、服务经济和体验经济等不同层面的经济社会。注意力资源的稀缺性催生了另一种新的经济形态——流量经济。流量经济是指在数字化和网络化的背景下，经济活动以信息流、货物流、资金流、人才流和技术流等要素的流动为核心，通过平台化、网络化的方式实现资源的高效配置和价值的创造。这种经济形态强调的是动态的、循环的、有规律的运动，以及要素在空间中的快速集聚和扩散。聚集用户流量体现在对流量的量的积累，流量经济将用户的在线行为——点击、浏览、互动等转化为数字化指标，这些指标代表着潜在的购买力和市场影响力，成为衡量企业成功的关键。而优化用户流量体现在对流量质的提升，即企业必须关注用户体验，一流的用户体验能够促使用户分享和推荐，进一步放大流量效应，吸引更多新用户，形成良性循环，直接影响用户的留存率和转化率，对流量的质量与数量产生着指数级的影响。通过精细化管理和数据分析，企业能够进一步洞察用户需求，预测市场趋势，制定精确的市场战略，从而在激烈的竞争中占得先机。于是，企业开始争夺消费者有限的注意力，即争夺流量，在这一趋势下，流量的购买成本增加，正逐渐成为企业成本结构中的主要成本支出。

2.经济成本变革

这里所指的经济成本是企业等组织在进行内部经营和管理活动过程中所产生的各种成本的总称，信息成本是经济成本的重要组成部分，信息成本结构变化带来了包括交易成本、生产成本、物流成本、营销成本、零售成本、资本成本、组织成本等在内的经济成本变动。

交易成本又称交易费用，是经济系统运转所要付出的全部时间或货币成本，包括交易双方进行信息搜寻、谈判、信任、缔约费用等，其包含市场上发生的每一笔交易的谈判和签约的费用及利用价格机制存在的其他方面的成本，交易成本总是存在的且不为零。随着信息技术的快速发展，数据的获取、传输和处理成本大幅下降，这使得市场中的交易更加便捷和高效，科斯定理所强调的市场自由交易机制得以更好地发挥作用，促进了资源的优化配置。首先，互联网极大地拓宽了信息收集的渠道。在传统的商业模式中，企业和消费者需要付出大量的人力、物力和时间来收集和获取信息。然而，在互联网时代，信息可以实时地在全球范围内传递，企业和消费者可以更加便捷地获取到商品或服务的信息，降低了搜寻和沟通的成本。同时，互联网还提高了双方的信息能力，从而缓解了供给端和需求端的信息不对称问题，使资源配置更加高效，进一步降低了交易成本。其次，互联网突破时空限制的特性减少了交易环节，降低了交易中的不确定性。在传统的交易中，由于受到地域和时间的限制，交易过程可能涉及多个中间环节，而这些中间环节往往会增加交易的成本和不确定性。而互联网使得交易可以随时随地发生，大大减少了中间环节，降低了交易的不确定性。这不仅提高了交易的频率，还增强了交易双方之间的信任程度，进一步提高了交易效率，减少了缔约过程中的非必要成本。最后，互联网也强化了对企业行为的监督，在传统的交易中监督企业行为往往需要耗费大量的资源，而数字经济下企业和消费者可以通过社交媒体平台等渠道自主地发布消息，扩大了监督者与被监督者的范围，这意味着更多的利益相关者可以参与到对企业行为的监督中来，从而降低了交易后的监督成本。另外，数字经济中的产权配置更加灵活多样。在传统经济中，产权的界定和交易往往受到物理限制和信息不对称的影响，更加强调所有权而非使用权。然而，在数字经济中，数据的非物质性和可复制性使得产权的界定和交易更加灵活和便捷，这种灵活性有助于降低交易成本，提高市场效率的同时催生新的业态。例如，由于信息搜索成本的下降，使用频次低的大件消费品的使用权可以进入市场交易，产生了共享经济，如Airbnb、网约车等，使用权逐渐成为市场交易的主体。

生产成本包括各项直接支出和制造费用。直接支出包括直接材料（原材料、辅助材料、备品备件、燃料及动力等）、直接工资（生产人员的工资、补贴）、其他直接支出（如福利费）；制造费用是指企业内的分厂、车间为组织和管理生产所发生的各项费用，包括分厂、车间管理人员工资、折旧费、维修费及其他制造费用（办公费、差旅费、劳保费等）。企业原材料消耗水平，设备利用好坏，劳动生产率的高低，产品技术水平是否先进等，都会通过生产成本反映出来。换言之，生产成本的控制能反映企业生产经营工作的效果，根据控制论的一般原理，信息是实现控制的关键基础，因而信息成本是生产成本的重要决定因子。智能制造通过集成先进技术和智能控制，实现制造过程的自动化和智能化，显著降低企业的生产成本（Hassan等，2023）。智能制造是一种通过集成先进的信息技术、自动化技术和智能控制技术，实现制造过程的高度自动化、智能化和网络化的新型制造模式。它利用物联网、人工智能、大数据、云计算等前沿技术，对制造过程进行实时监测、数据分析和智能决策，从而提高生产效率、降低成本、优化资源利用，并提升产品质量和响应市场的灵活性。智能制造不仅关注单一生产环节的优化，还强调整个制造产业链（包括研发、设计、生产、物流、销售和服务等）的协同与智能化，以实现整个制造业的可持续发展。智能制造的应用在多个环节中有助于优化产品设计、降低生产成本、提高生产效率等，为企业带来了显著的竞争优势。智能制造能够实现生产线的整合和优化，通过将信息技术应用到生产线的各个环节，实现数据的无缝连接和交流，使生产流程更加协同高效，精确预测和调整生产计划，提高设备的使用效率和可靠性。这不仅能够减少维修和更换设备的成本，还能确保生产的稳定性和持续性，进一步降低生产成本。此外，智能制造还能减少人力资源的使用，以机器替代人力，降低人力成本。通过自动化和智能化的生产方式，企业可以减少对大量人力的依赖，转而利用高效的机器来完成重复性或高强度的工作。

物流成本是企业物流活动中所消耗的费用总和，包括运输、储存、包装、装卸搬运、流通加工、物流信息、物流管理等环节中的人力、物力和财力。此外，物流成本还包括与存货相关的流动资金占用、存货风险和存货保险等成本。智慧物流利用信息化、数字化和智能化手段，结合云计算、大数据、物联网和人工智能等新一代信息技术，实现了物流过程的可控性、可跟踪性、可调度性和可协同性。这一发展趋势提高了物流效率、降低了物流成本，优化了物流服务。智慧物流的应用场景非常广泛，覆盖了电商物流、快递业务、制造业和供应链管理等众多领域。在电商物流中，智慧物流可以实现流量预测、库存管理、自动化分拣、智能配送和签收管理等功能，提高物流效率和客户满意度。在快递业务领域，智慧物流可以提升派件效率、签收率，并降低人工成本。在制造业领域，智慧物流能够优化供应链、生产计划和库存管理，提高生产效率和降低库存成本。在供应链管理领域，智慧物流可以实时监控物流运输状态，全流程管控供应链各环节，提高协同和配合性，提升整体供应链效率和竞争力。

营销成本是产品的最初持有者流入到最终持有者这个环节所消耗的经济代价。数字技术发展重塑了营销渠道，形成了新的营销工具，重构了营销成本。一方面是营销渠道从传统的分销体系向数字化直销转变，由于信息链路的空间转移和注意力的空间转移，直播带货等模式正逐渐取代传统线下分销渠道，营销成本的构成正从固定成本和代理成本转向流量成本。例如，传统零售商在实体店铺上的投资，如租金、装修和人员成本，通常占总成本的30%至50%，而电商平台的兴起大大降低了零售过程中的这些固定成本，并通过大数据分析优化库存管理，实现精准补货、智能仓储。在售后服务方面，借助在线客服系统、自助服务门户和AI聊天机器人，电商平台能够高效响应客户需求，降低人力成本。更重要的是，通过深入分析客户数据，企业能够洞察客户需求，预见并解决问题，从而在个性化和满意度方面为客户带来前所未有的体验。另一方面，数字技术赋能形成一种基于数据驱动、目标导向的精准营销策略，它通过对消费者行为的深入分析，利用先进的数字技术和数据分析工具，精准地识别目标市场的潜在消费者，并针对其个性化需求进行定制化营销信息的传递。精准营销旨在提高营销效率，降低营销成本，同时提升消费者的满意度和忠诚度，从而实现企业营销目标的最大化。在信息时代背景下，借助数据挖掘、用户定位、云计算等现代信息技术，精准营销使得营销更加精准、高效，成为企业提升竞争力、降低营销成本的重要手段。

资本成本是企业为筹集和使用资金所需支付的总代价，而信息成本是资本成本的重要组成部分，也是金融排斥的重要源头。除金融机构利润外，资本成本由金融机构的资金成本、获得客户信用水平的尽调成本以及风险溢价等构成。数字金融带来了金融领域的信息成本革命，大幅降低了尽调成本和风险成本，使得小微借贷成为可能。银行等金融机构运用大数据、云计算、人工智能、区块链等一系列金融科技工具，在金融领域助力支付清算、借贷融资、财富管理、零售银行、保险、交易结算等业务，一方面对风险进行更加精准的评估和管理，降低了风险成本，另一方面通过创新和技术优势，金融科技企业提供了更加个性化、专业化的产品和服务，满足了客户的多样化需求，从而拓宽市场。而且，在数字经济下普惠金融的发展也将进一步推动新产业新业态新模式的产生（Buchak，2024），形成良性循环。另外，数字货币的出现为金融服务带来了成本效益的新机遇。数字货币具有去中心化和自动化交易的特点，大大减少了传统银行业务中的中介费用，同时它也为跨境交易提供了更低的交易成本和更快的处理速度。

组织成本是在完成组织目标的过程中正常运行需要耗费的成本，是除生产活动以外所有其他活动的成本。组织成本是与市场交易费用相对存在的，是企业内部化的市场交易成本，它与市场交易费用的区别在于，其产生的动因不一样，交易费用的产生是由于市场中的搜寻、谈判、签约等原因，组织成的产生本是由于内部的领导、命令、协调。数字经济的发展可以大幅降低政府和企业的组织成本，重塑组织边界和组织模式。政府可以利用数字技术实现城市基础设施的智能化管理，例如智能交通系统、智能供水系统、智能能源系统等，实现智慧城市，降低城市的运行成本。通过数字化监测和控制，政府可以更精准地监测和管理城市资源的使用情况，提高资源利用效率，减少资源浪费，从而降低城市运营和管理的成本。城市大脑的应用还可以促进政府服务的创新和升级，提高公众的满意度和信任度，从而减少政府在公共关系和舆情应对等方面的成本。例如，城市大脑可以提供更加便捷、高效、精准的公共服务，提高公众的满意度和信任度，减少政府在处理公众投诉和舆情应对方面的成本。对企业而言，数字经济时代的组织能够实现更加即时、全面的信息流通和共享。通过数字化平台，各个部门和团队可以实时获取和共享信息，提高了组织内部沟通的效率。这种信息流通性的提升有助于更好地协调工作、减少信息滞后，从而降低了组织的管理成本。而且，数字经济时代带来了远程工作和灵活工作的普及，这降低了办公空间和设备的成本，同时提高了员工的满意度和生产力。远程工作的普及也减轻了员工和管理层的交通和住宿成本，实现了更加灵活的工作模式。数字经济时代通过信息技术的广泛应用，推动了组织管理成本的降低，为企业提供了更灵活、创新和高效的管理方式和治理模式。

（三）成本变动推动模式变化

数字经济下信息成本发生结构性变革，带来了经济社会各领域成本结构的变动，包括交易成本、生产成本、物流成本、营销成本、零售成本、资本成本、组织成本等等，这一新的成本结构将催生新产业新业态新模式，形成数字经济新生态。

根据科斯的企业边界理论，企业是为了节约市场交易费用或交易成本而产生的。如果通过市场安排协调资源的费用（即交易费用）超过了企业内部管理资源的费用，那么企业内部管理的资源配置就是十分必要的和合理的，有助于企业发挥自身的内部成本资源优势，整合外部需求，将使得企业内部成本得到更大幅度的下降。数字经济带来成本结构的革命性变化，必然引发企业组织、产业组织以及经济社会各层面组织模式的一系列变革，演化形成数字经济新生态下的"新物种"。例如，平台经济、零工经济、直播带货、超级个体等一系列新概念以及数字化转型、智能制造、"平台+个体"等一系列新趋势都是"新物种"模式演化的具体表现。在数字经济的成本冲击下，传统模式正迅速被解构，并重构形成新模式，"新物种"不断涌现，表现为商业模式的变革、教育模式的变革、治理模式的变革、就业模式的变革等。而且，数字经济如何影响组织边界问题已成为当前数字经济研究中三大亟待解决的重要议题之一（Nagle 等，2020）。接下来，我们举例说明。

对于企业组织模式而言，在传统经济模式中企业通常需要投入大量资金用于建立和维护生产、分销等各个环节的实体设施和固定资产，这导致了高昂的购买、运输、安装和维护等多方面的成本，限制了小型企业的发展，并增加了市场进入的难度，而平台经济降低了市场进入门槛。平台经济是由平台本身、平台企业之间以及平台上多元参与者的共同作用所形成的一系列经济现象和相关外溢效应的总和。平台的基本功能之一是建立和优化支持交易与互动的核心算法程序和服务，旨在降低交易成本并减少市场准入门槛。中小型企业通过数字平台突破时空地域的界限，不仅重新塑造了单个企业的运营模式和实现规模经济的条件，还消除了传统商业模式中复杂的分销环节，显著降低了从生产者到消费者的交易成本。此外，数字技术使得平台企业能够迅速积累用户和数据资源，形成强大的网络效应。随着用户规模的扩大，平台的价值不断提升，进一步吸引更多的用户加入，形成良性循环。传统经济模式下，资源的购买、维护和使用成本通常较高。因而，"平台+个体"的模式带来了企业商业模式和组织模式的重塑，平台型大企业具有"大而强"的地位，中小型企业则朝着"小而精"的方向发展，原来处于中间地带企业面临方向抉择，走平台路线还是个体路线成为企业家重点关注的战略问题。

对于个体就业模式而言，成本结构变动驱动了零工经济的兴起。在传统雇佣模式中，雇主需要为员工负担一系列的费用，这些费用包括但不限于薪资、福利、培训以及可能产生的其他相关开支。这些费用支出对于雇主来说，是一种长期的负担，而且很难根据业务量的变化进行灵活调整。在技术加持和成本驱动下，信息的分发机制和社会工作中任务认领机制发生变化，企业雇佣过程中面临的搜寻匹配摩擦成本骤降，催生灵活就业模式（Barrios和Hochberg，2022）。数字平台为雇主和零工之间搭建了一座直接沟通的桥梁，通过互联网，雇主能够轻松地将工作需求发布到在线平台上，而零工则可以随时浏览并筛选出适合自己的工作机会。在零工经济模式下，雇主可以更灵活地雇佣零工，根据实际的工作需求来支付服务费用，劳动者根据劳动投入获得劳动回报，进一步优化提升劳动力市场。同时，具有某方面特长或特色的个人可以借助平台打造超级个体。当前，数字平台不仅为信息传播提供了前所未有的速度和广度，更为众多超级个体提供了低成本的创业机会和高收益的盈利空间。在传统的就业模式中，许多个体经济者不仅要面对高昂的固定成本，如租金、库存等，还常常受限于地理位置、市场规模等因素，难以有效扩大业务。然而，在超级个体模式下，通过融媒体环境，个体经济者能够利用数字化工具和平台，以更低的成本触达更广泛的受众，实现业务的快速增长。

在成本结构变动下，教育模式经历传统受限于时间和空间的授课方式到慕课、智能助教等远程智能互动模式的转变。在传统的课堂集中式教学中，距离讲台的远近，教师授课声音的大小，以及课堂的大小都会影响到授课的效果，而在当前数字化的时代中，信息的成本下降伴随着传播效率大幅提升，打破了时间和空间的限制。对于授课者而言，授课不再受限于时间地点，一次录课可以节省大量的时间精力，实时讲课也不再受制于实体空间约束。对于听课者而言，这种授课方式增强了每个人的课堂参与度，提高了知识的传播效率，而且可以较低成本随时随地地学习优质内容。

除此之外，成本下降带来模式转变也体现在生活、贸易以及金融等领域。就生活领域而言，人们由对实体空间的搜寻转向数字空间的搜寻，由实体空间消费转向数字消费，并且由于大数据精准的用户画像及消费倾向分析，其数字消费不断增加。同时，数字经济发展还催生了数字医疗、数字教育、智慧养老、数字文旅等数字生活方式。就金融发展模式而言，互联网小额信贷等数字金融创新提高了金融包容性，利用大数据和人工智能技术，对借款人的信用评估和风险控制进行更精准和快速的判断，从而提高贷款审批的效率、准确性和覆盖面。另外，企业的商业模式还经历了从层层分销到直播带货的直销模式转变，国际贸易模式经历着传统进出口到跨境电商的服务贸易转变，税收模式经历人工税收征管模式到数字化税收征管转变，等等。传统业态和数字生态之间的组织模式变化更具象而言是两个生态系统下的物种差异，是物理空间下的组织模式和数字空间下的组织模式差异，而这些模式变化的根源是数字技术驱动的成本结构变动。

（四）模式变化引发结构变迁

在从传统业态转向数字生态的过程中，微观层面的模式变化将在宏观层面上涌现为经济结构的变迁。在新生态下，微观主体的传统组织模式在数字经济的冲击下正迅速被解构，在数字空间重构为新兴的组织模式，而在宏观层面上则是从传统经济向数字经济的结构性变迁。解构通常指组织的解体，涉及减少不必要的组织层级、简化流程或重新评估资源配置，以降低内部交易成本。而重构则是组织的重新建立，涉及扩大组织规模实现规模经济、与其他组织建立合作关系或转向更加灵活的市场策略，以减轻经济压力并恢复组织的竞争力。这种解构与重构是组织为了适应环境变化、保持生存和持续发展的必然反应。

在生产要素层面，数字经济正重组全球要素资源，数据要素通过对其他要素的赋能作用，牵引形成劳动力、资本、土地等的新流动方向。以劳动力为例，不同时代的技术进步会改变劳动力要素的需求和组织方式，从而对劳动力的流动产生影响。例如，工业革命产生的自动化机械和规模化生产使得农业、工业的生产成本降低，导致了劳动力迁移，即技术进步对劳动力的替代效应。与此同时，技术进步会创造出新的工作机会，如技术维护与检修，即技术进步对劳动力的创造效应。替代效应和创造效应促使劳动力在不同产业之间、产业内部流动。另外，由于不同产业的技术进步率不同，不同产品的生产成本会以不同的速度下降，从而导致相对价格发生变化，即价格效应。这种价格效应会引发资本这一要素流出"落后"部门、流入"先进"部门。当前，劳动力正向数字经济发达、公共服务便利的地区聚集，这也反映了劳动力流动的数据偏向特征，同样数字金融的发展也说明资本同样向数据密集方向流动。此外，在数字经济冲击下，传统职业模式正在被解构后重构，呈现出数字经济新职业模式（丁述磊等，2022）。在治理层面，数字经济下政府面临着更加复杂的社会环境和经济挑战。为了应对这些挑战，政府不得不改变传统的治理方式，引入新的治理理念和技术手段，提高政策制定的科学性和执行的有效性，政府模式的变革不仅优化了政府的职能和治理结构，也为企业和家庭提供了更好的政策环境和市场环境，从而促进了整个经济结构的优化和升级，这对经济结构的变迁也起到了引导和推动作用。

在经济系统层面，数字经济正重塑全球经济结构，数字经济新生态必然具有新的结构特征。以金融系统为例，从供需视角看金融结构的变动表现在融资和投资两个方面。在融资领域，融资主体和融资方式均发生了明显的转变。融资主体结构出现了从大型企业向中小企业，以及从传统行业向高新技术产业的显著倾斜。这一变化反映了数字经济时代，中小企业和高新技术产业在创新、市场潜力等方面的优势逐渐凸显。同时，融资方式也经历了深刻的变革，众筹等数字化融资平台的崛起使得资金筹集过程更加直接和高效，减少了对传统银行贷款的依赖，推动了融资模式由间接融资向直接融资的转化，这些模式变化带来了金融系统中融资结构的变迁。在投资领域，投资的主体结构同样发生了显著的变化。随着数字经济的发展，投资门槛逐渐降低，投资主体范围逐步扩大，更多的普通投资者得以参与到投资市场中来。此外，数字技术的应用也提高了投资的自动化和智能化水平，市场信息透明度得以提升，投资者能够更迅速、更全面地获取相关信息，从而减少了信息不对称的问题。新型金融工具和金融模式的涌现，为投资者提供了更多样化的投资选择和机会，繁荣了金融市场，也进一步推动了金融市场的结构变迁。

（五）数字经济能促进包容性增长吗？

包容性增长的实现不仅受到微观个体的禀赋条件影响，也受到外部宏观经济环境的影响。从微观角度来看，包容性增长深受个体内在因素以及个体所处的外部环境双重影响。首先，个体内在因素对于包容性增长的实现具有决定性作用。这包括个体的教育水平、技能掌握、创新能力、健康状态、心理素质以及社会适应能力等。一个受过良好教育、具备专业技能和创新能力、身心健康、心理素质稳定的个体，在经济发展中更有可能抓住机遇，实现个人价值的增长，并进而推动社会的包容性增长。其次，个体所处的外部环境也是影响包容性增长的重要因素。这包括个体所在社区或地区的经济发展水平、产业结构、就业环境、基础设施建设、社会资本等。一个经济繁荣、产业结构合理、就业机会充足、社会保障体系健全、基础设施完善、社会资本充足的外部环境，能够为个体提供更多的发展机会和空间，降低个体面临的风险和不确定性，从而促进包容性增长的实现。从宏观角度来看，包容性增长受到社会分配机制、政府政策制度等方面的影响。首先，社会分配机制是影响包容性增长的核心要素之一。一个公正且有效的社会分配机制能够确保经济增长的果实广泛惠及社会各阶层，特别是弱势群体和边缘化群体。这需要分配机制在设计上体现公平性和包容性，通过合理的税收、转移支付等手段，调节收入差距，保障基本民生，促进社会的和谐稳定。其次，政府政策制度在推动包容性增长中发挥着关键作用。政府作为公共利益的代表，其政策制度对于塑造公平的市场环境、促进机会平等具有决定性作用。另外，基础设施和公共服务的可得性影响市场主体的机会公平问题，是实现包容性增长的市场基础。

数字经济的内在特性决定了其具有较大的包容性增长潜力。对个体而言，数字经济的发展正不断消除数字鸿沟，为人们提供公平机会，缩小技能差距。数字经济通过提供公平的机会、平台和资源，包括数字技术普及、数字基础设施建设和数字素养提升，使更多的人能够参与到数字化社会和经济活动中来。数字经济的发展使得低技能劳动者和弱势群体有机会获得数字技能，从而缩小其与技能水平较高群体的差距，如促进非农就业等（田鸽和张勋，2022）。对于地区而言，数字经济有助于促进均衡发展，缩小区域差距。数字经济打破了传统地理、时间和发展水平的限制，使得贸易活动可以在全球范围内跨时空进行，促进了生产要素和产品的跨区域配置和流通。而且通过新型数字基础设施的建设，数字经济能够克服自然条件和地理区位对传统基础设施建设的限制，推动发达国家和发展中国家间发展机会的均等化和数字红利的共享，为缩小区域差距提供了有效支撑。对于产业而言，数字经济创造了新的市场，促进了市场竞争。数字经济通过新产业、新企业、新模式、新业态、新产品、新服务来创造新的市场和竞争格局，有助于打破不同国家和区域之间固有的市场壁垒和竞争格局，打造更为公平有效的市场环境，提高市场整体活力。此外，数字经济还丰富了经济形态，提高了经济生态多样性，对收入分配具有调节作用。包容性发展鼓励创新和多样性的发展，数字经济为企业和消费者提供了更多的选择和机会。数字经济的包容性发展通过提供适应性技术解决方案和适当的支持与保护机制，有效调节了收入分配差距，保障了弱势群体的权益和利益。数字经济的包容性发展还促进了国际合作、分享成功经验和最佳实践，强化了国际交流和合作。通过促进跨国合作和协调，数字经济为构建一个更加公正、平等和互利共赢的网络空间命运共同体提供了基础和动力，推动世界各国的包容性增长，为人类命运共同体奠定经济基础。

值得注意的是，虽然数字经济下的结构变迁在各个领域体现了不同程度的包容性，但这一包容性并非天然存在的。数字技术的发展所引发的结构变迁往往呈现出双重特性，一方面展现了显著的包容性，即为各种经济主体提供了新的发展机会，另一方面其加剧了部分群体间的经济差距，非包容性的一面也不容忽视。数字技术是中性的，数字经济的包容性取决于数字技术对主体的可得性，而推动包容性增长关键在于不断释放数字红利、缩小数字鸿沟，这更突出了有为政府的重要性。以数字经济的再分配效应为例，数字经济下国民收入分配不再局限于传统的资产收益和劳动者报酬，而是扩展至数字收益，包括数据商品的生产性劳动收益和数据作为生产要素参与其他商品生产环节的收益。然而，在实际分配过程中，由于数据要素定价及分配机制的不完善，如数字资产、网络流量等难以准确定价，消费者参与价值创造的贡献难以衡量，导致数字收益的权属和类别界定困难。此外，数字技术的集中效应加剧了财富不平等，互联网头部企业凭借数据、流量和价格优势形成垄断，个人流量存在"赢家通吃"的头部效应，进一步挤压了其他市场参与者的利润空间。数字鸿沟的加深使得技术门槛提高，加剧了行业间和人才间的收入不平等（尹志超等，2021），并对发展中国家的就业和国际竞争力构成挑战。同时，现行的社会保障制度在适应数字技术变革方面存在不足，特别是针对中技能工作者和低技能人群的失业保障，以及灵活就业和复合型劳动者收入的认定和保障问题亟待解决。

那么，回到我国数字经济发展的现实问题，当下我国数字经济发展是否具有包容性？如果是，这些包容性具体体现在哪些方面，具有何种结构特征，其内在机理又是什么？如果不是，数字经济带来非包容性增长的根源在哪，又将如何应对？回答上述问题，在理论上有助于我们明晰数字经济驱动结构转型的特征表现，有助于揭示出数字经济在促进包容性增长方面的潜力及其作用机制；在实践上有助于我们探索形成一条促进包容性增长的的数字化路径，以便精准施策促进数字红利惠及全体人民，助力实现全体人民共同富裕的中国式现代化。

三、理论与实证：本书的主要内容与结构框架

本书深入探讨了在数字经济快速发展的背景下经济结构转型的具体表现及其转型方向，进而探究了实现包容性增长的机遇与路径。全书围绕家庭、企业、区域等不同视角分析结构转型在不同领域的表现形式及其所体现出的包容性特征，并分析了其内在机理。具体来看，本书中涉及的数字经济下的结构转型涵盖了家庭层面的消费结构、需求结构、劳动力禀赋结构等，企业层面的融资结构、治理结构、分配结构等，以及区域层面的要素禀赋结构、劳动供给结构、产业结构等，并对相关问题进行了深入的理论分析和实证检验。因而，全书共分家庭篇、企业篇和区域篇三个部分，对数字经济下不同市场主体的结构性问题进行系统分析，揭示其包容性增长特征。

（一）家庭篇

本书第一章到第三章分别从创新创业、社会福祉和共同富裕视角分析了数字经济对家庭的影响，涉及数字平台服务、家庭数字生活、数字基础设施等相关内容，从结构转型出发明晰了数字经济在家庭层面促进包容性增长的作用机理，接下来将简要概述三章核心内容。

第一章从创新创业视角分析数字平台服务对家庭自主创业的影响，揭示了数字平台服务在赋能弱势群体创业的包容性特征，本章的核心内容于2024年发表在Cell旗下综合性期刊《Heliyon》。随着数字经济的快速发展，数字平台与家庭生活的联系越来越紧密。数字平台服务赋予了家庭更多社会机会，这可能会影响到他们成为企业家的能力。本章利用中国家庭追踪调查（CFPS）和国家统计局的数据，构建了数字平台服务指数，进而分析数字服务对家庭创业的影响。结果表明，家庭对数字平台服务的利用显著增加了他们从事创业活动的可能性，该结论在经过一系列稳健性检验后仍然成立。进一步从家庭的禀赋结构出发分析其作用机理发现，数字平台服务可以通过缓解信息约束、金融约束以及增加社会资本，帮助家庭识别创业机会并获取创业资源。

此外，在农村户口、资产较低、户主年龄较大、户主认知能力较低的家庭中，这种促进效应更为明显，这意味着数字平台服务更能促进弱势群体创业。本章为数字平台服务赋能家庭创业，特别是弱势群体创业，提供了微观层面的证据，同时强调了数字经济作为推动经济包容性增长的潜力。

第二章从社会福祉视角分析数字生活对民族地区家庭幸福感的影响，揭示了数字生活在增进人民美好生活方面对资源禀赋弱的家庭更强的赋能作用，体现了家庭数字生活的包容性，本章的核心内容于2023年发表在《中央民族大学学报（哲学社会科学版）》。近年来，网上购物、数字金融、在线娱乐已走进千家万户，数字生活成为居民新的生活方式，那么数字生活是否提高了家庭幸福感呢？本章基于中国家庭追踪调查（CFPS）2014—2018年的面板数据，以民族地区家庭为研究对象，分析了民族地区数字生活与家庭幸福感的关系和影响机制。实证结果显示，数字生活能够显著提升民族地区家庭的幸福感。数字生活拓宽了民族地区家庭的收入渠道，促进居民消费升级，改变了家庭的消费方式和消费结构，提升了民族地区居民的物质生活水平。而且相较于传统的社交方式，数字产品能够打破物理距离、消除社会空间的障碍，使人们实现远程互动，进而增强与社会的交流联系，改变家庭的社会资本结构，提高民族地区居民的精神生活水平，进而提升居民的幸福感。异质性分析表明，数字生活对家庭幸福感的影响对农业户口、信贷可得性低、使用互联网频率低的家庭效果更好。本章对于加快数字基础设施的建设，提高家庭数字生活水平，推进数字中国建设，铸牢中华民族共同体意识具有重要现实意义。

第三章从共同富裕的视角分析数字基础设施对家庭多维减贫的影响，揭示了数字基础设施在弥合数字鸿沟、促进包容性增长中的重要作用，本章的核心内容于2022年发表在《河北经贸大学学报》。数字基础设施是数字经济的底层构架，加快布局数字基础设施有利于推动建立数字经济全国统一大市场，释放数字红利。当前，充分发挥数字基础设施的多维减贫效应已成为推动共同富裕的重要路径，但已有文献少有探讨数字基础设施对家庭多维贫困的影响，更缺乏微观层面的经验证据。本章基于中国家庭追踪调查（CFPS）2014—2018年的面板数据，借鉴A-F方法构建多维贫困状态指标，分析数字基础设施建设对家庭多维贫困的影响。结果显示，数字基础设施建设显著降低了家庭陷入多维贫困的概率，有助于实现共同富裕。机制检验发现，弥合数字鸿沟和促进非农就业是数字基础设施缓解多维贫困的重要渠道。一方面，数字基础设施建设能够减少信息接入成本，降低互联网使用门槛，从而起到弥合数字鸿沟、释放数字红利的作用；另一方面，数字基础设施是支撑数字经济发展的关键要素，其投入能够提升企业的劳动力需求结构，改变家庭劳动力禀赋结构，在推动非农就业方面发挥关键作用。也就是说，数字基础设施建设通过降低家庭的信息成本，打破基本公共服务在时间和空间上的限制，改变家庭的教育、健康、金融、消费模式以及劳动力的就业模式等，推动家庭发展的权利平等和机会均等。进一步分析表明，数字基础设施建设带来的多维减贫效应对户主为农业户口、中青年和受教育年限较低的家庭效果更好。本章在理论有助于上明晰数字基础设施促进共同富裕的内在逻辑，在实践上有助于精准施策，充分发挥数字基础设施作用，协同实现数字中国和共同富裕目标。

（二）企业篇

本书第四章到第六章分别从收入分配、产业组织和社会责任视角分析了数字经济对企业的影响，重点探究了企业数字化转型的经济效应，从结构转型出发明晰了数字经济在企业层面促进包容性增长的作用机理，接下来将简要概述三章核心内容。

第四章从收入分配的视角分析企业数字化转型对劳动收入份额的影响，揭示了数字化转型在促进"资本–劳动"可持续发展的包容性特征，本章的核心内容于2023年发表在商科领域国际权威期刊《Journal of Business Research》，并成为ESI高被引论文。劳动收入占比的下降会加剧收入不平等，阻碍经济增长。而Piketty在《Capital in the Twenty-First Century》中预测，在21世纪资本积累的速度会超越劳动报酬的增长速度，加剧社会不平等。近年来，企业正在加速数字化转型，但企业数字化转型如何影响劳动收入份额尚不明晰，其是否能够抑制上述趋势进而推动包容性增长也缺乏经验证据。本文采用文本挖掘方法获取2010—2020年中国上市公司面板数据，并运用固定效应模型考察数字化转型对劳动收入份额的影响。实证结果显示，数字化转型显著提升了劳动收入份额。进一步分析发现，数字化转型有助于缓解企业融资约束，重塑企业融资结构，减少对劳动收入的挤压，进而提升劳动收入份额。此外，在国有企业、劳动密集型企业、高议价能力企业以及数字金融高度发达地区企业中，数字化转型对于劳动收入份额的促进作用更为显著。这说明，数字化转型有助于缩小资本与劳动的收入差距，体现了数字经济在促进分配公平方面的重要作用，这也是包容性增长的重要表现。

第五章从产业组织视角分析数字化转型对市场势力的影响，揭示了数字化转型在重塑市场结构中的作用，本章核心内容于2023年发表在《Systems》。作为数字经济与实体经济深度融合的微观载体，企业数字化转型正以前所未有的速度重塑着企业的商业模式和市场结构。数字化转型被视为企业在数字经济中提高经济绩效、扩大市场力量的"灵丹妙药"，但关于数字化转型如何影响企业市场势力的内在逻辑尚不清晰。本文利用机器学习构建数字化转型指数，并利用上市企业2008—2020年的面板数据，研究数字化转型对市场势力的影响及其作用机制。研究结果表明，数字化转型显著提高了市场势力，在考虑潜在的内生性问题并进行稳健性测试后，这一结论仍然成立。进一步分析发现，数字化转型促进了企业外部扩张和内生增长，不仅加快了企业内生性规模扩张，也促进了企业并购，从而重塑了企业边界，增强了企业市场势力。从微观层面来看，数字化转型更容易提高上升期企业的市场势力，这揭示了数字化转型为成长性中小企业实现高质量发展提供的数字化机遇，数字化转型有助于促进市场包容性。从宏观层面来看，数字化转型对高新技术和制度环境水平高的企业影响更大，数字化转型作用的发挥有赖于良好的制度环境。本章揭示了数字化转型背景下企业微观组织的新变化，为数字化转型的产业组织效应提供了微观证据，也为成长型中小企业高质量发展提供了数字化转型路径。

第六章从社会责任视角分析数字基础设施建设对企业ESG（环境、社会和治理）绩效的影响，从企业层面揭示了数字基础设施建设对包容性增长的促进作用，本章核心内容于2023年发表在《Systems》。城市数字基础设施是优化资源配置、促进数字经济高质量发展的基石，也将影响企业的发展方向。本章基于2011年至2021年中国A股上市公司数据和"宽带中国"试点政策，采用双重差分模型研究城市数字基础设施对企业ESG绩效的影响及其作用机制。研究发现，城市数字基础设施能够促进企业ESG绩效。具体而言，城市数字基础设施可以通过增加研发投资、改善公司治理和提高信息透明度等方式促进企业ESG绩效。从内部治理结构角度来看，企业治理水平和研发投入是企业的组织、决策、管理和资源配置等方面的重要决定因素，优化治理结构和投资结构有助于企业可持续发展，进而提升ESG绩效；从外部关系角度来看，信息透明度反映了企业对外公开的财务、经营和治理信息情况，是企业与股东、投资者、媒体和政府之间互信合作的重要表现，也体现了企业健康发展水平，数字基础设施建设有助于打破信息壁垒，增加企业信息透明度，进而提升ESG绩效。异质性分析结果显示，城市数字基础设施对国有企业、中小型企业、成长型企业和低利润企业的ESG绩效贡献更为显著，且对非重污染企业和中西部地区的企业更为明显，进一步体现了数字基础设施促进包容性增长的特征。

（三）区域篇

本书第七章到第十章分别从经济增长、居民就业、城市转型和绿色发展视角分析了数字经济对地区发展的影响，涉及数字基础设施建设和智慧城市建设两大方面，从结构转型出发明晰了数字经济在地区层面推动包容性增长的特征与机理，接下来将简要概述四章核心内容。

第七章是从经济增长的视角分析智慧城市建设对城市创业活跃度的影响，揭示了数字经济下地区间禀赋差异带来的增长两极分化问题，本章的核心内容于2023年发表在《Resources Policy》，并成为当年ESI高被引论文。过去十年，智慧城市项目吸引了各国政府和学者的广泛关注。智慧城市是通过现代信息技术为城市建设、管理与发展等各个方面进行赋能，将已有的传统城市中各个运行系统与服务进行解构并用大数据等数字化手段重构，从而在城市社会运行、经济发展、民生保障等多维度提质增效，这将形成有助于新兴企业进入市场所需的新的经济环境、文化环境、制度环境，进而影响创业活动，但人们对智慧城市建设如何影响创业活动的分析较少。本章基于中国地级市2002—2019年面板数据，采用双重差分模型评估了智慧城市建设对城市创业活动的影响。结果表明，智慧城市政策显著提升了城市创业活动，其中改善城市吸引投资的能力和提升技术创新能力是智慧城市政策促进创业活动的重要途径。此外，智慧城市政策对东部地区、大型城市和服务信息化水平较高、政府财政支出规模较大的城市的创业活动具有更大的促进效应，这说明好的禀赋条件更有利于智慧城市发挥创业效应，但这也会带来地区"强者愈强"问题，导致地区间两极分化，因而在发挥智慧城市赋能区域发展作用的过程中要重点关注欠发达地区，充分发挥国家层面的政策调节作用以推动包容性增长。

第八章从居民就业视角分析城市智能化转型对就业的影响，揭示了数字经济促进包容性就业的特征表现与内在机理，本章的核心内容于2023年发表在《经济与管理研究》。智慧城市作为数字技术与城市融合发展的产物，是实现网络强国和数字中国的重要方面，也是加快人工智能等数字技术赋能、推动城市智能化转型的实践路径。当前关于人工智能对就业影响的研究较为丰富，但多集中在企业劳动需求层面，较少着眼于居民劳动供给，更鲜有关注城市智能化对居民劳动参与的总体影响。本文基于 2012—2014 年国家智慧城市试点建设的准自然实验，利用 2010—2018 年中国家庭追踪调查（CFPS）数据，分析城市智能化对居民劳动参与率的影响。结果显示，城市智能化提高了居民的劳动参与率，且对居民劳动参与具有"推拉效应"。一方面，城市智能化提升了居民对互联网信息的应用程度，产生了信息约束放松效应，推动居民劳动参与；另一方面，城市智能化促进了产业智能化转型，拉动居民劳动参与。进一步的分析结果显示，城市智能化对年龄较大、多个孩子、收入较低、技能较低、农业户籍个体的劳动参与率影响较大，城市智能化驱动下就业更具包容性。同时，城市智能化显著提高了居民的工资性收入，在推动就业的同时有利于实现人民对幸福美好生活的向往。因此，要充分发挥城市智能化转型的"稳就业"作用，加快智慧城市建设，推动全体人民共同富裕。

第九章从城市转型视角分析数字基础设施建设在打破"资源诅咒"中的作用，揭示了数字经济对促进资源型城市可持续发展的包容性特征，本章的核心内容于2023年发表在《Resources Policy》。数字基础设施在优化资源配置和促进可持续经济发展方面扮演着关键角色，关于数字基础设施是否能够打破城市中的"资源诅咒"问题尚缺乏经验证据。本研究利用2010—2021年城市数据，采用双重差分模型全面探讨了数字基础设施对打破"资源诅咒"的有效性和内在机制。结果显示，数字基础设施有助于打破城市"资源诅咒"，其中推动绿色创新技术、促进制造业发展以及提高创业水平是其重要作用途径。进一步分析发现，数字基础设施建设在中西部地区以及受"资源诅咒"

影响较大地区，其打破"资源诅咒"的效果更为明显。同时发现，上述效应的发挥有赖于较高的地区市场化程度，因此在推动数字基础设施建设过程中也要重点加强市场化建设，通过数字赋能促进资源型城市转型发展。上述结论不仅为资源型地区转型发展提供了数字化路径，也为推动全球经济可持续发展提供了新思路。

第十章从绿色发展视角分析数字基础设施建设对城市绿色创新的影响，揭示了数字经济促进绿色增长的潜力及其作用机理，本章的核心内容于2024年发表在Nature旗下唯一面向人文社会科学的子刊《Humanities & Social Sciences Communications》。在数字化和绿色化的大背景下，数字基础设施为绿色增长提供了新机遇。本章利用2011—2020年中国地级市面板数据，研究了数字基础设施对城市绿色创新的影响，并解释了其机制及其时空动态效应。结果表明，数字基础设施促进了城市绿色创新，其中人才集聚、研发投入、产业结构升级是重要作用途径。根据城市规模、人力资本、环境法规和财政补贴的不同，数字基础设施对城市绿色创新的贡献也存在显著差异。空间杜宾模型检验结果表明，数字基础设施不仅对本地绿色创新起到了促进作用，而且还可以对周边地区产生正向的溢出效应。从非线性影响角度来看，数字基础设施建设对城市绿色创新存在门槛效应，呈现出边际效应递增的非线性特征，这说明数字基础设施在促进城市绿色增长中具有较大的未来潜力。本章揭示了数字基础设施的绿色增长效应，也为数字化绿色化协同转型提供了经验证据和政策指引，具有理论和现实意义。

四、改革与创新：做强做优做大我国数字经济的实践方略

习近平总书记强调，要"不断做强做优做大我国数字经济"。当前，要推动数字经济高质量发展首先要正确认识数字经济发展的趋势特征，准确把握数字经济发展的一般规律，深刻理解数字经济作为"重组全球要素资源、重塑全球经济结构、改变全球竞争格局的关键力量"的理论内涵。理论源于实践，又反过来指导实践。亦如德鲁克所言，"You can't manage what you can't measure"，因而凝炼数字经济发展理论就要立足数字经济发展的特征事实。本书在前言第二部分阐释了数字经济高质量发展的底层逻辑，为理解数字经济变革提供了一个整合的统一框架。基于此，本书从不同细分视角出发，在

理论方面阐释了数字经济在推动结构转型、促进包容性增长的理论机理，从现实方面揭示了从传统旧业态转向数字新生态过程中的特征表现与经验证据，并提出来相应的政策启示。基于数字经济驱动结构转型的理论机理，并综合各章节的理论分析和经验证据，本书从创新成果转化、生产要素转移、治理模式转换、宏观政策转轨和研究范式转变等五个方面提出如下政策启示。

加快科技创新成果转化，推动创新型国家建设。在推进数字经济高质量发展的进程中，创新成果的转化显得尤为关键，而数字创新生态体系是创新体制建设的重点。创新作为数字经济持续发展的核心动力，其成果的有效转化不仅关乎企业的核心竞争力，更是实现经济高质量发展的关键。创新成果转化的关键在于构建一个高效、开放、协同的创新生态系统。这一系统涵盖了政府、产业、大学科研机构以及用户等多个创新主体，这些主体通过创新平台紧密相连，形成紧密的产业创新网络。政府作为创新生态系统的桥梁，应当发挥引导和协调作用，制定有利于创新成果转化的政策法规，为创新活动营造良好环境。同时，政府还应加大对创新生态系统建设的投入，提升创新基础设施建设，搭建创新平台，培育包括技术经理人在内的创新市场关键主体。产业界作为创新成果转化的主战场，应当在强化自主创新基础上积极与大学科研机构合作，优势互补，通过产学研用深度融合，推动创新成果在产业中的快速应用，形成新的经济增长点。大学科研机构作为创新成果的源头，应立足经济社会发展的现实问题，加强与产业界的合作，深入了解市场需求，将科研成果转化为具有市场竞争力的产品和服务。同时，大学科研机构应面向社会发展的前沿方向，适度超前培养更多的创新人才，为引领数字经济的高质量发展提供人才保障。用户作为创新成果的最终接受者，其需求是创新成果转化的重要导向，在数字创新生态系统建设中要特别重视用户互动，充分关注用户需求，及时研判产品创新方向。数字技术创新是推进数字经济高质量发展的关键，要适应数字经济发展趋势构建高效、开放、协同的数字创新生态系统，通过政府引导、产业界推动、大学科研机构支持以及用户需求的导向，以市场化机制实现科技创新成果的高效孕育、转化和应用，为做强做优做大我国数字经济提供源动力。

把握核心生产要素转移方向，加快完善数据要素市场。近年来，数据要素正成为生产力跃迁的核心生产要素，数据要素具有非稀缺性、流动性、非排他性、复用性和时效性等特性，其作用于不同主体，与不同要素结合，同时产生不同程度的乘数效应。从传统经济旧业态转向数字经济新生态的过程也是核心生产要素从资本要素向数据要素转移的过程，因而推进数字经济高质量发展需要加快完善数据要素市场。一方面，要注重数据治理和数据要素市场的构建，通过有效市场为数字经济高质量发展提供源头活水。一要加强数据治理，确保数据的质量、安全、合规与高效流通。要形成数据治理的基本原则和方法，通过数据清洗、整合、分析等手段，提升数据质量，为数据价值化提供标准化支撑。二要建立健全数据安全保障体系，确保数据在采集、存储、传输和使用过程中的安全性。三要搭建多层级数据要素市场，促进数据资源的优化配置。一级市场主要面向数据资源的初次交易，二级市场注重数据资源的再次开发与利用，三级市场注重数据产品价值的交易共享等。通过市场规则和监管机制，探索数字经济产权分配机制，激发市场活力，推动数据资源的高效配置和合理利用（李三希等，2023）。四要重视公共数据的开放共享，充分运用公共数据在数据市场中的"升水效应"，促进数字经济发展的包容性。另一方面，要不断完善数据要素市场的支撑保障体系，注重数字经济发展的顶层设计，通过有为政府为数字经济发展保驾护航。一是构建数据要素技术支撑体系，提升数据处理和分析能力。例如，基于大数据、云计算、人工智能等先进技术，构建高效、智能的数据处理和分析平台，为数据要素的挖掘和应用提供有力支持。二是完善数据要素基础设施，提升数字经济支撑能力。例如，加强数据通信网络基础设施建设、提升数据存储和处理能力、建设绿色节能数据中心等。

推动宏观政策体系转轨，加快完善适应数字生态的宏观调控制度。在数字经济推动结构转型的过程中，传统的政策工具已不能适应数字经济新生态的发展需要，推动数字经济高质量发展需要加快宏观政策转轨，构建一个适应数字经济新生态的政策体系。首先，产业政策应着重于推动产业数字化和数字产业化，政策着力点从直接投入向推动数字赋能转轨，支持传统产业转型升级，同时培育和发展数字产业新业态，形成具有国际竞争力的数字产业集群。财政政策应适应数字经济的结构性变化，优化税收结构和财政支出结构，适应新产业新业态新模式形成新的税制模式，而财政支出也应立足数字经济新生态的整体发展和要素流动的趋势，从过度强调空间层面的地区间分配转向时空并重的综合分配方式，更好发挥财政效能。货币政策需要适应数字经济新生态下的政策传导路径变化，创新货币政策工具，探索数字货币在货币政策工具创新中的作用，提升货币政策的精准性和有效性。此外，跨境电商驱动贸易结构从"批发模式"走向"零售模式"，贸易政策应致力于推动数字贸易自由化和便利化，加强互联互通和国际合作。监管政策则需注重监管模式创新，充分发挥数据在监管中的作用，完善数字经济监管体系，加强数据安全和隐私保护。最后，人才政策应重点培育高精尖创新人才，强化跨学科复合型人才培养，促进人才与人工智能等先进生产力工具融合。这些政策需相互协同，形成合力，共同推动数字经济向更高质量、更高效率、更可持续的方向发展。

加快向数字治理模式转换，推动国家治理能力与治理体系现代化。随着数字经济的发展，国家治理正在经历一场深刻的变革，这不仅影响经济领域，还涉及社会、政治、文化等多个方面。数字经济发展不仅为政府提供了新的治理工具，如大数据分析和云计算，使得政府能够更准确地分析社会问题并采取有效措施，促进了公民参与和社会监督，优化了公共服务供给，并提高了社会治理效率。同时，也带来了如部门协同、平台垄断、数字鸿沟、隐私安全和技术应用等新的治理问题，对现有治理框架提出了挑战。习近平总书记指出："要强化互联网思维，利用互联网扁平化、交互式、快捷性优势，推进政府决策科学化、社会治理精准化、公共服务高效化，用信息化手段更好感知社会态势、畅通沟通渠道、辅助决策施政。"适应数字经济新生态应加快推动国家治理转轨，综合考虑数字经济带来的机遇与挑战，实现国家治理体系和治理能力的现代化。一方面，要加快数字化赋能国家治理能力提升。一要加大网络基础设施投入，推进5G网络建设，加快千兆城市建设，深化IPv6应用，优化数据中心布局，提升算力网络体系，为治理能力提升奠定基础。二要健全数字经济法律法规，统一数字化标准，加强公共数据开放共享，保护私人和用户数据。利用数字技术提升公共服务的效率和质量，实现资源的精准配置，推动公共服务的普惠化和高效化。三要解决部门协同问题，打破信息壁垒，防止平台垄断，缩小数字鸿沟，保护隐私安全，合理应用技术。同时畅通监督渠道，利用数字平台规范集体"三资"管理，推动民生账本公开，提高监督效率。另一方面，要创新数字经济治理模式，有效应对数字经济下的新治理问题。一是建立公平竞争的市场环境，将数字经济监管纳入改革范围，注重数据安全和隐私保护。二要建立多元共治管理格局，构建政府、平台、企业、行业组织和社会公众共同参与的治理体系，注重平台治理，引导行业自律，完善社会参与机制。既要注重政府监管模式创新，提升政府监管对数字经济的适应性，探索多层协同的综合监管机制（戚聿东和张天硕，2023），也要综合考虑数字经济与实体经济融合过程中的动态特征，提高治理的动态适应性（蔡跃洲等，2024）。三要选择具有代表性的企业或政府部门作为试点，进行数字化整体规划，建立科学的评价体系，为推广做好准备。四要培育数字技术创新能力和国际合作，激发制度创新能力，带动协同创新能力，推动数字技术与国家治理、全球治理领域的结合。通过数字经济提高国家秩序能力、赋权能力和创新能力，实现治理的智能化、精准化和高效化，提高治理效能，满足人民对美好生活的需求，并应对全球化时代的挑战。

加快数字经济研究范式转变，更好认识和把握数字经济发展的内在逻辑。大数据、人工智能等数字技术正加速改变经济学研究范式（洪永淼和汪寿阳，2021，2023，2024），这种转变既包含认识论层面，也包括方法论层面。因而，研究范式的转变不仅体现在对数字经济本质和规律的新理解和新价值导向，更要求我们在研究视角、方法和策略上进行全面创新。在价值取向上，我们需要从传统的以片面追求经济增长为核心的发展理念，转向创新、协调、绿色、开放、共享的新发展理念，这一转变应强调数字技术与实体经济的深度融合，以及数字经济对社会、文化、环境等多元领域的综合影响，研究范式也将从单目标优化转向多目标优化。在研究视角上，传统经济学往往将经济系统简化为线性可预测的均衡系统，而数字经济发展增加经济整体复杂性，更体现了经济系统作为一个不断演化的复杂非线性系统的本质，强调经济系统的动态性、不确定性和非均衡性。这一转变提醒我们更需关注经济系统中的非线性相互作用、动态行为、开放性和自组织等特性。而且，传统经济学研究往往基于一系列假设和抽象模型，而数字经济时代的数据复杂性和多样性使得这些假设和模型在解释现实经济现象时显得力不从心，因此更需要不断调整和完善自己的研究范式以适应数字经济时代的需求。在研究策略上，我们更需要采用跨学科的研究方法，涉及计算机科学、经济学、管理学、社会学等多个学科领域方法的综合应用，因此需要打破学科壁垒，促进不同学科之间的交叉融合。通过跨学科的研究，我们可以更全面、深入地理解数字经济的运行机制和发展趋势，提出更具创新性和针对性的政策建议。最后，研究范式的转变还体现在开放合作的研究理念。数字经济是全球性的经济形态，其发展受到全球政治、经济、文化等多种因素的影响，因此需要加强与国际社会的交流合作，借鉴国外先进的研究经验和方法。只有在正确的认识论和方法论指导下才能更好把握数字经济发展的逻辑脉络，为构建开放、合作、共赢的数字经济新生态提供理论指导。

做强做优做大我国数字经济是一个系统工程，要把握数字经济新生态的特征规律，加快构建有活力的数字创新生态体系，不断完善数据要素市场，创新政策工具和治理模式与数字经济新生态相协调，同时转变研究范式以更好认识把握数字经济发展底层逻辑。这些措施的有机结合和协调推进是助力数字经济高质量发展的重要保障，也为国家治理体系和治理能力的现代化提供坚实的支撑，为实现包容性增长提供强大引擎。

参考文献：

[1] 蔡跃洲,王麒植,钟洲.线上排他行为、阶段性特征与数字平台治理：三方动态博弈分析[J].经济研究,2024,59(05):132–150.

[2] 丁述磊,戚聿东,刘翠花.数字经济时代职业重构与青年职业发展[J].改革,2022,(06):91–105.

[3] 董志勇,何丝,李成明.民族地区数字生活提升家庭幸福感了吗?[J].中央民族大学学报(哲学社会科学版),2023,50(05):33–45.

[4] 洪永淼,汪寿阳.ChatGPT与大模型将对经济学研究范式产生什么影响?[J].计量经济学报,2024,4(01):1–25.

[5] 洪永淼,汪寿阳.大数据如何改变经济学研究范式？[J].管理世界,2021,37(10):40–55+72+56.

[6] 洪永淼,汪寿阳.人工智能新近发展及其对经济学研究范式的影响[J].中国科学院院刊,2023,38(03):353–357.

[7] 李成明,李大铭,张泽宇昕.数字基础设施、家庭多维减贫与共同富裕[J].河北经贸大学学报,2022,43(06):61–72.

[8] 李成明,王霄,李博.城市智能化、居民劳动供给与包容性就业——来自准自然实验的证据[J].经济与管理研究,2023,44(03):41–59.

[9] 李三希,王泰茗,刘小鲁.数据投资、数据共享与数据产权分配[J].经济研究,2023,58(07):139–155.

[10] 戚聿东,张天硕.数字经济时代政府监管的适应性创新[J].江苏行政学院学报,2023,(05):54–61.

[11] 师博,胡西娟.高质量发展视域下数字经济推进共同富裕的机制与路径[J].改革,2022,(08):76–86.

[12] 田鸽,张勋.数字经济、非农就业与社会分工[J].管理世界,2022,38(05):72–84+311.

[13] 尹志超,蒋佳伶,严雨.数字鸿沟影响家庭收入吗[J].财贸经济,2021,42(09):66–82.

[14] Aker J C. Information from markets near and far: Mobile phones and agricultural markets in Niger[J]. American Economic Journal: Applied Economics, 2010, 2(3): 46–59.

[15] Barrios J M, Hochberg Y V, Yi H. Launching with a parachute: The gig economy and new business formation[J]. Journal of Financial Economics, 2022, 144(1): 22–43.

[16] Buchak G. Financing the gig economy[J]. The Journal of Finance, 2024, 79(1): 219–256.

[17] Cairncross F. The Death of Distance: How the Communications Revolution is Changing Our Lives[M]. Harvard Business School Press, 2001.

[18] Friedman T L. The World is Flat: A Brief History of the Globalized World in the Twenty–first Century[M]. Allen Lane, 2005.

[19] Goldfarb A, Tucker C. Digital economics[J]. Journal of economic literature, 2019, 57(1): 3–43.

[20] Hassan N M, Hamdan A, Shahin F, et al. An artificial intelligent manufacturing process for high–quality low–cost production[J]. International Journal of Quality & Reliability Management, 2023, 40(7): 1777–1794.

[21] Li C, Huo P, Wang Z, et al. Digitalization generates equality? Enterprises' digital transformation, financing constraints, and labor share in China[J]. Journal of Business Research, 2023, 163: 113924.

[22] Li C, Li D, Liang Y, et al. Underdog entrepreneurship in the digital era: The effect of digital servitization on household entrepreneurship in China[J]. Heliyon, 2024, 10(2).

[23] Li C, Wen M, Jiang S, et al. Assessing the effect of urban digital infrastructure on green innovation: mechanism identification and spatial–temporal characteristics[J]. Humanities and Social Sciences Communications, 2024, 11(1): 1–14.

[24] Li C, Zhang X, Dong X, et al. The impact of smart cities on entrepreneurial activity: Evidence from a quasi–natural experiment in China[J]. Resources Policy, 2023, 81: 103333.

[25] Livingston P. Art and intention: A philosophical study[M]. Clarendon Press, 2005.

[26] Nagle F, Seamans R, Tadelis S. Transaction cost economics in the digital economy: A research agenda[J]. Strategic Organization, 2020: 14761270241228674.

[27] Rust R T, Huang M H. The feeling economy[M]. Springer International Publishing, 2021.

[28] Sun J, Zhai C, Dong X, et al. How does digital infrastructure break the resource curse of cities? Evidence from a quasi–natural experiment in China[J]. Resources Policy, 2023, 86: 104302.

[29] Xu Y, Li C. Digital transformation, firm boundaries, and market power: Evidence from China's listed companies[J]. Systems, 2023, 11(9): 479.

[30] Zhai C, Ding X, Zhang X, et al. Assessing the effects of urban digital infrastructure on corporate Environmental, Social and Governance (ESG) performance: Evidence from the broadband China Policy[J]. Systems, 2023, 11(10): 515.。

家 庭 篇

第一章　创新创业：数字平台、资源可及性
与家庭自主创业

一、引言

随着数字经济在全球快速发展，数字平台与家庭生活的联系越来越紧密。2021年，国家市场监督管理总局发布《互联网平台分类分级指南（征求意见稿）》，基于平台的数字服务功能，将数字平台划分为网络销售、生活服务、社交娱乐、信息资讯、金融服务和计算机应用六个类别。从互联网早期信息资讯服务的出现，到移动互联网应用服务的涌现，再到结合人工智能、大数据、云计算等数字服务的产生，数字平台为家庭提供了全方位的数字服务，这可能会对家庭的创业行为产生深远影响。

然而，目前缺乏微观层面的证据来证明数字服务是否能影响家庭的创业决策，尤其是在弱势群体创业的背景下。先前的研究已经确定了影响家庭创业决策的众多因素，包括个体层面的性别（Rosenthal和Strange，2012）、年龄（Liang等，2018）、人力资本（Levine和Rubinstein，2017）、风险偏好（Herranz等，2015）、流动性约束（Evans和Jovanovic，1989；Wang，2012；Li和Wu，2014；Fan等，2022）、社会资本（Djankov等，2006）、财务监管（Hu等，2023）等微观因素，和宏观层面的监管环境（Lu和Tao，2010；Li等，2023b；Li等，2023d）和文化环境（Fritsch和Wyrwich，2014）等因素。

已有研究发现，家庭能够通过使用数字平台的服务，以实现资源配置优化。在信息服务方面，家庭可以在社交媒体上通过评论、推荐等数字服务方式实现信息共享（Lin等，2019）；在金融服务方面，家庭可以通过数字金融服务提升资产配置效率，增加信贷市场参与度；在社交服务方面，家庭可以借助社交平台软件实现社会网络的巩固，或者拓展新的社会资源，并从中获得信息和资金支持。所以，数字服务可能会对家庭创业产生促进作用。但现

有研究并没有明确数字平台是否会对家庭创业产生影响。大多数研究从创业者或者数字平台角度出发，对基于数字服务的创新进行了理论分析（Ahsan，2020），但少有文献涉及数字平台对家庭创业的影响，而且几乎没有文献提供数字服务影响家庭创业的经验证据。

因此，本章利用2014—2018年23643个家庭的面板数据，实证分析家庭使用数字服务对其创业决策的影响。我们发现了如下结论：第一，我们在研究中使用了Probit模型，发现家庭的数字服务使用会显著促进其创业，而且家庭数字平台指数每上升一个单位，家庭创业的概率会提升1.39%。第二，我们运用工具变量法来克服测度误差等内生性问题，使用构造社区（村居）层面的家庭数字平台应用指数（Zhao等，2022），进行两阶段最小二乘法估计，依然可以达到与基准回归一致的结果。此外，在进行更换模型估计方法、替换被解释变量和替换核心解释变量后，得到的结论也符合基准回归的结论。第三，我们通过中介分析发现，家庭的数字服务使用通过缓解家庭的融资约束、拓宽家庭的信息渠道和提升家庭的社会资本来促进创业。第四，我们进一步讨论数字平台对不同家庭创业决策的影响，发现家庭使用数字平台的创业效应对居住地为农村、低物质资产、户主年龄较大、户主认知能力较低的家庭效果更好，这意味着数字服务可以促进弱势群体的创业。

本章可能作出的边际贡献如下。第一，基于家庭层面的微观视角，我们分析了数字服务对家庭创业的影响，丰富了数字平台创业效应的研究。现有文献大多数基于企业家和数字平台本身的视角，从理论上分析数字服务的创业过程和创业生态系统，但在创业决策影响因素的实证研究上存在不足。此外，一些学者开始将注意力聚焦于数字服务带来的创业效应。Park等（2021）利用微信（中国人最常用的社交类数字平台）上关于代购的数据进行定量案例研究，发现了数字服务的终端用户创业现象，但这一研究的数据仅仅基于微信这一家社交类数字平台，并没有从整个数字平台层面进行分析。Ratten（2022）则关注COVID-19的大流行对数字服务创业效应的催化作用，他对澳大利亚墨尔本的农场企业家进行深入访谈，发现这一群体使用数字平台来创业的重要动机是获取信息。Srinivasan和Venkatraman（2018）则将重点放在数字服务促进创业的理论机制上，强调资源网络和模块网络的重要性。

第二，基于中国家庭追踪调查（CFPS）数据，我们创造性地构建了一个用于度量家庭层面的数字服务程度的指标，弥补了现有文献在指数研究方面的不足。当前有非常少量的研究尝试以构建指标的方式来测度数字服务自身发展的状况，或者用户使用数字服务的程度。其中，Szerb 等（2022）以数字平台为中心，构建了国家层面的数字平台经济指数。该指数包含数字技术基础设施、数字用户公民身份、数字多方平台和数字技术创业这四个维度，每个维度由用户层面和机构层面的数据构成。但是，关于家庭层面数字服务应用水平测度的文献较少，本章创新性地构建了家庭数字服务指数，弥补了现有研究的缺失。

第三，我们丰富了家庭创业影响因素相关的研究。在数字创业方面，现有文献主要关注数字技术、共享经济（Richter 等，2017）、数字创业生态系统（Song，2019）对创业带来的影响。但在数字服务对创业的影响方面，研究领域还留下了许多空白需要被补足，特别是在实证研究方面。正如我们在第一个贡献之处所介绍的，一些学者开始注意到数字服务在创业领域的重要研究价值，但他们的研究往往立足于理论分析或者案例研究，非常少量的文献采用了实证研究的方法。具体来看，我们在这方面有三个贡献，首先，本章以全局视角考察数字服务的创业效应，而没有把目光局限于某一类型的数字服务。比如，Mollick（2014）基于从 Kickstarter（一家美国的知名众筹网站）中获取的数据，发现众筹的成功率与创业者的个人网络和众筹项目的质量相关。这一研究揭示了金融类数字服务在缓解融资约束方面的重要作用，但其他不同类型数字服务的创业效应还有待研究，这也正是本章的贡献之处。其次，我们给出了数字服务促进家庭创业的渠道变量，发现信息搜寻、融资约束和社会资本这三大影响创业的经典因素在数字服务的创业效应中仍能发挥作用。先前已经有研究表明，数字服务有利于用户获取信息（Ratten，2022），获取融资支持（Mollick，2014），强化社交网络（Park 等，2021），这些资源网络的形成能够促进创业成功（Srinivasan 和 Venkatraman，2018），但尚未有研究把这些因素放在数字服务的背景下进行统一的实证检验。最后，我们对弱势群体给予了特别关注，发现数字服务的创业效应对居住在农村、低物资资本的家庭和户主年龄较大、认知能力较低的家庭效果更好。这一结论也在不平等和老龄化的社会背景下具有现实意义。

本章共六节。第二节对数字服务如何促进家庭创业进行理论分析；第三节介绍模型设定、变量说明和数据来源；第四节进行基准回归和稳健性检验；第五节进行机制分析和异质性分析；第六节对全章进行相应总结。

二、理论和研究假说

识别机会并获取资源是创业的重要过程（Shane和Venkataraman，2000），数字服务可以通过以下三种渠道拓展家庭创业机会并增加家庭创业资源，进而促进家庭创业：首先，数字服务可以根据家庭的需求，向家庭提供各类互联网信息，尤其是创业相关的信息，让家庭及时抓住创业的机会。其次，数字服务能够向家庭提供各类金融服务，特别是数字普惠金融服务，为家庭创业提供信贷资金，解决家庭创业资金不足的问题。最后，数字服务还可以提升家庭的社会资本，利用社会网络获取创业资源。

（一）数字服务通过缓解家庭信息约束来促进创业

已有研究表明，信息是影响创业的重要因素，家庭能够从信息中识别创业机会，进而开展创业活动（Shane和Venkataraman，2000）。与传统的互联网信息相比，数字服务的信息推送具有精准性和协同性。数字服务通过精准采集用户的数据，依靠强大的算力和先进的算法，主动向有创业需求的家庭推送个性化的创业信息。

从信息的精准性看，数字服务能满足家庭创业的个性化需求。基于数据、算法、算力三个要素，数字服务可以对用户的收入、教育水平，甚至是兴趣爱好和价值观念等特征进行判断，从而精准刻画出"用户画像"，再向用户推送个性化的创业信息。如果家庭不使用数字服务，在互联网上获取真正有帮助的信息，需要付出大量成本。首先，互联网上存在大量冗余的信息，这些信息大多对创业的作用十分有限。在如今这个信息爆炸的时代，每分每秒都有各种各样的信息产生，家庭可以获取的信息量十分庞大。原本有大量的信息对创业帮助很大，但是它们通常被埋没在"垃圾信息"中，家庭难以挖掘。其次，即使家庭可以从冗余信息中鉴别出有利于自身创业的信息，这些信息的获取和提炼也会耗费大量的时间成本。但数字服务可以向家庭推送可能符合他们需要的创业信息，这使得家庭不再将大量时间耗费在传统的互联网信息获取方式上，比如，在搜索引擎中不停地输入不同的关键词，并凭借肉眼筛选网页中的大量信息。

从信息的协同性看，数字平台的数字服务具备双边市场的性质，有利于用户完成从消费者到创业者的身份转变。双边市场强调买方和卖方的协同作用，也就是说，在数字服务中消费者和创业者的身份不是孤立、割裂的，这两种身份在一定条件下可以实现相互转换（Nambisan和Zahra，2016）。对消费者而言，其通过数字服务消费时，基于搜索引擎和平台推荐等渠道，往往可以从平台信息中获得商业机会。这些平台信息包括商品服务的种类、销量等直接信息，帮助用户了解当前市场上关于商品服务的销售概况。此外，当用户的消费需求在数字服务化上得不到满足时，间接信息就会表现出来。基于他们的需求，用户可以从数字平台上缺乏的商品和服务开始自己的业务，并在数字平台上提供相关商品和服务，从而满足市场上潜在的消费者需求。

总体而言，数字服务的信息有着精准性和协同性的优势，能够降低家庭的信息搜寻成本，促进家庭创业。

基于此，本章提出假说H1-1：数字服务通过缓解家庭的信息约束来促进创业。

（二）数字服务通过缓解家庭的信贷约束来促进创业

在中国，融资难度大和融资价格高是小企业主面临的主要困难之一。由于风险、成本和信息不对称等因素，传统金融机构对家庭创业的信贷发放通常较保守，创业者往往面临着信贷约束（Li等，2023a）。已有大量研究表明，流动性约束是阻碍创业的重要原因（Evans和Jovanovic，1989）。创业通常需要一定的资金投入，缓解信贷能够促进企业家创业（Bianchi，2010）。而数字服务从供需两端入手，缓解家庭的信贷约束，促进创业活动。对金融机构而言，数字服务减小了金融机构普惠服务的风险和成本，降低了放贷门槛，因而金融机构有充足动力增大对长尾群体的信贷供给，以扩大业务规模，提高盈利能力（Li等，2022）；对家庭而言，数字服务降低家庭的信贷成本，提升信贷业务的审批效率，以低廉的价格和优质的服务刺激家庭参与信贷服务。供给和需求的同时提高增大家庭的信贷可得性，缓解家庭的信贷约束，进而促进创业。

在供给端上，数字服务在传统金融的基础上发挥数字技术的优势，通过人工智能（Artificial Intelligence）、区块链（Blockchain）、云计算（Cloud Computing）和大数据（Big Data）等来解决传统金融中的风险和成本难题，起到了降低交易成本、减少信息不对称和优化资源配置的作用（Wang等，2023；Jiang等，2023；Xu等，2023），进而提高金融机构对长尾客户的放贷意愿，缓解创业的信贷约束。在覆盖广度方面，传统金融的服务范围受营业网点的制约，受限于地理位置。而数字金融平台借助数字技术的特点，打破传统金融在营业网点上的物理束缚，以广覆盖的优势提高家庭的金融可及性，最终缓解了创业的信贷约束。在服务对象方面，数字服务能够覆盖更多的长尾客户。通常来说，长尾客户呈现出小额、零散的特点，传统金融覆盖意愿不足。但在"ABCD"技术的支持下，数字服务能够以较低的成本处理大量的长尾客户数据（Gomber等，2018），有着较强的外部经济效应，大大减少了信贷业务的风险与成本。因而，基于数字服务，金融机构有意愿将信贷业务拓展至有创业需求的家庭，实现业务规模扩张。

在需求端上，数字服务通过提供数字化的金融服务，激发家庭创业的信贷需求。在服务优化方面，数字服务对进行信贷业务操作简化和流程升级，家庭在申请创业信贷服务时，不再被繁杂琐碎的流程和漫长的信贷审批困扰。数字服务通过优化信贷业务的申请流程和审批效率，为家庭参与信贷业务提供了便利，其便捷特点深化家庭对信贷业务的参与。在使用成本方面，数字服务以其较强的规模经济效应，充分发挥边际成本递减的优势，降低自身运营成本，能够以相对较低的利率价格向农村家庭提供信贷支持。在相对便宜的数字服务信贷服务面前，家庭的创业信贷需求也被进一步挖掘激发。

总体而言，数字服务增加了家庭的信贷可得性，提高了受传统金融排斥的家庭的金融资源和服务可得性，有效缓解其信贷约束，进而促进家庭创业。

基于此，本章提出假说H1-2：数字服务通过缓解家庭的信贷约束来促进创业。

（三）数字服务通过增强家庭的社会资本来促进创业

已有研究发现，社会资本是影响创业的重要因素（Shane和Cable，2002；Gedajlovic，2013）。社会网络是社会资本的重要体现形式，家庭可以从社会网络中获取资金和信息等必要的创业资源。从创业机会方面看，家庭能够从社会网络中的信息中识别机会。已有研究表明，创业者可以从自身的社会网络中吸收或交换与创业有关的信息，而信息正是创业需要的关键要素（Shane和Venkataraman，2000）。从融资方面看，家庭创业需要资金支持，因而融资是家庭创业过程的核心问题之一。然而由于信息不对称的存在，家庭创业往往面临着融资约束。社会网络中含有大量信息，能够有效缓解创业方和投资方之间的信息不对称问题，进而缓解创业方的融资约束。当然，数字服务的使用能够增加家庭的社会资本，这是数字服务产生创业效应的重要渠道。

从加强社会网络看，数字服务打破时间与空间上的限制，大大增进了人与人之间的交流。在传统的社交环境下，人们之间的交流需要在线下的现实生活场景进行，这意味着维持社会网络有着较高的成本。虽然电话和手机等即时通信工具出现，以及互联网的诞生已经大大方便了人们之间的沟通，但是这些交流和线下交流仍有不小的差距。单纯的语音和文字信息并不能充分反映沟通者的真实想法，至少我们看不见对方的面孔和表情，这恰恰会使我们遗漏关键信息。此外，传统意义上基于电话、手机和电脑等工具进行的即时交流往往是1对1的，我们很难同时与几十名甚至上百名沟通者进行交流。然而，基于数字服务，用户可以根据自身和他人的需求，以较低的沟通成本建立自身的社会网络。用户既可以发起即时通信，也可以使用语音、图表和文字等形式进行留言。而且，用户不光可以进行"1 to 1"的私密信息交流，还可以组织几百人进行一场视频会议。在低成本的沟通优势下，数字服务能够加强用户的社会网络。

从拓展社会网络看，数字服务能够基于用户数据，帮助彼此陌生，却有着共同点的用户建立起联系。在一个数字服务中，一些用户会有着共同点，比如，他们有着类似的兴趣，或者有着类似的目标，但在传统的环境下，他们不知道彼此的存在和需求。即使他们之间想要联系，也需要花费一定的搜寻成本。他们有建立起社会网络的动机，因为社会网络的形成将产生规模效应，他们之间的资源利用率将会提升。而基于数字服务，数字服务可以分析用户的数据，从而掌握用户的需求，主动向他们推送其他用户，而且这些用户之间具有建立关系的可能性。这样一来，用户的社会网络将会扩展，用户可以从中获取更多的创业资源。

基于此，本章提出假说H1-3：数字服务通过提高家庭的社会资本来促进创业。

三、研究设计

（一）模型设定

由于家庭创业是一个虚拟变量，我们参考Wang（2012）、Li和Wu（2014）、Fan等（2022）的研究，建立Probit模型，来分析数字服务对家庭创业的影响。具体模型设定如下：

$$Entrepreneurship_{ijt}^* = \alpha_0 + \beta_0 Servitization_{ijt} + \gamma_0 Control_{ijt} + \varphi_j + \delta_t + \varepsilon_{ijt}$$
$$ProbEntrepreneurship_{ijt} = 1 = \phi\left(\alpha_0 + \beta_0 Servitization_{ijt} + \gamma_0 Control_{ijt} + \varphi_j + \delta_t\right)$$

（式1-1）

其中，被解释变量 $Entrepreneurship_{ijt}$ 表示第 t 年 j 省 i 家庭是否处于创业状态的二值变量，潜变量 $Entrepreneurship_{ijt}^*$ 是 $Entrepreneurship_{ijt}$ 背后的连续变量。当潜变量大于0时，被解释变量取值为1，反之则取0。核心解释变量 $Servitization_{ijt}$ 为本章构建的数字服务指数。此外，系数 β_0 衡量了数字服务对家庭创业的影响，是本章的重点关注对象，如果系数为正，表明数字平台的使用促进了家庭创业；$Control_{ijt}$ 为户主和家庭层面的控制变量，φ_j 表示省份固定效应，δ_t 表示时间固定效应；本章将标准误聚类到区县层面。

$$Inter_{ijt} = \alpha_1 + \beta_1 Servitization_{ijt} + \gamma_1 Control_{ijt} + \varphi_j + \delta_t + \varepsilon_{ijt} \qquad （式1-2）$$

其中，$Inter_{ijt}$ 代表融资约束、信息渠道和社会资本充当的中介变量。我们选用信贷可得性、户主对互联网信息的重视程度和家庭通信支出（对数）分别作为融资约束、信息渠道和社会资本的代理变量。其中，对于融资约束，如果家庭在年末在私人或者机构处持有借款余额，则设定 $Credit_{it} = 1$，否则让 $Credit_{it} = 0$。对于信息渠道，CFPS让户主对获取互联网信息的重要程度进行评价，评价分数从1至5，即从非常不重视到非常重视评价分数越高，表明户主越重视互联网信息。对于社会资本，家庭通信支出是一个衡量社会资本的有效方式，支出越多的家庭，往往与社会的联系更加紧密。

（二）变量说明

1. 被解释变量

我们的被解释变量是家庭创业。参考Djankov等（2006）的研究，我们将创业家庭定义为存在任意成员从事个体经营或开办私营企业的家庭。与创业有关的问题在CFPS的问卷中为："在过去的12个月里，您的家庭中是否有成员从事个体经营或者开办私营企业？"

2. 核心解释变量

我们的核心解释变量是数字服务指数，从数字服务基础设施状态、数字服务覆盖广度和数字服务使用深度三个维度来衡量家庭视角下的家庭对数字服务的使用状况。

当前，几乎没有学者构建家庭层面的数字服务指数。Szerb等（2022）尝试构建数字平台经济指数，但这一指数是基于国家层面，并未从家庭层面的微观视角进行讨论。我们借鉴他们的研究（Szerb等，2022），使用主成分法，并结合数据可获得性，选取数字平台基础设施状况、数字平台功能覆盖广度和数字平台使用深度作为衡量家庭视角下的数字平台应用状况的一级指标。具体构建指数的方法如下。首先，我们使用KMO测试和Bartlett球形检验，发现KMO值为0.823，Bartlett球形检验的P值小于0.001，这意味着样本适合进行主成分分析；其次，我们选择特征值大于1的四个主成分来构建指数；最后，我们使用主成分的方差贡献率作为主成分的权重，累计主成分的方差贡献率作为分母来计算指数。

（1）数字服务基础设施状况

在一个区域中，数字平台基础设施建设状况越好，该区域的数字平台经济就越发达，家庭也更容易接触到数字平台。具体来说，数字平台基础设施建设维度包含长途光缆线路长度、电话普及率、互联网宽带普及率、互联网宽带接入端口、互联网域名数这五个子维度。

（2）数字服务覆盖广度

如果户主应用了更多类型的数字平台，表明数字平台功能覆盖了户主生活的多个方面。在数字平台功能覆盖广度维度中，包含家庭是否使用互联网、户主使用互联网工作的频次、户主使用互联网学习的频次、户主使用互联网社交的频次、户主使用互联网娱乐的频次、户主使用互联网商业活动的频次这六个子维度。

（3）数字服务深度

如果户主认为数字平台比较重要，说明数字平台能够在较大程度上帮助户主，那么户主也更可能深入使用数字平台。在数字平台功能使用深度维度中，包含户主认为互联网工作的重要程度、户主认为学习的重要程度、户主认为社交的重要程度、户主认为娱乐的重要程度、户主认为商业活动的重要程度这五个子维度。

表1-1 中国家庭数字服务指数构建维度

一级指标	二级指标	数据来源
数字服务基础设施状况	长途光缆线路长度 电话普及率 互联网宽带普及率 互联网宽带接入端口 互联网域名数	中国统计年鉴（2014、2016、2018）
数字服务覆盖广度	家庭是否使用互联网 户主使用互联网工作的频次 户主使用互联网学习的频次 户主使用互联网社交的频次 户主使用互联网娱乐的频次 户主使用互联网商业活动的频次	CFPS（2014、2016、2018）
数字服务使用深度	户主认为互联网工作的重要程度 户主认为学习的重要程度 户主认为社交的重要程度 户主认为娱乐的重要程度 户主认为商业活动的重要程度	CFPS（2014、2016、2018）

3. 控制变量

本章参考Preacher和Hayes（2008）、Lu和Tao（2010）、Rosenthal和Strange（2012）、Herranz等（2015）、Levine和Rubinstein（2017）、Liang等（2018）Fan等（2022）的研究，选择控制以下变量。在个体层面，本章控制了户主的年龄、性别、婚姻、户籍、风险偏好、健康状况、受教育年限等。在家庭层面，本章控制了少儿比例、老人比例、家庭净资产、房屋产权、家庭居住地、区域经济发展水平、商业环境和财政补贴。表1-2给出了本章基准回归所有变量的定义和计算方法。

表1-2 变量说明

	变量名称	变量定义
被解释变量	家庭创业	家庭中是否有人从事个体经营，是=1
解释变量	数字服务	基于家庭微观数据构造的数字服务指数

续表

	变量名称	变量定义
户主特征	年龄	年龄
	年龄的平方	年龄的平方除以100
	性别	男=1，女=0
	婚姻状况	已婚=1，其余=0
	户口状况	农业户口=1，其余=0
	风险偏好	每周饮酒超过3次=1
	健康状况	在1~5内取值，不健康=1，非常健康=5
	教育年限	户主受教育的年限
家庭特征	家庭规模	家庭成员的人数
	少儿比例	家庭中16岁以下成员数目与劳动力数目之比
	老人比例	家庭中60岁及以上成员数目与劳动力数目之比
	家庭财富	家庭净资产的对数
	房屋产权	家庭拥有完全住房产权=1，其余=0
	居住地点	城镇=1，农村=0
区域特征	区域经济发展水平	各省GDP对数（按当年价格计算）
	商业环境	利用政府干预（地方财政一般预算支出/地区GDP）和企业税负（规模以上工业企业主营业务税金及附加/规模以上工业企利润总额），采用熵权法计算
	财政补贴	中央补贴收入与中央支出之差的对数

（三）数据来源与描述性统计

1. 数据来源

本章的解释变量和控制变量来自中国家庭追踪调查（CFPS）数据，包括CFPS2014、CFPS2016和CFPS2018。核心解释变量的数据来自2013年、2015年和2017年的CFPS以及2012年、2014年和2016年的国家统计局数据。CFPS是北京大学中国社会科学调查中心（ISSS）实施的一项全国性大型调查，它的样本包含25个省份和16000户家庭，该调查每两年进行一次。由于CFPS的部分问题会随时间变化，为了保证研究数据的统一性，我们选取了2014年、2016年、2018年三期的CFPS数据。这些CFPS数据都含有关于数字平台的数据，以帮助我们构造核心解释变量。

为了使得样本具有更好的代表性，本章对数据进行如下处理：（1）删除个人和家庭编码等主要编码缺失的样本。（2）对如家庭人均纯收入和家庭净资产等样本进行了线性插补。（3）剔除了少量关键变量连续缺失的样本。（4）本章采用2014年的财务回答人来识别户主，将其作为家庭代表个体，并保留户主年龄在16岁以上的家庭。（5）为了得到一个平衡面板，本章仅保留三年均被调查的家庭。此外，一个家庭分家后，其性质可能发生根本变化，因此本章只保留在样本期内未分家的家庭。最终我们得到2014年、2016年、2018年的共24106户家庭样本。

2. 描述性统计

我们使用中国家庭对数字服务的使用程度，构建家庭数字服务指数，从家庭的微观层面刻画了中国家庭对数字服务的使用现状。在表1-3中，我们对数字服务指数进行了描述性统计，可见随着时间的变化，中国各个地区家庭对数字服务的使用都处于上升趋势。由表1-4可见，将数字服务基础设施维度从指数中剔除后，这个不断上升的趋势仍然没有发生变化。此外，我们也可以看见中国数字服务指数在各个地区之间呈现明显的不同。原因在于，城市地区和东部地区经济较为发达，所以这些地区的家庭可能更多地使用数字服务。

此外，我们也在表1-5中对主要变量进行了描述性统计。可以发现，家庭创业作为一个虚拟变量，其均值为0.0967，表明绝大多数家庭都没有进行创业活动。数字服务应用指数最大值为8.536，最小值为0.367，其均值为1.778，表明不同家庭之间对数字服务的使用存在较大的差异。

表1-3 不同群体的数字服务指数（含基础设施维度）

	城市	农村	东	中	西
2014	1.6605	0.9797	1.6808	1.0853	0.8374
2016	2.0608	1.3103	2.0758	1.4847	1.1341
2018	2.8309	1.9921	2.8308	2.1727	1.8691

表1-4　不同群体的数字服务指数（不含基础设施维度）

	城市	农村	东	中	西
2014	1.2991	0.3969	0.9744	0.7875	0.5241
2016	1.6469	0.6060	1.2844	1.0929	0.7455
2018	2.2036	1.0718	1.7684	1.5875	1.3479

表1-5　描述性统计

变量名称	样本量	均值	标准差	最小值	最大值
家庭创业	23643	0.0967	0.295	0	1
数字服务	23643	1.778	1.482	0.367	8.536
年龄	23643	52.83	13.08	16	93
年龄的平方	23643	29.63	14.01	2.560	86.49
性别	23643	0.515	0.500	0	1
婚姻状况	23643	0.877	0.329	0	1
户口状况	23643	0.712	0.453	0	1
风险偏好	23643	0.168	0.374	0	1
健康状况	23643	2.789	1.214	1	5
教育年限	23643	7.211	4.546	0	19
家庭规模	23643	3.773	1.864	1	21
少儿比例	23643	0.291	0.516	0	6
老人比例	23643	0.180	0.434	0	3
家庭净资产	23643	11.90	2.668	0	18.51
房屋产权	23643	0.848	0.359	0	1
居住地点	23643	0.463	0.499	0	1
区域经济发展水平	23643	10.04	0.702	6.950	11.43
商业环境	23643	−0.133	0.543	−1.050	3.288
财政补贴	23643	16.75	0.521	15.15	17.58

四、数字平台影响家庭自主创业的实证分析

（一）基准回归

表1-6列示了数字服务使用对家庭创业的影响的回归结果。列（1）是不加任何控制变量的回归结果，列（2）是控制省份和时间固定效应后的回归结果，列（3）是加入户主相关变量并同时控制省份和时间固定效应的回归结果，列（4）是进一步加入家庭相关变量的回归结果，列（5）显示了包含所有控制变量的结果。列（1）显示数字服务使用的回归系数为0.128，在1%的统计水平上显著。接下来，为了检查基准回归结果的稳健性，我们依次控制省份和时间固定效应，以及家庭户主特征、家庭特征和区域特征。由列（2）、列（3）、列（4）和列（5）可见，数字服务对家庭创业仍然有着显著的正向影响，其中列（5）显示数字服务的回归系数为0.0882，在1%的统计水平上显著，说明随着数字服务的上升，家庭创业的概率变大。

考虑到内生性问题，我们仅对控制变量系数的结果进行简单的阐释。从户主层面的控制变量来看，户主年龄的系数显著为正，而年龄的平方项显著为负，表明在其他变量不变的情况下，随着户主年龄的增长，其创业的概率呈先上升后下降的趋势，显现出一种倒U型关系，这与已有研究一致（Liang等，2018）。户主受教育年限的系数显著为正，表明人力资本是创业的重要因素（Robinson和Sexton，1994）。从家庭层面的控制变量来看，家庭规模的系数显著为正，可能说明负担较重或者劳动力较多的家庭更有可能创业。家庭净资产的系数显著为正，表明拥有更多财富的家庭更有可能创业，这与过去的研究相吻合（Evans和Jovanovic，1989）。家庭房屋产权的系数显著为负，这可能是由于，完全拥有房子产权的家庭通常需要偿还按揭贷款，他们偏好稳定的现金流，或者是已经拥有一套房子让他们更加厌恶风险（Li和Wu，2014）。此外，家庭居住地的系数均显著为正，意味着居住在城市地区的家庭更有可能创业，这可能与地区层面的创业监管环境有关。

表1-6 基准回归结果

	（1）	（2）	（3）	（4）	（5）
因变量	家庭创业	家庭创业	家庭创业	家庭创业	家庭创业
数字服务	0.128***	0.153***	0.101***	0.0874***	0.0882***

续表

	（1）	（2）	（3）	（4）	（5）
	（12.44）	（13.63）	（7.63）	（6.69）	（6.72）
边际效应	0.0215***	0.0252***	0.0163***	0.0138***	0.0139***
	（11.73）	（13.18）	（7.67）	（6.73）	（6.75）
年龄			0.0408***	0.0391***	0.0392***
			（5.04）	（4.81）	（4.81）
年龄的平方			−0.0477***	−0.0458***	−0.0459***
			（−6.01）	（−5.75）	（−5.76）
性别			0.0385	0.0601	0.0589
			（1.03）	（1.57）	（1.53）
婚姻状况			0.186***	0.0453	0.0440
			（3.60）	（0.85）	（0.83）
户口状况			0.00861	0.113*	0.113*
			（0.18）	（1.93）	（1.93）
风险偏好			0.0159	0.00838	0.0102
			（0.39）	（0.20）	（0.25）
健康状况			0.0283***	0.0154	0.0157
			（2.75）	（1.43）	（1.46）
教育年限			0.0182***	0.0135***	0.0134***
			（3.68）	（2.72）	（2.70）
家庭规模				0.0936***	0.0939***
				（9.10）	（9.10）
少儿比例				−0.0561*	−0.0567*
				（−1.84）	（−1.85）
老人比例				−0.0160	−0.0163
				（−0.40）	（−0.41）
家庭净资产				0.0744***	0.0743***
				（6.56）	（6.58）
房屋产权				−0.155***	−0.151***
				（−3.25）	（−3.19）

续表

	（1）	（2）	（3）	（4）	（5）
居住地点				0.230***	0.231***
				（3.88）	（3.90）
经济发展					−0.193**
					（−1.96）
商业环境					0.00640
					（0.10）
财政补贴					−0.240**
					（−1.99）
省份固定效应	否	是	是	是	是
时间固定效应	否	是	是	是	是
N	23643	23634	23634	23634	23634
pseudo R^2	0.023	0.041	0.058	0.087	0.088

注：***、**、*分别表示在 1%、5%和 10%的统计水平上显著。括号内为 z 值。

（二）稳健性检验

1. 内生性问题

限于数据可得性和数据特征，本章可能存在一定内生性问题。首先，本章可能存在遗漏变量，即与数字服务使用和家庭创业相关的变量可能并未被纳入模型控制变量中，导致估计出的系数存在偏误，如控制了省份层面的固定效应，可能忽视影响家庭创业的县域、乡镇等更细粒度地域层面特征。另外，本章可能存在测度误差，一方面，CFPS本身的调查数据与实际情况可能存在一定的误差，另一方面，当前学界尚未对家庭数字服务指数的测算达成共识，本章所使用的测度方法可能带来一定误差。

因而，本节运用工具变量法来解决内生性问题。借鉴Zhao等（2022）的研究，用同一社区（村居）内其他样本的数字服务指数的均值作为工具变量。这一工具变量的选取满足相关性和外生性两个条件。基于相关性的视角，同一社区（村居）内的家庭的数字服务使用存在较强的相关性。基于外生性的视角，区域内其他家庭对数字服务的使用程度难以对单个家庭的创业决策产生直接干预。

由表1-7所示，第一阶段F值大于10，且AR检验与Wald检验均在1%的水平上显著，说明不存在弱工具变量的问题。此外，我们还参考Oster（2019）来解决遗漏变量的问题。结果表明，δ值为1.2947。如果δ大于1，则通过了稳健性测试。

表1-7　稳健性分析：内生性处理

	（1）	（2）
因变量	数字服务	家庭创业
数字服务		0.328***
		（3.26）
工具变量	0.616*** （17.54）	
控制户主特征	是	是
控制家庭特征	是	是
控制区域特征	是	是
省份固定效应	是	是
时间固定效应	是	是
N	22081	22081
First stage F-stat		563.10
弱工具变量检验AR值		9.52
AR-P值		0.002
弱工具变量检验Wald值		9.39
Wald-P值		0.0022

注：***、**、*分别表示在1%、5%和10%的统计水平上显著。括号内为z值。

2. 更换模型估计方法

本章在基准回归中使用Probit模型进行实证分析，考虑到研究方法对本章结果可能带来的影响，进一步使用Logit模型（Lu and Tao，2010）和线性概率模型（LPM）做进一步检验，结果如表1-8所示。结果显示，在考虑不同研究方法的条件下，数字服务使用对家庭的影响依然显著为正，上述结论稳健。

表1-8 稳健性检验：更换估计方法

因变量	（1）	（2）
	LPM	Logit
数字服务	0.0136***	0.154***
	（5.77）	（6.06）
控制户主特征	是	是
控制家庭特征	是	是
控制区域特征		
省份固定效应	是	是
时间固定效应	是	是
N	23643	23634
pseudo R^2 （R^2）	0.005	0.090

注：***、**、*分别表示在1%、5%和10%的统计水平上显著。括号内为z值。

3.更换被解释变量

为了解决家庭创业测度方法带来的稳健性问题，本节参考Tan和Li（2022）的研究，从创业状态变化的角度重新构建家庭创业的代理变量。如果家庭在上一个调查期内没有创业，而在本调查期内进行创业，我们将家庭创业的变量赋值为1。如果家庭在两个调查期的创业状态保持不变，我们将家庭创业的变量赋值为0。对于退出创业状态的情况，不论我们将家庭创业的变量赋值为-1，或者赋值为0，还是直接剔除，表1-9结果都显示，数字服务的系数仍然显著为正，这说明基准回归结果是稳健的。

表1-9 稳健性检验：更换被解释变量

因变量	（1） Entrepreneurship（=-1）	（2） Entrepreneurship（=0）	（3） Entrepreneurship（drop）
数字服务	0.0670***	0.0664***	0.0709***
	（4.63）	（3.73）	（3.94）
控制户主特征	是	是	是
控制家庭特征	是	是	是
控制区域特征	是	是	是
省份固定效应	是	是	是

续表

	（1）	（2）	（3）
时间固定效应	是	是	是
N	16078	16078	15441
pseudo R^2	0.040	0.050	0.053

注：***、**、* 分别表示在1%、5%和10%的统计水平上显著。括号内为 z 值。

4.更换解释变量

为了解决数字服务测度方法带来的稳健性问题，我们剔除数字服务基础设施维度，仅使用家庭层面的微观数据，基于数字服务广度和数字服务深度两个维度构造狭义的数字服务指数。结果如表1-10中列（1）至列（4）所示，在替换核心解释变量后，核心解释变量系数依然显著为正，因此本章的实证结果稳健。

表1-10 更换解释变量

	（1）	（2）	（3）	（4）
因变量	基础设施	使用广度	使用深度	家庭端
数字服务	−0.0122	0.0801***	0.0614***	0.0561***
	（−0.27）	（7.12）	（5.73）	（6.62）
控制户主特征	是	是	是	是
控制家庭特征	是	是	否	是
控制区域特征	是	是	是	是
省份固定效应	是	是	是	是
时间固定效应	是	是	是	是
N	23634	23634	23634	23634
pseudo R^2	0.083	0.088	0.087	0.088

注：***、**、* 分别表示在1%、5%和10%的统计水平上显著。括号内为 z 值。

五、进一步分析

（一）机制检验

通过前面分析可以发现，数字服务能显著提升家庭创业的概率。但数字服务具体是通过什么路径来促进家庭创业的，还需要进一步分析。已有研究表明，融资约束、社会资本和信息渠道对家庭创业有重要影响。本章认为数字服务可以通过上述三条渠道影响到家庭创业。

机制检验结果如表1-11所示，第（1）、（2）和（3）列表明，因变量可以影响中介变量，这个传输渠道是显著的。这表明家庭利用数字服务可以缓解融资约束、扩大信息渠道和积累社会资本，这更符合其他学者的研究（Mollick，2014；Srinivasan和Venkatraman，2018；Ratten，2022；Park等，2021），假设H1-1、假设H1-2和假设H1-3都是成立的。

表1-11　机制分析

	（1）	（2）	（3）
因变量	信贷可得性	社会资本	信息渠道
数字服务	0.130***	0.109***	0.615***
	（9.86）	（5.69）	（67.71）
户主特征	是	是	是
家庭特征	是	是	是
区域特征	是	是	是
省份固定效应	是	是	是
时间固定效应	是	是	是
N	23640	23643	23411
pseudo R^2	0.114	0.043	0.206

注：***、**、*分别表示在1%、5%和10%的统计水平上显著。括号内为z值。

（二）异质性分析：数字服务能否促进弱势群体创业？

1. 数字服务的创业效应具有包容性吗？

长久以来，中国的农村和城镇存在着发展不均衡的问题，而这种区域特征可能对数字服务的创业效应产生影响（Lu和Tao，2010；Fritsch和Wyrwich，2014）。本节设置虚拟变量"城乡"，将农村赋值为"0"、城镇赋值为"1"，根据家庭居住地划分出两个子样本。此外，本节也设置了虚拟变量"城乡"与核心解释变量的交互项。

结果如表1-12所示，列（1）和列（2）分别为农村和城镇样本的回归结果，列（3）为交互项的回归结果。从列（1）和列（2）可以发现，核心解释变量的系数在1%的置信水平上显著为正，表明其对被解释变量有着正向影响，这说明数字服务对农村家庭和城镇家庭都有着创业促进效果。此外，列（3）交互项系数在1%的置信水平上显著为负，表明家庭的居住地为城镇对数字平台使用的创业效应有着抑制效果，因而数字服务带来的创业促进对农村家庭更为明显。这可能是由于，农村家庭在创业时面临着更为严重的资金和信息约束，而数字服务放松这一条件，会对促进农村家庭创业产生较高的边际收益。

表1-12　基于家庭居住地的异质性分析

	（1）	（2）	（3）
因变量	农村	城镇	全样本
数字服务	0.137***	0.0834***	0.148***
	（7.85）	（4.81）	（9.00）
城乡（城镇=1）			0.393***
			（5.30）
数字服务*城乡			−0.0853***
			（−4.58）
控制户主特征	是	是	是
控制家庭特征	是	是	是
控制区域特征	是	是	是
省份固定效应	是	是	是
时间固定效应	是	是	是
N	12682	10945	23634
pseudo R^2	0.118	0.110	0.109

注：***、**、* 分别表示在1%、5%和10%的统计水平上显著。括号内为z值。

本节也根据样本家庭净资产的中位数，将家庭划分为低物质资本和高物质资本两组，进一步分析数字服务的创业效应的包容性。由表1-13的列（1）和列（2）可见，核心解释变量的系数都在1%的置信水平上显著为正，核心解释变量对被解释变量有着正向影响，表明数字服务对低物质资本和高物质资本的家庭都有着创业促进效果。且列（3）中交互项系数在1%的置信水平上显著为负，说明高物质资本抑制了创业促进效应，因而数字服务的创业效应对低物质资本的家庭效果更好，进一步表明数字服务的普惠性质。

表1-13　基于家庭物质资本的异质性分析

因变量	（1）低	（2）高	（3）全样本
数字服务	0.0944***	0.0585***	0.109***
	（3.99）	（3.85）	（5.47）
净资产（高=1）			0.574***
			（11.56）
数字服务*净资产			−0.0358**
			（−2.00）
控制户主特征	是	是	是
控制家庭特征	是	是	是
控制区域特征	是	是	是
省份固定效应	是	是	是
时间固定效应	是	是	是
N	11872	11762	23634
pseudo R^2	0.063	0.096	0.105

注：***、**、*分别表示在1%、5%和10%的统计水平上显著。括号内为z值。

2. 中老年户主能从数字服务的创业效应中获益吗?

年轻户主通常有着充沛创造力和精力，而中老年户主则拥有年轻户主所缺乏的商业技能，这是年龄与创业概率之间的关系呈倒U型曲线的重要因素（Liang等，2018）。鉴于年轻的家庭主具有更大的创造力和逻辑推理能力，以及对数字服务所需的一定数字技术门槛，年长的家庭主是否会因为能力因素而从数字服务中受益较少？

首先，根据户主的年龄（60岁及以上的群体识别为中老年人）进行异质性分析。由表1-14可见，分组回归的系数仍然显著为正，表明数字服务对青年和老年户主都有着创业促进效应，而且显著的正的交互项系数也表明户主为老年的家庭有更大概率创业，这一结论证实了数字服务的包容性质。这种老年群体的数字服务创业的现象暗示社会经验因素可能比认知能力因素的调节效应更强。与年轻户主相比，老年户主工作经验丰富，在社会资本、管理经验等方面有着比较优势，但他们在互联网信息获取方面可能处于相对劣势。数字服务使用缓解了老年户主在互联网信息方面的信息约束，因而在创业效应方面存在较强的边际收益。

表1-14　基于户主年龄的异质性分析

	（1）	（2）	（3）
因变量	年轻人	老年人	全样本
数字服务	0.0895***	0.0982**	0.0866***
	（6.38）	（2.24）	（6.43）
年龄虚拟变量（老年 =1）			−0.139**
			（−2.01）
数字服务* 年龄虚拟变量			0.0648**
			（2.01）
控制户主特征	是	是	是
控制家庭特征	是	是	是
控制区域特征	是	是	是
省份固定效应	是	是	是
时间固定效应	是	是	是
N	16485	7032	23634
pseudo R^2	0.068	0.135	0.088

注：***、**、* 分别表示在1%、5%和10%的统计水平上显著。括号内为 z 值。

　　为进一步强调社会经验因素的重要性，我们根据户主的认知能力是否达到样本的中位数水平，将样本分为两组，它们分别代表低认知能力组和高认知能力组。其中，我们用数学和字词测试的得分作为认知能力的代理变量。CFPS在进行调查时对户主进行了数学和字词测试，并直接给出了可比的测试得分。但这些测试仅在2014年和2018年的测试中保留，所以我们的总样本中会损失2016年的样本。由表1-15可见，分组回归的系数都在1%的置信水平上显著，表明数字服务使用对户主的认知能力不同的家庭都有着创业促进效应。另一方面，显著的负的交互项系数也表明，户主认知能力较低的家庭将有更高概率创业。

表1-15　基于户主认知能力的异质性分析

	（1）	（2）	（3）	（4）	（5）	（6）
		数学			字词	
因变量	低	高	全样本	低	高	全样本
数字服务	0.170***	0.0855***	0.164***	0.150***	0.0880***	0.169***
	（6.74）	（4.73）	（7.34）	（4.97）	（6.57）	（6.30）
认知能力（高=1）			0.335***			0.312***
			（5.55）			（5.81）
数字服务*认知能力			−0.0944***			−0.0927***
			（−4.65）			（−3.65）
控制户主特征	是	是	是	是	是	是
控制家庭特征	是	是	是	是	是	是
控制地区特征	是	是	是	是	是	是
省份固定效应	是	是	是	是	是	是
时间固定效应	是	是	是	是	是	是
N	8266	6562	14844	8194	15440	23634
pseudo R^2	0.105	0.085	0.096	0.104	0.082	0.091

注：***、**、* 分别表示在1%、5%和10%的统计水平上显著。括号内为 z 值。

六、结论

关于数字平台的创业效应，相关领域的大多数文献都关注数字平台本身或者数字平台上的创业行为，同时也以理论分析为主，缺乏经验证据。与此相反，我们把注意力集中在家庭上，在微观层面用实证方法来研究数字平台使用对家庭创业的影响。基于2014年至2018年中国家庭追踪调查（CFPS）数据和对应年份的国家统计局数据，构建家庭数字服务指数，我们首先发现数字服务的使用能够促进家庭创业。我们也发现，拓宽信息渠道、缓解融资约束和提升社会资本是数字服务发挥创业效应的三个渠道。最后，进一步分析发现，数字服务更能够促进家庭居住地在农村、低物质资本、户主为老年人、认知能力较低的家庭创业。

基于以上结论，我们提出以下三点建议。首先，城市管理者需要加强数字基础设施建设，提高农村居民家庭和物质资产较低家庭的互联网接入能力，使家庭成员更有可能享受数字服务的创业效应。其次，城市管理者还需要通过培训等手段提高年长家庭户主和认知能力较低的户主的数字素养，帮助他们更好地利用数字服务。最后，家庭成员应增加对互联网的接触，并积极学习与数字技术和创业相关的课程，以提高使用数字服务的效率，并在实践中从事创业活动。

然而，本章的研究仍存在一定的不足。第一，CFPS并没有统计家庭具体的数字平台时长，我们只能通过使用频率来近似地估计家庭使用数字平台的程度。第二，CFPS也未对具体的创业类型进行划分，我们不清楚一个家庭的创业是指开办高新科技公司，还是运营一家随处可见的杂货店，也不清楚创业所属的行业，这使我们无法在家庭创业层面做出更为细致的研究。第三，由于目前的研究缺乏省和县级的数字服务发展指数，我们只使用了家庭数字服务化指数。我们可以提供未来研究的潜在方向，首先，进一步研究可以评估数字服务发展对区域创业活动的影响。其次，评估数字服务对新就业形式（如零工经济）的影响也是一个有前景的方向。

参考文献：

[1] Ahsan M. Entrepreneurship and ethics in the sharing economy：A critical perspective[J]. Journal of Business Ethics, 2020, 161（1）：19–33.

[2] Djankov S, Qian Y, Roland G, et al. Who are China's entrepreneurs?[J]. American Economic Review, 2006, 96（2）：348–352.

[3] Evans D S, Jovanovic B. An estimated model of entrepreneurial choice under liquidity constraints[J]. Journal of political economy, 1989, 97（4）：808–827.

[4] Fan G Z, et al. Housing property rights, collateral, and entrepreneurship：Evidence from China[J]. Journal of Banking & Finance, 2022, 143：106588.

[5] Fritsch M, Wyrwich M. The long persistence of regional levels of entrepreneurship：Germany, 1925‐2005[J]. Regional Studies, 2014, 48（6）：955–973.

[6] Gedajlovic E, Honig B, Moore C B, et al. Social capital and entrepreneurship：A schema and research agenda[J]. Entrepreneurship theory and practice, 2013, 37（3）：455–478.

[7] Herranz N, Krasa S, Villamil A P. Entrepreneurs, risk aversion, and dynamic firms[J]. Journal of Political Economy, 2015, 123（5）：1133–1176.

[8] Hu H, Xiong S, Wang Z, et al. Green financial regulation and shale gas resources management[J]. Resources Policy, 2023, 85： 103926.

[9] Jiang Z, Zhang X, Zhao Y, et al. The impact of urban digital transformation on resource sustainability： Evidence from a quasi-natural experiment in China[J]. Resources Policy, 2023, 85： 103784.

[10] Levine R, Rubinstein Y. Smart and illicit： who becomes an entrepreneur and do they earn more?[J]. The Quarterly Journal of Economics, 2017, 132（2）： 963-1018.

[11] Li C, He S, Tian Y, et al. Does the bank's FinTech innovation reduce its risk-taking? Evidence from China's banking industry[J]. Journal of Innovation & Knowledge, 2022, 7（3）： 100219.

[12] Li C, Huo P, Wang Z, et al. Digitalization generates equality? Enterprises' digital transformation, financing constraints, and labor share in China[J]. Journal of Business Research, 2023, 163： 113924.

[13] Li C, Li D, He S, et al. The effect of big data-based digital payments on household healthcare expenditure[J]. Frontiers in Public Health, 2022, 10： 922574.

[14] Li C, Liang F, Liang Y, et al. Low-carbon strategy, entrepreneurial activity, and industrial structure change： evidence from a quasi-natural experiment[J]. Journal of Cleaner Production, 2023, 427： 139183.

[15] Li C, Wang Y, Zhou Z, et al. Digital finance and enterprise financing constraints： Structural characteristics and mechanism identification[J]. Journal of Business Research, 2023, 165： 114074.

[16] Li C, Zhang X, Dong X, et al. The impact of smart cities on entrepreneurial activity： Evidence from a quasi-natural experiment in China[J]. Resources Policy, 2023, 81： 103333.

[17] Li L, Wu X. Housing price and entrepreneurship in China[J]. Journal of Comparative Economics, 2014, 42（2）： 436-449.

[18] Liang J, Wang H, Lazear E P. Demographics and entrepreneurship[J]. Journal of Political Economy, 2018, 126（S1）： S140-S196.

[19] Lin X, Sarker S, Featherman M. Users' psychological perceptions of information sharing in the context of social media： A comprehensive model[J]. International Journal of Electronic Commerce, 2019, 23（4）： 453-491.

[20] Lu J, Tao Z. Determinants of entrepreneurial activities in China[J]. Journal of Business Venturing, 2010, 25（3）： 261-273.

[21] Mollick E. The dynamics of crowdfunding： An exploratory study[J]. Journal of business venturing, 2014, 29（1）： 1-16.

[22] Oster E. Unobservable Selection and Coefficient Stability： Theory and Evidence[J]. Journal of Business & Economic Statistics, 2019, 37（2）： 187-204.

[23] Park H, Kim S, Jeong Y, et al. Customer entrepreneurship on digital platforms： Challenges and solutions for platform business models[J]. Creativity and Innovation Management, 2021, 30（1）：

96-115.

[24]   Preacher K J, Hayes A F. Asymptotic and resampling strategies for assessing and comparing indirect effects in multiple mediator models[J]. Behavior Research Methods, 2008, 40（3）：879-891.

[25]   Ratten V. Digital platforms and transformational entrepreneurship during the COVID-19 crisis[J]. International Journal of Information Management, 2022, 102534.

[26]   Richter C, et al. Digital entrepreneurship：Innovative business models for the sharing economy[J]. Creativity and innovation management, 2017, 26（3）：300-310.

[27]   Richter C, Kraus S, Brem A, et al. Digital entrepreneurship：Innovative business models for the sharing economy[J]. Creativity and innovation management, 2017, 26（3）：300-310.

[28]   Rosenthal S S, Strange W C. Female entrepreneurship, agglomeration, and a new spatial mismatch[J]. Review of Economics and Statistics, 2012, 94（3）：764-788.

[29]   Shane S, Cable D. Network Ties, Reputation, and the Financing of New Ventures[J]. Management Science, 2002, 48（3）：364-381.

[30]   Shane S, Venkataraman S. The promise of entrepreneurship as a field of research[J]. Academy of management review, 2000, 25（1）：217-226.

[31]   Srinivasan A, Venkatraman N. Entrepreneurship in digital platforms：A network - centric view[J]. Strategic Entrepreneurship Journal, 2018, 12（1）：54-71.

[32]   Szerb L, Komlosi E S, Acs Z J, et al. The digital platform economy index 2020[M]. Berlin/Heidelberg, Germany：Springer, 2022.

[33]   Tan Y, Li X. The impact of internet on entrepreneurship[J]. International Review of Economics & Finance, 2022, 77：135-142.

[34]   Wang S Y. Credit constraints, job mobility, and entrepreneurship：Evidence from a property reform in China[J]. Review of Economics and Statistics, 2012, 94（2）：532-551.

[35]   Wang Z, Deng Y, Zhou S, et al. Achieving sustainable development goal 9：A study of enterprise resource optimization based on artificial intelligence algorithms[J]. Resources Policy, 2023, 80：103212.

[36]   Wang Z, Liang F, Li C, et al. Does China's low-carbon city pilot policy promote green development? Evidence from the digital industry[J]. Journal of Innovation & Knowledge, 2023, 8（2）：100339.

[37]   Wang Z, Zhang S, Zhao Y, et al. Risk prediction and credibility detection of network public opinion using blockchain technology[J]. Technological Forecasting and Social Change, 2023, 187：122177.

[38]   Xu Y, Li C. Digital Transformation, Firm Boundaries, and Market Power：Evidence from China's Listed Companies[J]. Systems, 2023, 11（9）.

[39]   Zhao C, Wu Y, Guo J. Mobile payment and Chinese rural household consumption[J]. China Economic Review, 2022, 71：101719.

第二章　社会福祉：数字生活、数字红利与民族地区家庭幸福感

一、引言

习近平总书记强调，要"不断增强人民群众获得感、幸福感、安全感"。目前，中国正处于从全面小康迈进共同富裕的新阶段，提升人民群众的幸福感已成为实现共同富裕和实现高质量发展的必然要求，让全国各族人民生活幸福也成为做好民族工作的出发点和落脚点。与此同时，随着数字经济的高速发展，数字生活成为民族地区居民新的生活方式。但数字经济的发展同样也会带来地区发展的不平衡、"边缘化"等一系列问题（周向红，2016），民族地区数字化水平尚存不足，进一步推动民族地区数字经济高质量发展已成为民族地区同步现代化的重点内容。那么在此背景下，民族地区的家庭融入数字生活能否提升其幸福感呢？回答该问题在理论上有助于厘清民族地区家庭的数字生活影响其幸福感的内在机理，在实践层面也有助于数字时代铸牢中华民族共同体意识。

幸福感与需求的满足是紧密相关的，随着物质需求和精神需求的不断满足，家庭幸福感也会逐步提升（冷凤彩和曹锦清，2018）。当前，已有研究主要从宏观和微观层面来研究幸福感的影响因素。从宏观层面来看，国家富裕程度（Schyns，1998）、互联网的使用频率（周广肃和孙浦阳，2017）、金融发展（尹志超等，2019；朱健齐等，2020）等都会影响居民幸福感。从微观层面来看，居民收入（何立新和潘春阳，2011）、社会网络（Leung等，2011）、消费（饶育蕾等，2019）等也是影响幸福感的重要因素。此外，在数字经济快速发展的时代，数字生活已成为新的生活方式，也会对家庭幸福感产生影响。但现有研究大多只关注了互联网的作用，而少有探讨数字生活对家庭幸福感的影响。

数字生活是以互联网和一系列数字技术应用为基础的一种生活方式，可以给人们的生活和工作带来极大的便利性，丰富居民整体物质文化生活。目前，关于数字生活的研究尚不充分，现有研究主要探究了老年人的数字生活中的可行能力和内生动力（杨菊华和刘轶锋，2022）、数字化教育与农民数字生活之间的关系（苏岚岚和彭艳玲，2021）、数字生活与劳动力市场的关系（Dettling，2017）、数字生活对人际关系的影响（Wellman等，2001）等。其中，戚聿东和诸席（2021）详细地分析了数字生活对居民就业的影响，发现数字生活能够显著提升个人的社会资本和人力资本，进而增加就业的概率。但是，当前少有学者探究数字生活对家庭幸福感的影响，更鲜有文献关注民族地区家庭幸福感问题，在民族地区同步现代化背景下研究上述问题具有重要理论和现实意义。

那么，数字生活是否会提升民族地区家庭幸福感呢？如果是，这一影响渠道是怎么样的呢？本章基于中国家庭追踪调查（CFPS）2014—2018年的面板数据，以民族地区家庭为研究对象，探讨了数字生活对家庭幸福感的作用及影响机制。实证结果显示，数字生活能够显著提升民族地区家庭的幸福感。机制分析发现，民族地区数字生活会通过提高家庭的物质生活水平和丰富精神生活来提升其幸福感。异质性分析表明，民族地区数字生活对家庭幸福感的影响在农业户口、信贷可得性低、使用互联网频率低的家庭中更大。

相较于以往的文献，本章贡献在于：第一，以民族地区家庭为研究对象，采用实证分析的方法探讨了数字生活对家庭幸福感的影响，为提升家庭幸福感提供了新的视角，也丰富了关于幸福感影响因素方面的文献。现有研究涉及对相关主题的探讨，但大多仅关注数字生活的作用或影响幸福感的因素。从前者来看，现有学者对数字生活的研究聚焦于对人际关系的影响（Wellman等，2001）、与劳动力市场（Dettling，2017）的关系及对居民就业（戚聿东和诸席，2021）产生的效果等；从后者来看，学者们从微观层面和宏观层面都有研究，但大多聚焦于互联网的影响作用，缺乏从数字生活的视角，融入家庭新的生活方式来探讨对幸福感的影响。具体来说，周广肃和孙浦阳（2017）从宏观层面探讨了互联网的使用频率对居民幸福感的影响效果，尹志超等（2019）和朱健齐等（2020）学者从金融发展的角度也研究了这一主题。而本文创新性地将二者结合起来，从数字生活的视角出发，验证数字生活对家庭幸福感的作用。此外，大多数的学者并未区分民族地区和非民族地区家庭，而是以其为一个整体来研究。本文从民族地区家庭出发更具有针对性。

第二，分析了民族地区数字生活对家庭幸福感的影响渠道，并得出家庭收入、消费以及社交关系是提升幸福感的主要路径，明晰了内在机理。现有文献较少从这一研究主题出发并提出清晰的内在影响渠道。戚聿东和诸席（2021）从居民个人的社会资本和人力资本出发，验证了数字生活对居民就业的影响。周广肃和孙浦阳（2017）提出互联网的使用会影响人们对收入的看重程度，降低因为收入的改变而影响幸福感的可能。本文参考以上文献和其他学者提出的观点，从居民的物质生活和精神生活这两个角度出发，提炼出数字生活影响家庭幸福感可能的三条渠道，分别是家庭收入、消费和社交关系，使得文章的内在逻辑更加清晰，也为其他学者提供了新的思考视角。

第三，分析了民族地区家庭的数字生活对其幸福感的异质性影响，突出了应重点关注的家庭类别，为精准施策提供了一定指引。以往的文献大多从居民的收入水平（周广肃和孙浦阳，2017）、教育水平（苏岚岚和彭艳玲，2021）和所居城市差异（戚聿东和诸席，2021）等视角来探讨异质性作用。而本文以民族地区的家庭为研究样本，参考冷风彩和曹锦清（2018）、倪清和吴成颂（2017）及Martin和Robinson（2007）等的文章，提出了户籍、信贷可得性和使用互联网的频率的不同会对民族地区数字生活对家庭幸福感的影响带来异质性作用。这有利于进一步区分家庭类别，为不同的家庭适应数字化生活提供更为明晰的政策建议。

二、理论机制与研究假说

（一）民族地区数字生活提高了家庭物质生活水平，提高了家庭幸福感

随着数字技术的进步和互联网的普及，人们的生活逐渐呈现出数字化的特征。而数字生活为民族地区的发展也提供了很多契机，所发挥的作用也越来越大。一方面，数字生活能够发挥其直接效应，增加民族地区家庭的收入，改善经济状况；另一方面，可以发挥其间接效应，促进消费升级，提高生活水平，进而提升家庭的幸福感。

从增加家庭收入的视角来看，互联网等新兴技术的出现，从多方面拓宽

了民族地区家庭的收入渠道。首先，对有就业需求的居民来说，在传统的就业方式中，民族地区的居民较难接触到多样的就业机会，获得就业的方式十分有限。而在数字生活的影响之下，一方面，数字平台为人们提供了多样化的学习方式，丰富的教育资源，一定程度上可以提升人们的人力资本，进而增加就业的概率；另一方面，互联网提供了大量的就业岗位，居民通过在网上查询相关信息，可以更快速找到合适的工作（Ma等，2018），以解决就业问题，保障收入来源。其次，对有销售需求的居民来说，在"微信""抖音"等平台上，民族地区的居民既可以以更便捷的方式宣传、销售其生产的农产品，又可以通过网上销售的模式降低信息不对称、减少农产品的流通成本（王瑜，2019），最终增加家庭的销售收入（张京京和刘同山，2020）。此外，居民还可以通过互联网进行在线学习，了解养殖、种植农作物等技术，提升生产效率，这在一定程度上也会增加家庭的收入。而收入是生活幸福的重要因素，换而言之，民族地区家庭收入的增加会提升居民的获得感，进而提升家庭幸福感（张京京和刘同山，2020）。

从促进居民消费升级的视角来看，根据杜森贝利消费理论可知，不同消费者之间的消费行为存在"示范性"或"攀附性"，即一定程度上的消费水平能够反映居民收入的优越性，进而引发人们的幸福感（卢娟和李斌，2018）。而以互联网等新兴技术为基础的数字生活能够极大地提升民族地区居民消费的便利性，进而促进消费升级。具体来看，相比于传统的购物方式，网购品种丰富，基本可以满足人们的消费需求。人们还可以利用闲暇时间在网上进行购物，不出家门就可以"货比三家"，大大提升了消费者的购物效率和购物体验，进而提高人们的获得感和幸福感（张永丽和徐腊梅，2019）。基于此，本章提出假说H2-1。

H2-1：数字生活提升了民族地区居民的物质生活水平，进而提升家庭幸福感。

（二）民族地区数字生活提高了家庭精神生活水平，提高了家庭幸福感

数字生活既能够拓宽民族地区家庭的社会网络，改善社会关系，又能够满足其信息获取需求，实现自我表达的意愿，进而提升家庭幸福感。

从拓宽社会网络来看，民族地区的居民以往的社交方式都十分单一，社会关系也非常简单。但在数字生活的影响下，一方面可以增强民族地区居民与父母亲戚之间的亲缘关系、与街坊邻居的地缘关系、与工作同事的业缘关系等横向网络关系；另一方面也能加强家庭与监管机构之间的政治关系等纵向社会网络关系（卢娟和李斌，2018）。具体来看，相较于传统的社交方式，互联网能够打破物理距离、消除社会空间的障碍，使人们增强与社会的互动和联系。根据英国新经济学基金会的研究发现，包括社交在内的"有意向的活动"能够解释人们幸福感变化的40%。在横向社会网络中，良好的社会关系会提升人们彼此之间的信任感、减少社会交往中的摩擦，促进居民个人生活和工作的幸福感（Helliwell和Putnam，2004）。在纵向社会网络中，家庭与社区、政府等的融洽关系同样也能促进家庭幸福感的提升（李树和陈刚，2012）。

从实现自我表达的意愿来看，频繁使用互联网可以提高互联网使用的自我效能，强化社会支持进而提高个人的抗压能力（LaRose等，2001），降低抑郁的概率，一定程度上也能提升家庭幸福感。而数字媒体为个人提供了多样化的自我表达平台。通过"抖音""快手"等社交平台，越来越多的居民能够分享自己的生活，表达自己的想法，极大地丰富了人们的生活方式（Clark，2020），提升了家庭幸福感（张京京和刘同山，2020）。基于此，本章提出假说H2-2。

H2-2：数字生活提高了民族地区居民的精神生活水平，进而提升家庭幸福感。

三、研究设计

（一）模型设定

由于家庭幸福感是一个连续变量，所以本章使用双向固定效应模型来分析数字生活与家庭幸福感之间的关系，构建的模型如下：

$$Happiness_{ijt} = \alpha_0 + \beta_0 D\_life_{ijt} + \gamma_0 Control_{ijt} + \varphi_j + \delta_t + \varepsilon_{ijt} \qquad （式2-1）$$

其中，$Happiness_{ijt}$ 是本章的被解释变量，表示家庭幸福感；D_life_{ijt} 是本章的解释变量，表示居民的数字生活水平。而 $Control_{ijt}$ 则表示本章的一系列控制变量，既包括个人层面，也包括家庭层面的控制变量。φ_j 表示省份固定效应，δ_t 表示时间固定效应。此外，β_0 系数是本章重点关注的对象，若 β_0

大于0，则说明数字生活会提升家庭幸福感；若β_0小于0，则说明数字生活会降低家庭的幸福感。

（二）变量说明

1. 被解释变量

本章的被解释变量为家庭幸福感。因为户主对家庭日常决策起着核心作用，所以户主的幸福感程度能够衡量家庭的总体幸福感水平（何启志等，2022）。本章参考张京京和刘同山（2020），使用CFPS中的问题"您觉得自己有多幸福？"，并以受访者报告的0～10分作为测量幸福感的指标。此外，参考冷凤彩和曹锦清（2018），使用家庭成员对当下的生活满意程度和对未来生活的信心程度来替代上述幸福感指标，进行稳健性分析。

2. 解释变量

本章的解释变量为数字生活。具体来看，本章参考苏岚岚和彭艳玲（2021），从数字购物、数字娱乐、数字教育、数字办公、数字社交和数字态度这六个维度来衡量数字生活的发展水平。在数字购物这一维度中，本章使用的指标为户主使用互联网商业活动的频次、户主认为互联网商业活动的重要程度；在数字娱乐这一维度中，采用户主使用互联网娱乐的频次、户主认为互联网娱乐的重要程度这两个指标来衡量；关于数字教育，采用户主使用互联网学习的频次、户主认为互联网学习的重要程度来衡量；关于数字办公，使用户主使用互联网工作的频次、户主认为互联网工作的重要程度来描述；数字社交依靠户主使用互联网社交的频次、户主认为互联网社交的重要程度来衡量；数字态度则为家庭是否使用互联网以及户主认为使用互联网的重要程度来描述。具体的指标如表2-1所示。

表2-1　数字生活发展指数构建

一级指标	二级指标	数据来源
数字购物	户主使用互联网商业活动的频次 户主认为互联网商业活动的重要程度	CFPS
数字娱乐	户主使用互联网娱乐的频次 户主认为互联网娱乐的重要程度	CFPS
数字教育	户主使用互联网学习的频次 户主认为互联网学习的重要程度	CFPS

一级指标	二级指标	数据来源
数字办公	户主使用互联网工作的频次 户主认为互联网工作的重要程度	CFPS
数字社交	户主使用互联网社交的频次 户主认为互联网社交的重要程度	CFPS
数字态度	户主是否使用互联网 户主认为使用互联网的重要程度	CFPS

3. 控制变量

除去核心解释变量的影响外，家庭幸福感还会受到个体、家庭层面的影响。为此，本章参考Alkire和Santos（2014）、易行健和周利（2018），在个体层面，控制了户主的年龄、性别、婚姻、户籍、风险偏好、健康状况、受教育年限。在家庭层面，控制了家庭规模、少儿抚养比、老人抚养比、家庭净资产、房屋产权、家庭居住地。

表2-2　变量说明

	变量名称	变量定义
被解释变量	家庭幸福感	家庭幸福感程度
解释变量	数字生活	数字生活使用指数
户主特征	年龄	年龄
	年龄的平方/100	年龄的平方除以100
	性别	男=1
	婚姻状况	已婚=1
	户主户口	非农业户口=1
	风险偏好	户主每周饮酒超过3次=1
	健康状况	健康状况（1-5），不健康=1，非常健康=5
	受教育程度	受教育年限
家庭特征	家庭规模	家庭成员的人数（包含住在家里的和有经济有联系的外出成员）
	少儿抚养比	家庭中16岁以下成员数目与劳动力数目之比
	老人抚养比	家庭中60岁及以上成员数目与劳动力数目之比
	家庭净资产	家庭净资产（家庭总资产与家庭总负债之差）的对数
	房屋产权	家庭拥有完全住房产权=0
	城乡虚拟变量	家庭的居住地点，城镇=1

（三）数据来源与描述性统计

本章数据来源于2014年、2016年和2018年的中国家庭追踪调查（CFPS）数据。CFPS是北京大学中国社会科学调查中心（ISSS）实施的一项全国性大型调查，它的样本包含25个省份和16000户家庭，该调查每两年进行一次。而本章的研究对象为民族地区家庭，因而本章使用内蒙古自治区、宁夏回族自治区、新疆维吾尔自治区、西藏自治区、广西壮族自治区、贵州省、云南省和青海省等民族八省区样本，再结合CFPS数据库中可获得的调查数据，最终我们得到了2014年、2016年、2018年的共2885户家庭样本。

如表2-3所示，本章对主要的变量进行了描述性分析。数字生活这一指标的最小值为0.0222，最大值为7.594，均值为0.766，说明民族地区不同家庭的数字生活存在较大的差异。家庭幸福感这一指标的最小值为2，最大值为10，均值为7.092，表明本章所选取的样本具有一定的代表性。

表2-3 描述性分析

变量名称	样本量	均值	方差	最小值	最大值
数字生活	2885	0.766	1.711	0.0222	7.594
家庭幸福感	2885	7.092	2.042	2	10
年龄	2885	50.89	12.53	24	80
年龄的平方/100	2885	27.47	13.08	5.760	64
性别	2885	0.584	0.493	0	1
婚姻状况	2885	0.878	0.327	0	1
户主户口	2885	0.872	0.334	0	1
风险偏好	2885	0.243	0.429	0	1
健康状况	2885	2.776	1.252	1	5
受教育程度	2885	5.952	4.284	0	15
家庭规模	2885	4.241	1.903	1	10
少儿抚养比	2885	0.390	0.618	0	3
老人抚养比	2885	0.192	0.438	0	2
家庭净资产	2885	11.65	2.476	0	14.530
房屋产权	2885	0.882	0.322	0	1
城乡虚拟变量	2885	0.382	0.486	0	1

四、数字生活影响民族地区家庭幸福感的实证分析

（一）基准回归

表2-4为本章的基准回归结果。其中，列（1）为不加控制变量的回归结果，列（2）为不加控制变量，但固定省份和时间效应后的回归结果，列（3）为在列（2）的基础上加上了户主相关控制变量后的回归结果，列（4）为在列（3）的基础上进一步加上了家庭层面的控制变量的回归结果。由表2-4可知，列（1）、（4）中的数字生活的回归系数都显著为正，表明数字生活会显著提升民族地区家庭的幸福感。其中，以列（4）为例，数字生活的系数为0.0553，说明数字生活这一指数每增加1个单位，那么家庭幸福感相应会提升0.0553个单位。

表2-4　基准回归结果

	（1）	（2）	（3）	（4）
因变量	家庭幸福感	家庭幸福感	家庭幸福感	家庭幸福感
数字生活	0.0410**	0.0525***	0.0741***	0.0553**
	（2.14）	（2.69）	（2.97）	（2.22）
年龄			−0.0540**	−0.0560**
			（−2.45）	（−2.52）
年龄的平方/100			0.0691***	0.0702***
			（3.26）	（3.33）
性别			−0.271***	−0.256***
			（−3.22）	（−3.06）
婚姻状况			0.798***	0.649***
			（6.51）	（5.37）
户主户口			−0.168	−0.127
			（−1.58）	（−1.18）
风险偏好			−0.0480	−0.0527
			（−0.50）	（−0.55）
健康状况			0.266***	0.254***
			（8.50）	（8.17）
受教育程度			−0.0175*	−0.0209**

续表

	（1）	（2）	（3）	（4）
			（−1.69）	（−1.98）
家庭规模				0.0688***
				（3.10）
少儿抚养比				−0.0920
				（−1.30）
老人抚养比				0.191**
				（2.29）
家庭净资产				0.0896***
				（5.52）
城乡虚拟变量				0.101
				（1.24）
房屋产权				−0.269**
				（−2.17）
省份固定效应 时间固定效应	否 否	是 是	是 是	是 是
N	2885	2885	2885	2885
R^2	0.001	0.024	0.074	0.093

注：*、**和***分别代表结果在10%、5%和1%水平下显著。

（二）稳健性检验

1. 内生性检验

由于可能存在遗漏某些影响数字生活与家庭幸福感的变量以及微观数据库的测量误差等带来的问题，本章可能存在一定的内生性问题。因此，本节选取家庭每月邮电通信费用作为工具变量进行回归。这一工具变量的选取满足外生性和内生性条件，即家庭每月的邮电通信费用与数字生活水平存在较强的相关性，但这一变量难以对家庭幸福感产生直接影响。实证结果如表2-5所示，首先，第一阶段的F值大于10，且通过了AR和Wald检验，表明不存在弱工具变量的问题。其次，从回归的系数来看，数字生活的系数为0.392，且在1%的水平上显著，说明本章的结论仍然是稳健的，即数字生活会显著提升民族地区家庭的幸福感。

表2-5　稳健性检验：内生性处理

	（1）	（2）
因变量	数字生活	家庭幸福感
数字生活		0.392***
		（1.89）
工具变量	4.648*** （4.99）	
控制户主特征	是	是
控制家庭特征	是	是
省份固定效应	是	是
时间固定效应	是	是
N	2869	2869
First stage F-stat		24.92
弱工具变量检验AR值		3.62
AR-P值		0.0571
弱工具变量检验Wald值		3.55
Wald-P值		0.0594

注：*、**和***分别代表结果在10%、5%和1%水平下显著。

2. 替换家庭幸福感的测度方法

学者们认为衡量幸福感的方式有宜居性、生存能力、生活意义和生活满意度（Stanca和Veenhoven，2015），而生活满意度是被普遍采纳的一种方式。因而，本节参考冷凤彩和曹锦清（2018），采用CFPS问卷中"你对自己生活的满意程度"和"你对自己未来的信心程度"两个问题，来反映居民当下的生活满意程度和对未来生活的信心程度，并分别进行稳健性分析。结果如表2-6所示，列（1）为数字生活对居民的生活满意程度的回归结果，列（2）为数字生活对居民的未来生活的信心程度的回归结果。由表2-6可知，列（1）和列（2）的数字生活的系数都显著为正，与基准回归的结果保持一致，说明本章的结果是可靠的。

表2-6　稳健性分析：更换被解释变量

因变量	（1）	（2）	
	生活满意程度	未来生活的信心程度	
数字生活	0.0239*	0.0403***	
	（1.89）	（3.20）	
控制户主特征	是	是	
控制家庭特征	是	是	
省份固定效应	是	是	
时间固定效应	是	是	
N	2864	2885	
R^2	0.122	0.097	

注：*、**和***分别代表结果在10%、5%和1%水平下显著。

3. 更换模型估计方法

由于不同的模型可能会给回归结果中的估计系数带来偏差，所以本节进一步使用有序probit模型和tobit模型来验证数字生活对家庭幸福感的研究。结果如表2-7所示，列（1）是采用有序probit模型回归的结果，列（2）是采用tobit模型回归的结果。由表2-7可知，列（1）和列（2）的数字生活的回归系数仍显著为正，与本章之前分析的结论一致。

表2-7　稳健性检验：更换估计方法

因变量	（1）	（2）
	有序probit模型	tobit模型
数字生活	0.0254*	0.0553**
	（1.95）	（2.02）
控制户主特征	是	是
控制家庭特征	是	是
省份固定效应	是	是
时间固定效应	是	是
N	2885	2885

注：*、**和***分别代表结果在10%、5%和1%水平下显著。

五、进一步分析

（一）机制检验

通过本章前面分析可知，数字生活能够显著提升民族地区家庭幸福感。为此，我们将进一步分析数字生活通过提升居民的物质生活水平和丰富精神生活来促进家庭幸福感这一影响机制。通过逐步回归法，构建了三个递进方程组成的多重中介效应模型。

$$Happiness_{ijt} = \alpha_0 + \beta_0 D_{lifeijt} + \gamma_0 Control_{ijt} + \varphi_j + \delta_t + \varepsilon_{ijt} \qquad （式2-2）$$

$$med_{ijt} = \alpha_0 + \beta_0 D_{lifeijt} + \gamma_0 Control_{ijt} + \varphi_j + \delta_t + \varepsilon_{ijt} \qquad （式2-3）$$

$$Happiness_{ijt} = \alpha_0 + \beta_0 D_{lifeijt} + \beta_1 med_{ijt} + \gamma_0 Control_{ijt} + \varphi_j + \delta_t + \varepsilon_{ijt} \qquad （式2-4）$$

其中，med_{ijt}是本章的中介变量，分别代表居民的收入、消费和社会关系，$Control_{ijt}$是控制变量，与基准回归保持一致。在下文的实证结果中，本章会进一步分析中介变量对于数字生活提升家庭幸福感的贡献程度。

1. 数字生活对民族地区家庭幸福感的影响：提升物质生活水平

物质生活的富足在一定程度上会提升家庭幸福感。而个人的收入和消费水平可以衡量其物质生活水平。基于此，本章采用家庭人均收入和人均消费支出来做中介变量，并进行中介检验，结果如表2-8所示。列（1）为基准回归的结果，列（2）和列（3）分别是以收入、消费作为因变量的回归结果，列（4）则为把收入、消费这两个中介变量加入基准模型后的回归结果。由表2-8可知，列（2）和列（3）的数字生活的回归系数都显著为正，说明居民融入数字生活的程度越大，那么其收入和消费也会相应增加。而列（4）中收入和消费的回归系数都显著为正，但数字生活的系数不显著，说明数字生活通过增加收入和消费进而带来家庭幸福感的提升。由此可知，假说H2-1成立。

表2-8　机制检验：家庭收入和消费

	（1）	（2）	（3）	（4）
因变量	家庭幸福感	家庭人均收入	家庭人均消费支出	家庭幸福感
数字生活	0.0553**	0.0849***	0.0640***	0.0332
	（2.22）	（4.12）	（6.13）	（1.27）
家庭人均收入				0.0484*
				（1.76）
家庭人均消费支出				0.0823*

续表

	（1）	（2）	（3）	（4）
				（1.74）
控制户主特征	是	是	是	是
控制家庭特征	是	是	是	是
省份固定效应	是	是	是	是
时间固定效应	是	是	是	是
N	2885	2821	2753	2701
R^2	0.093	0.135	0.281	0.101

注：*、**和***分别代表结果在10%、5%和1%水平下显著。

2. 数字生活对民族地区家庭幸福感的影响：丰富精神生活水平

社会关系的融洽在一定程度上也会提升家庭的幸福感。本章采用居民的人情礼总支出来衡量家庭与外界的社会关系，并以此作为中介变量，进行中介检验。结果如表2-9所示。列（1）为基准回归的结果，列（2）是以社会关系作为因变量的回归结果，列（3）则是把社会关系这一中介变量加入基准模型后的回归结果。由表2-9可知，列（2）中数字生活的回归系数显著为正，说明居民融入数字生活的程度越大，那么其社会关系就越强。列（3）中的社会关系的回归系数显著为正，说明社会关系的增强会带来家庭幸福感的提升。由此可知，假说H2-2成立。

表2-9 机制检验：家庭社会关系

	（1）	（2）	（3）
因变量	家庭幸福感	社会关系	家庭幸福感
数字生活	0.0553**	0.0786***	0.0630**
	（2.22）	（3.34）	（2.46）
社会关系			0.0351*
			（1.70）
控制户主特征	是	是	是
控制家庭特征	是	是	是
省份固定效应	是	是	是
时间固定效应	是	是	是
N	2885	2704	2704
R^2	0.093	0.132	0.098

注：*、**和***分别代表结果在10%、5%和1%水平下显著。

（二）异质性分析

1. 户籍异质性

考虑到数字生活对家庭幸福感的促进作用在不同的家庭中存在差异性。本章参考冷凤彩和曹锦清（2018）根据户籍差异将家庭划分为城镇和农村家庭，并分别赋值为1和0，再进行分组回归，结果如表2-10所示。列（1）是以农村家庭为样本回归的结果，列（2）是以城镇家庭为样本回归的结果。而列（1）中数字生活的系数显著为正，列（2）中的数字生活的系数不显著，由此可知，对农村家庭来说，数字生活对其幸福感的影响更大。这一原因可能为，农村地区的基础设施相对落后，互联网发展较慢但发展空间较大。对农村地区的居民来说，互联网等技术仍还是新兴事物，其便捷性、信息多元化所带来的幸福效应可能会更大。

表2-10　异质性分析：户籍

	（1）	（2）
因变量	农村	城市
数字生活	0.0608**	0.00674
	（2.08）	（0.13）
控制户主特征	是	是
控制家庭特征	是	是
省份固定效应	是	是
时间固定效应	是	是
N	2515	370
R^2	0.085	0.183

注：*、**和***分别代表结果在10%、5%和1%水平下显著。

2. 信贷可得性

信贷可得性的差异可能也会影响数字生活对家庭幸福感的作用。本章根据家庭有无信贷，将样本划分为有信贷和没有信贷两组，并分别赋值为1和0，再进行分组回归，结果如表2-11所示。列（1）是没有信贷的家庭的回归结果，列（2）是以有信贷的家庭为样本回归的结果。而列（1）中数字生活的系数显著为正，列（2）中的数字生活的系数不显著，由此可知，对受到信贷约束的家庭来说，数字生活对其幸福感的影响更大。这一原因可能为，以往受到信贷约束的家庭，其获得额外的融资和收入的方式十分有限。但如今在数字技术的赋能下，这类家庭相对而言更易接触到正规和非正规金融借贷，平滑消费、改善收入，进而提升其幸福感的效应更大（倪清和吴成颂，2017）。

表2-11　异质性分析：信贷可得性

	（1）	（2）
因变量	信贷可得性低	信贷可得性高
数字生活	0.0592**	0.0485
	（2.06）	（0.98）
控制户主特征	是	是
控制家庭特征	是	是
省份固定效应	是	是
时间固定效应	是	是
N	2024	861
R^2	0.104	0.105

注：*、**和***分别代表结果在10%、5%和1%水平下显著。

3.使用互联网的频率异质性

使用互联网的频率差异可能也会影响数字生活对家庭幸福感的作用。本章以家庭使用互联网频率的平均值为标准，将样本划分为使用互联网频率较低和较高的两组，并分别进行分组回归，结果如表2-12所示。列（1）是使用互联网频率较低的回归结果，列（2）是使用互联网频率较高的结果。而列（1）中数字生活的系数显著为正，列（2）中的数字生活的系数不显著。由此可知，使用互联网频率越低的家庭，融入数字生活后，对家庭幸福感的作用更大。这一原因可能为，互联网使用频率较高的家庭，其使用互联网的幸福效应会被弱化（Martin和Robinson，2007）。而互联网使用频率较低的家庭，其融入数字生活后，能享受的幸福效应的边际效用反而会更大。

表2-12　异质性分析：互联网使用频率

	（1）	（2）
因变量	使用频率较低	使用频率较高
数字生活	0.120**	0.0212
	（1.98）	（0.45）
控制户主特征	是	是
控制家庭特征	是	是
省份固定效应	是	是
时间固定效应	是	是

续表

	（1）	（2）
N	373	2512
R^2	0.189	0.087

注：*、**和***分别代表结果在10%、5%和1%水平下显著。

六、结论

在数字经济的时代背景下，各类数字技术快速发展和应用，重塑了人们的生活方式。基于此，本章通过中国家庭追踪调查（CFPS）2014—2018年的面板数据，构建了数字生活的衡量指标，利用双向固定模型分析了民族地区数字生活与家庭幸福感的关系和影响机制，并采用替换被解释变量和更换回归模型等方式进行了稳健性检验。实证结果显示，数字生活能够显著提升民族地区家庭的幸福感。机制分析发现，数字生活会通过提升居民的物质生活水平和丰富精神生活来增强民族地区家庭的幸福感。异质性分析表明，数字生活对家庭幸福感的提升对农业户口、信贷可得性低、使用互联网频率低的家庭来说更为显著。

因此，本章提出以下政策建议：一是加快农村地区的数字化建设。目前，虽然我国使用互联网的人数众多，规模较大，但城乡还是存在较大的差距。农村普遍面临基础设施落后等问题，所以应不断加大对农村地区数字基础的建设，数字技术的普及，加快农村信息化建设，使更多的居民接触数字生活，享受数字利好，提升农村家庭的幸福感。二是充分发挥数字生活对居民收入、消费升级、社交关系的作用。具体来看，政府应给予相关政策支持，拓宽农产品的线上销售渠道，提供多样化的就业方式，提升消费体验以及降低上网费用，从而使得数字生活在提升家庭幸福感中发挥更大的作用。三是异质性分析表明，不同的家庭进入数字生活后所提升的幸福感程度不一。因而，一方面要重点提高对受到数字排斥的家庭的数字生活参与度，让这类家庭更快融入数字生活，提高数字生活的普及度；另一方面，要扩大数字技术的应用范围，将数字技术与人们生活的各个方面都结合起来，比如，"数字技术+医疗""数字技术+教育"等，让人们能够全面享受数字生活的红利。

然而，本章的研究也存在一些不足之处。第一，目前并没有衡量数字生活的标准化指标，本章根据相关参考文献从六个不同的维度构建了数字生活这一指标。但居民的数字生活涵盖十分广泛，较难定义，未来应加入更多合理的指标维度，更精准地衡量数字生活这一指标。第二，本章从家庭的收入、消费和社会关系这三个渠道来分析数字生活对家庭幸福感的影响，但家庭幸福感的影响因素可能非常复杂，目前由于数据的可得性还难以非常具体的量化家庭的幸福感，未来需要进一步研究其他可能存在的影响机制。

参考文献：

[1] 何立新,潘春阳.破解中国的"Easterlin悖论"：收入差距、机会不均与居民幸福感 [J].管理世界,2011（08）：11-22+187.

[2] 何启志,李家山,周利.福利还是压力：家庭负债如何影响居民幸福感——来自中国家庭微观数据的证据 [J].山西财经大学学报,2022,44（09）：18-30.

[3] 冷凤彩,曹锦清.互联网使用具有幸福效应吗——来自"中国家庭追踪调查"的分析 [J].广东财经大学学报,2018,33（03）：4-12.

[4] 李树,陈刚."关系"能否带来幸福?——来自中国农村的经验证据 [J].中国农村经济,2012（08）：66-78.

[5] 卢娟,李斌.社会网络、非正规金融与居民幸福感——基于2016年中国家庭追踪调查数据的实证研究 [J].上海财经大学学报,2018,20（04）：46-62.

[6] 倪清,吴成颂.农村金融发展能有效提高农民幸福感吗?——基于CHFS微观数据的实证分析 [J].农村经济,2017（07）：70-76.

[7] 戚聿东,褚席.数字生活的就业效应：内在机制与微观证据 [J].财贸经济,2021,42（04）：98-114.

[8] 饶育蕾,冀希,许琳.享受型消费是否提高了居民幸福感?——基于中国家庭追踪调查CFPS的实证分析 [J].消费经济,2019,35（02）：13-24.

[9] 苏岚岚,彭艳玲.数字化教育、数字素养与农民数字生活 [J].华南农业大学学报（社会科学版）,2021,20（03）：27-40.

[10] 王瑜.电商参与提升农户经济获得感了吗? ——贫困户与非贫困户的差异 [J].中国农村经济,2019（07）：37-50.

[11] 杨菊华,刘轶锋.数字时代的长寿红利：老年人数字生活中的可行能力与内生动力 [J].行政管理改革,2022（01）：26-36.

[12] 易行健,周利.数字普惠金融发展是否显著影响了居民消费——来自中国家庭的微观证据 [J].金融研究,2018（11）：47-67.

[13] 尹志超,岳鹏鹏,陈悉榕.金融市场参与、风险异质性与家庭幸福 [J].金融研究,2019（04）：168-187.

[14] 张京京,刘同山.互联网使用让农村居民更幸福吗?——来自CFPS2018的证据 [J].东岳论丛,2020,41（09）：172-179.

[15] 张永丽,徐腊梅.互联网使用对西部贫困地区农户家庭生活消费的影响——基于甘肃省1735个农户的调查 [J].中国农村经济,2019（02）：42-59.

[16] 周广肃,孙浦阳.互联网使用是否提高了居民的幸福感——基于家庭微观数据的验证 [J].南开经济研究,2017（03）：18-33.

[17] 周向红.从数字鸿沟到数字贫困：基本概念和研究框架 [J].学海,2016（04）：154-157.

[18] 朱健齐,黄淋榜,孙宾.金融发展水平与居民主观幸福感——基于CFPS数据的实证分析 [J].西安财经大学学报,2020,33（06）：5-12.

[19] Alkire S, Santos M E. Measuring acute poverty in the developing world： Robustness and scope of the multidimensional poverty index [J]. World Development, 2014, 59： 251-274.

[20] Anderson L R, Mellor J M. Predicting health behaviors with an experimental measure of risk preference [J]. Journal of health economics, 2008, 27（5）： 1260-1274.

[21] Clark K B. Digital life, a theory of minds, and mapping human and machine cultural universals [J]. Behavioral and Brain Sciences, 2020, 43.

[22] Dettling L J. Broadband in the labor market： The impact of residential high-speed internet on married women's labor force participation [J]. ILR Review, 2017, 70（2）： 451-482.

[23] Helliwell J F, Putnam R D. The social context of well‐being [J]. Philosophical Transactions of the Royal Society of London. Series B： Biological Sciences, 2004, 359（1449）： 1435-1446.

[24] LaRose R, Eastin M S, Gregg J. Reformulating the Internet paradox： Social cognitive explanations of Internet use and depression.[On-line] [J]. Dostupné z： www. behavior. net/JOB/v1n2/paradox. html, 2001.

[25] Leung A, Kier C, Fung T, et al. Searching for Happiness： The Importance of Social Capital [J]. Journal of Happiness Studies, 2011, 3（12）： 443-462.

[26] Ma W, Renwick A, Nie P, et al. Off-farm work, smartphone use and household income： Evidence from rural China [J]. China Economic Review, 2018, 52： 80-94.

[27] Martin S P, Robinson J P. The income digital divide： Trends and predictions for levels of Internet use [J]. Social problems, 2007, 54（1）： 1-22.

[28] Schyns P. Crossnational differences in happiness： Economic and cultural factors explored [J]. Social Indicators Research, 1998, 43（1）： 3-26..

[29] Stanca L, Veenhoven R. Consumption and happiness： An introduction [J]. International Review of Economics, 2015, 62（2）： 91-99.

[30] Wellman B, Haase A Q, Witte J, et al. Does the Internet increase, decrease, or supplement social capital? Social networks, participation, and community commitment [J]. American behavioral scientist, 2001, 45（3）： 436-455.

第三章 共同富裕：数字基础设施、数字鸿沟与家庭多维减贫

一、引言

随着数字技术飞速发展，经济社会正发生深刻变革，数字经济发展已成为推动共同富裕的重要力量。2022年中共中央、国务院发布的《关于加快建设全国统一大市场的意见》指出，要"推进市场设施高标准联通"，以建设全国统一大市场，构建新发展格局。而数字基础设施是数字经济的底层构架，其建设有利于数字经济市场的大统一，进而推动数字经济发展。因而，加强数字基础设施建设，既是响应习近平总书记"加快新型基础设施建设"，"不断做强做优做大我国数字经济"的号召，也是扎实推进共同富裕进程的重要路径。党的十八大以来，我国不断完善数字基础设施，先后实施"宽带中国"和"智慧城市"等战略，数字基础设施建设为数字经济发展提供了有力支撑，也对共同富裕的实现起到了助推作用。在此背景下，厘清数字基础设施建设对家庭多维减贫的影响，有助于明晰数字经济背景下数字基础设施如何赋能共同富裕，具有重要的现实意义。

实现共同富裕并不能简单地只从收入维度着手，也要重视权利平等和机会均等（李实，2021）。而多维贫困能够反映基本可行能力的被剥夺状况，强调人们应当拥有全面自由发展的权利和机会，在一定程度上诠释了共同富裕在权利平等和机会均等上的内涵。因此，缓解多维贫困，加强居民可行能力的保障，已成为扎实推进共同富裕的重要路径。当前，已有研究对多维贫困的影响因素关注较多。比如，在微观方面，有性别、年龄、婚姻状况、教育水平等户主因素，也有家庭规模和劳动力比例等家户因素（邹薇和方迎风，2011；郭熙保和周强，2016）；在宏观方面，有经济制度和户籍制度等环境制度因素（王春超和叶琴，2014；郭熙保和周强，2016）。而在消除绝对贫困之

前，多维减贫问题已成为学界的研究热点，有学者从农地流转（夏玉莲和匡远配，2017）、社会资本（王恒等，2019）、社会保护（Ogutu和Qaim，2019）、认知能力（张子豪和谭燕芝，2020）、数字技术（田红宇和王媛名，2021）等视角研究了多维减贫效应。除此之外，基础设施也有着多维减贫效应，但学者主要关注传统基础设施（高颖和李善同，2006；黄薇和祝伟，2021），少有人关注数字基础设施对多维贫困的影响。

在数字经济背景下，数字基础设施建设是保证数字经济发展的重要基础，也是扎实推进共同富裕进程的必要动力。当前，关于数字基础设施的经济效应研究较为丰富，学者们发现数字基础设施建设能够吸纳劳动力（孙伟增和郭冬梅，2021），促进技术创新（Lanzolla等，2021），提高全要素生产率（刘传明和马青山，2020），推动产业结构升级（金环等，2021），能够促进经济增长（Koutroumpis，2009）。此外，也有学者研究数字基础设施的减贫效应。Medeiros等（2021）使用巴西的家庭数据，发现电信和网络基础设施建设能够显著降低家庭陷入贫困的概率。Carpio等（2022）则利用哥伦比亚的家庭数据进行研究，发现数字基础设施发展通过创造就业机会来产生减贫效应。那么，数字基础设施建设是否能缓解多维贫困？如果是，又该通过何种机制发挥减贫效应？回答这些问题，有利于在理论层面为数字基础设施的减贫作用提供经验证据，在实践层面也为共同富裕的实现指明方向。

因而，本章基于中国家庭追踪调查（CFPS）2014—2018年的面板数据，借鉴A–F方法构建多维贫困状态指标，从多维减贫的视角探讨数字基础设施如何赋能共同富裕。结果表明，数字基础设施具有显著的多维减贫效应，且这一结论在一系列稳健性检验后依然成立。机制分析发现，弥合数字鸿沟和促进非农就业是数字基础设施缓解多维贫困的重要渠道。进一步分析显示，数字基础设施建设带来的多维减贫效应对户主为农业户口、中青年和低学历的家庭效果更好。

本章的可能贡献在于：第一，研究内容方面，既有文献较少基于微观数据研究数字基础设施，更鲜有文献探讨数字基础设施的多维减贫效应。多数文献从国家层面（Koutroumpis，2009）和城市层面（刘传明和马青山，2020；孙伟增和郭冬梅，2021）研究数字基础设施的影响，少部分文献从企业层面研究数字基础设施的影响（金环等，2021），但鲜有文献基于家庭层面。与本章最相近的是Medeiros等（2021）和Carpio等（2022）的研究，他们基于家庭层面的数据考察数字基础设施的减贫效应，但尚未进一步关注到多维贫困。本章使用CFPS面板数据研究数字基础设施对家庭多维贫困的影响，并探讨了内在机制及其异质性特征，弥补了相关研究的不足。

第二，在机制识别方面，本章发现数字基础设施建设通过弥合家庭数字鸿沟、促进家庭非农就业，起到多维减贫的效果，从而明晰了数字基础设施影响家庭多维贫困的潜在机制和作用路径。此外，本章基于家庭禀赋进行异质性分析，发现数字基础设施的多维减贫效应受到户主的户籍、年龄和受教育年限的影响，为推动数字基础设施建设和家庭减贫提供了路径参考。

第三，在研究落脚方面，本章从数字基础设施建设的多维减贫效应出发，明晰数字经济发展与共同富裕进程之间的关系，为加快推进共同富裕指明了方向。随着人工智能、区块链、云计算、大数据等"ABCD"数字技术在中国的蓬勃发展，数字技术与家庭生活发生深度融合，因而合理引导数字基础设施发展，充分释放数字基础设施建设红利，进而缓解家庭多维贫困，正成为扎实推动共同富裕的重要路径。

二、理论机制与研究假说

作为一种投资，数字基础设施建设可以直接促进经济增长，增加居民收入；作为一种公共基础设施，数字基础设施建设具有明显的外部性（刘生龙和胡鞍钢，2010），其能够改善收入分配和信息不对称（谢申祥等，2018），提升公共服务供给水平和家庭生活质量，进而产生多维减贫效应。具体而言，从数字鸿沟渠道看，数字基础设施建设可以降低信息接入成本，提高互联网可及性进而弥合数字鸿沟，缓解家庭多维贫困；从非农就业渠道看，数字基础设施建设推动数字经济发展，创造大量非农就业岗位，提高劳动力要素配置效率（Nguyen等，2011），进而缓解家庭多维贫困。

（一）数字基础设施的多维减贫效应：弥合数字鸿沟

数字基础设施带来的接入性差异是导致数字鸿沟产生的重要因素（Salemink等，2017）。对家庭而言，数字基础设施建设能够减少信息接入成本，降低互联网使用门槛，借此家庭能够更容易地接触到互联网，从而起到弥合数字鸿沟的作用。

具体来看，在教育服务上，互联网平台通过"云课堂"等场景模式，丰富教育资源供给的形式和渠道，与教育公共服务体系起到互补作用，提升家庭的人力资本积累。此外，"互联网+教育"也能让家庭在人力资本提升过程中，意识到互联网信息的重要性，更加重视对互联网信息的获取。在健康服务上，家庭可以通过"互联网+医疗"，突破优质医疗资源在时间和空间上的限制，享受到方便快捷的医疗健康服务。家庭一方面可以进行远程挂号、业务咨询、智能分诊和在线支付，提高医疗业务办理效率，另一方面也能够享受"云问诊"，将部分医疗活动从线下转移到线上，减少因常见疾病和慢性疾病而跑医院带来的时间和金钱成本。在金融服务上，与传统金融相比，数字金融有着方便、快捷和普惠的特点，可以降低金融服务的门槛，更多地服务长尾客户，为家庭提供包括储蓄、投资、信贷和保险在内的多种金融服务，进而家庭能够获得财富增值、缓解流动性约束以及增强风险抵御能力等诸多益处，实现物质财富的积累。在消费服务上，数字支付提升了家庭购买商品和服务的便捷性。家庭不仅可以通过电商平台购买物美价廉的商品，还可以通过购买网络课程等知识付费内容，增加在发展方面的消费比例，进而提升自身的内在能力。

因而，数字基础设施建设促进了家庭的互联网接入，家庭可以打破基本公共服务在时间和空间上的限制，打破数字鸿沟，在互联网平台上享受优质的服务，进而提升可行能力，缓解多维贫困。基于以上分析，本章提出如下假说。

H3-1：数字基础设施建设通过弥合数字鸿沟，实现多维减贫。

（二）数字基础设施的多维减贫效应：促进非农就业

在数字经济背景下，数字基础设施是数字经济的底层架构，也是支撑数字经济发展的关键要素，其投入能够提升企业的劳动力需求，在推动非农就业方面起着关键作用（张光南等，2010）。关于非农就业，根据二元经济理论，将劳动力从传统农业部门转移到现代工业部门，以此提高劳动力的工资报酬，是发展中国家减贫的重要途径；在实践中，非农就业在缓解贫困方面的重要作用已有研究证实（Gibson和Olivia，2010）。

具体来看，对高技能劳动力而言，数字经济激发企业对技术密集型岗位的需求，为高技能劳动力匹配了合适的岗位，避免劳动力资源配置错位。从存量上看，数字化水平的提升有利于缓解劳动力市场的错配，减少就业岗位的匹配摩擦，从而降低摩擦性失业，因而提高家庭就业机会（何小钢等，2019）；从增量上看，数字经济推动数字化行业迅速发展，就业市场上对劳动力的数字技术使用能力提出了更高的要求，催生了机器人工程师和算法工程师等高技能工种，原先无法找到合适工作的劳动力有更大机会匹配到适合自身的工作。对低技能劳动力而言，数字经济推动平台经济兴起，创造出快递员和外卖骑手等低技能就业岗位，产生低技能劳动力要素配置优化的效果。一方面，技术进步将产生替代效应，当部分程序化的岗位被机器人替代时，失业的低技能劳动力可以通过新增的外卖骑手等零工岗位重新就业，从而保证收入；另一方面，外卖骑手等零工岗位有着灵活的特点，一些需要兼职工作的群体，可以充分利用闲暇的时间换取工资收入（田鸽和张勋，2022）。

因而，数字基础设施建设推动数字经济的快速发展，促进非农就业，提升家庭整体福利，进而产生多维减贫效应。基于以上分析，本章提出如下假说。

H3-2：数字基础设施建设通过促进非农就业，实现多维减贫。

三、研究设计

（一）模型设定

本章借鉴Borga和D'ambrosio（2021）、孙伟增和郭冬梅（2021）的研究，建立Probit模型，以研究数字基础设施建设对家庭多维贫困的影响。具体模型设定如下：

$$I_{ijt}^{*} = \alpha_0 + \beta_0 Mob_{station\ jt-1} + \gamma_0 Control_{ijt} + \varphi_j + \delta_t + \varepsilon_{ijt} \qquad （式3-1）$$

$$Prob\left(I_{ijt}=1\right)=\phi\left(\alpha_0 + \beta_0 Mob\_station_{jt-1} + \gamma_0 Control_{ijt} + \varphi_j + \delta_t\right) \qquad （式3-2）$$

其中，被解释变量 I_{ijt} 表示第 t 年 j 省 i 家庭是否处于多维贫困状态的二值变量，潜变量 I_{ijt}^{*} 是 I_{ijt} 背后的连续变量。当潜变量大于0时，被解释变量取值为1，反之则取0。核心解释变量 $Mob_{station\ jt-1}$ 为家庭所在省份的人均移动基站数目，使用滞后一期以减少互为因果的内生性。此外，系数 β_0 衡量了数字基础设施建设对家庭多维贫困状态的影响，是本章的重点关注对象，如果系数为负，表明数字基础设施建设对家庭具有多维减贫效应，反之则反是；$Control_{ijt}$ 为户主和家庭层面的控制变量，φ_j 表示省份固定效应，δ_t 表示时间固定效应。考虑到同一个省之间的家庭可能存在相关性，本章将标准误聚类到省级层面。

（二）变量说明

1. 被解释变量

本章基于A-F方法（双界限法）构建多维贫困状态。与其他多维贫困测度方法相比，该指标有着以下优点。第一，它能够从微观层面反映个体或家庭在多个维度下基本可行能力被剥夺的状况，其测度更为准确。第二，它可以让研究者灵活选取多维贫困的测量维度，使研究更加灵活、全面。第三，它的测度框架简洁，有着直观、易于计算和政策含义强等优点（Alkire和Santos，2014；杨艳琳和付晨玉，2019）。此外，该方法在国际上有着广泛的运用，故使用A-F方法测度多维贫困，具有较强的国际可比性。按照通用做法，本章以k=0.3作为多维贫困临界值，构建反映多维贫困状态的指标 I_{ijt}，具体构建过程如下。

首先，我们假定在一个地区的人群中有 n 个个体。对每一个体，我们从 d 个维度来测度它的多维贫困，这样便得到了一个 $n*d$ 维的福利矩阵 $Y = \begin{bmatrix} y_{ij} \end{bmatrix}$，其中 $i = 1,2,\ldots\ldots,n$，$j = 1,2,\ldots\ldots,d$。福利矩阵中任意元素 y_{ij} 代表个体 i 在维度 j 上的福利水平。

其次，设置 Z_j 作为维度 j 的界限值，用来判断个体在维度 j 下的福利是否被剥夺。这就是双界限法的第一次界限判断。福利矩阵 $Y = \begin{bmatrix} y_{ij} \end{bmatrix}$ 经过第一次界限判断后，得到剥夺矩阵 $G = \begin{bmatrix} g_{ij} \end{bmatrix}$。剥夺矩阵中任意元素 g_{ij} 代表个体 i 在维度 j 上的福利被剥夺状况。如果有 $y_{ij} < Z_j$，那么认为个体 i 在维度 j 上的福利是被剥夺的，此时取 $g_{ij} = 1$，代表个体 i 在维度 j 上处于贫困状态，即：

$$g_{ij} = \begin{cases} 1, & y_{ij} < Z_j \\ 0, & y_{ij} \geq Z_j \end{cases} \qquad （式3-3）$$

再次，给剥夺矩阵设置权重 w_j，且权重之和 $\sum_{j=1}^{d} w_j = 1$。进而，得到矩阵 $C = [c_i] = [\sum_{j=1}^{d} w_j * g_{ij}]$。$c_i$ 代表了个体在 j 个维度上的加权贫困状况，称作多维贫困程度，即：

$$C_i = \sum_{j=1}^{d} w_j * g_{ij} \qquad （式3-4）$$

最后，设置 k 作为个体多维贫困程度的临界值，用来判断个体或家庭是否处于多维贫困状态。当个体或家庭的多维贫困程度大于等于 k 时，便判定其陷入多维贫困状态。当 $I_i = 0$ 时，认为个体没有处于多维贫困状态；当 $I_i = 1$ 时，认为个体陷入多维贫困状态。

$$I_i = \begin{cases} 0, & C_i < k \\ 1, & C_i \geq k \end{cases} \qquad （式3-5）$$

此外，在多维贫困测度中，通常有这些指标：多维贫困发生率（H），代表 n 个人中有 q 个人处于多维贫困状态；多维贫困程度（A），代表处于多维贫困状态个体的平均剥夺份额；多维贫困指数（MPI）代表经多维贫困程度调整后的多维贫困发生率，能够克服多维贫困发生率对多维贫困分布和程度的不敏感。具体表现形式如下：

$$H = \frac{1}{n}\sum_{i=1}^{n} I_i = \frac{q}{n} \qquad （式3-6）$$

$$A = \frac{1}{q}\sum_{i=1}^{q} c_i \qquad （式3-7）$$

$$MPI = H * A = \frac{q}{n} * \frac{1}{q}\sum_{i=1}^{q} c_i = \frac{1}{n}\sum_{i=1}^{q} c \qquad （式3-8）$$

以上是关于地区内 n 个个体的多维贫困测度，可以测度该地区的多维贫困状况。同样地，我们把家庭看作个体，用 I_{ijt} 来表示家庭的多维贫困状态。如果家庭的多维贫困程度超过了临界值 n，那么这个家庭便处于多维贫困状态。

本章进一步参考郭熙保和周强（2016）、Zhang等（2021）的研究，采用收入、教育、健康和生活质量四个维度，并对每个维度赋予1/4的等权重，构建多维贫困状态指标。

2. 核心解释变量

数字基础设施建设状况是本章的核心解释变量。本章借鉴孙伟增和郭冬梅（2021）的研究，用家庭所在省份的移动电话基站密度作为数字基础设施建设状况的代理变量，本章使用家庭所在地区的移动电话基站总数目与该地区的总人口之比衡量移动电话基站密度。

3. 控制变量

在控制变量选取上，本章借鉴已有文献研究思路，如Alkire和Santos

（2014）、易行健和周利（2018）等，不仅控制了家庭层面的影响因素，还控制了户主层面的相关变量。具体来看，在家庭层面上控制了少儿抚养比、老人抚养比和家庭净资产等因素；在户主层面上本章控制了户主年龄及其平方项、户主性别、户主婚姻状况等因素。本章控制变量的测度方法及参考依据如表3-1所示。

表3-1　变量说明表

变量名称	定义	参考来源	
被解释变量	多维贫困状态	根据公式运算，家庭处于多维贫困状态取1，反之取0	Alkire和Santos[28]
	多维贫困程度	根据公式运算，反映家庭平均福利被剥夺状况	Alkire和Santos
	收入贫困	家庭人均年纯收入（以2010为基期）小于2300元则收入贫困取1，反之取0	李晓嘉等
	教育贫困	家庭16岁及以上成员的平均教育年限小于6年则教育贫困取1，反之取0	郭熙保和周强
	健康贫困	在CFPS中，相关问题的具体表述为："您认为自己的健康状况如何？"在回答中，1代表非常健康，2代表很健康，3代表比较健康，4代表一般，5代表不健康。家庭存在任意16岁以上成员不健康则健康贫困取1，反之取0	程晓宇等
	生活质量贫困	在CFPS中，相关问题的具体表述为："您家最主要用哪种水做饭？江河湖水、井水、自来水、桶装水/纯净水/过滤水、雨水、窖水、池塘水/山泉水或其他做饭用水？"以及"您家最主要用哪种燃料做饭？	邹薇和方迎风

续表

变量名称	定义	参考来源	
被解释变量	生活质量贫困	柴草、煤炭、罐装煤气/液化气、天然气/管道煤气、太阳能/沼气、电或其他做饭燃料？"家庭做饭燃料为清洁燃料（非柴草和煤炭），且家庭做饭用水为清洁水源（自来水、桶装水/纯净水/过滤水）则取0，反之则取1	邹薇和方迎风	
核心解释变量	数字基础设施建设	移动电话基站数量/年末常住人口数量	孙伟增和郭冬梅	
控制变量	户主年龄	岁	常用经典个人变量	
	户主年龄²/100	岁²		
	户主性别	男=1，女=0		
	户主婚姻	在婚=1，其余=0		
	户主户口	农业户口=1，非农业户口=0		
	家庭规模	同灶吃饭人数		
	少儿抚养比	16岁以下的人口数与家庭劳动力数之比		
	老人抚养比	60岁及以上的人口数与家庭劳动力数之比		
	家庭净资产	家庭总资产与家庭总负债之差（加1取对数）		
	城乡虚拟变量	城镇家庭=1，乡村家庭=0		
	社会资本	家庭过去一年的人情礼支出（加1取对数）		
中介变量	数字鸿沟	家庭任意成员使用设备上网取1，反之取0	张勋等	
	非农就业	非农就业劳动力数目/劳动力数目	周京奎等	

（三）数据来源和描述性统计

本章数据来源于2014年、2016年和2018年的中国家庭追踪调查（CFPS）数据，和2013年、2015年和2017年的《中国统计年鉴》。本章对数据进行如下处理：（1）删除主要编码缺失的样本，如家庭编码、个人编码、城乡编码和省份编码。（2）运用线性插补法，对家庭人均纯收入、教育年限、年龄和家庭净资产等变量进行了插补，并对三期内变量出现连续缺失，无法插补的变量予以剔除，也对负值净资产进行归零化处理。（3）由于CFPS并未给出明确的户主信息，因而通过识别主事者、决策者、房产所有者以及财务回答人是常见的户主确定方式。但自2014年后，只有财务回答人和房产所有者可以作为户主，且财务回答人是主流的户主识别方式。因而本章采用2014年的财务回答人来识别户主，将其作为家庭代表个体，并保留户主年龄在16岁以上的家庭。（4）本章仅保留三年均被调查的家庭，以确保追踪调查的连续性。

经过上述处理后，共得到3年24126个家庭样本，相关变量的统计性描述结果如表3-2所示。可以看出，虽然绝对贫困的现象在我国已经基本消失，但仍有较多家庭处于多维贫困状态之中，缓解多维贫困对推进共同富裕具有重要价值。

表3-2　变量描述性统计

变量名称	样本	均值	标准差	最小值	最大值
多维贫困状态	24126	0.520	0.500	0	1
数字基础设施建设	24126	0.00310	0.00130	0.00120	0.00890
户主年龄	24126	52.98	13.15	16	93
户主年龄^2/100	24126	29.80	14.13	2.560	86.49
户主性别	24126	0.514	0.500	0	1
户主婚姻	24126	0.874	0.332	0	1
户主户口	24126	0.711	0.453	0	1
家庭规模	24126	3.786	1.876	1	21
少儿抚养比	24126	0.293	0.518	0	6
老人抚养比	24126	0.197	0.452	0	4
家庭净资产（加1取对数）	24126	11.90	2.683	0	18.51
城乡虚拟变量	24126	0.466	0.499	0	1
社会资本（加1取对数）	24126	6.829	2.796	0	12.77

四、数字基础设施建设影响家庭多维减贫的实证分析

（一）基准回归

表3-3给出了数字基础设施建设对家庭多维贫困状态的影响。列（1）为不加入任何控制变量的回归结果，列（2）为控制省份和时间固定效应后的回归结果，列（3）为控制省份和时间固定效应的同时并加入户主相关控制变量的回归结果，列（4）为进一步加入家户相关变量的回归结果。列（1）显示，数字基础建设的回归系数为-70.42，边际效应为-27.95，在1%的统计水平上显著。列（2）、列（3）和列（4）也显示，数字基础设施建设对家庭多维贫困状态仍然有着显著的负向影响，验证了数字基础设施有着显著的多维减贫效应这一结论的稳健性。其中，列（4）显示数字基础设施建设的回归系数为-110.9，边际效应为-33.54，在1%的统计水平上显著。这表明，在其他条件不变下，地区人均基站密度每上升1%，家庭陷入多维贫困状态的概率会降低33.54%。

表3-3　基准回归结果

	（1）	（2）	（3）	（4）
因变量	多维贫困状态	多维贫困状态	多维贫困状态	多维贫困状态
数字基础设施建设	-70.42***	-106.3***	-128.2***	-110.9***
	（-2.92）	（-3.40）	（-4.30）	（-3.31）
边际效应	-27.95***	-30.06***	-40.93***	-33.54***
	（-2.93）	（-3.40）	（-4.27）	（-3.30）
户主年龄			0.00594	0.00940
			（0.66）	（1.19）
户主年龄的平方/100			0.0142*	0.0121*
			（1.75）	（1.66）
户主性别			0.0211	0.00235
			（0.80）	（0.09）
户主婚姻			0.165***	0.0574
			（4.20）	（1.04）
户主户口			1.013***	0.711***
			（12.77）	（12.85）
家庭规模				0.141***

	（1）	（2）	（3）	（4）
				（7.42）
少儿抚养比				0.125***
				（4.38）
老人抚养比				0.0632**
				（2.29）
家庭净资产				−0.0631***
				（−7.75）
城乡虚拟变量				−0.542***
				（−7.80）
社会资本				−0.0304***
				（−5.86）
省份固定效应	否	是	是	是
时间固定效应	否	是	是	是
N	24126	24120	24120	24120
pseudo R^2	0.004	0.073	0.170	0.230

注：***、**、*分别表示在1%、5%和10%的统计水平上显著。括号内为z值。

为进一步探究数字基础建设对各维度的影响，本章将多维贫困状态拆分为收入、教育、健康和生活质量四个子维度，具体的分维度结果如表3-4所示。列（1）、列（2）和列（4）显示，数字基础设施建设显著改善了家庭的收入、教育和生活质量的贫困状况。可见，数字基础设施建设对家庭具有显著的多维减贫效应，尤其提升了家庭的收入、教育和生活质量，推动了共同富裕进程。

表3-4 分维度回归结果

	（1）	（2）	（3）	（4）
因变量	收入贫困	教育贫困	健康贫困	生活质量贫困
数字基础设施建设	−78.88**	−63.33*	15.32	−116.1*
	（−2.06）	（−1.85）	（0.59）	（−1.89）
控制户主特征	是	是	是	是

续表

	（1）	（2）	（3）	（4）
控制家庭特征	是	是	是	是
省份固定效应	是	是	是	是
时间固定效应	是	是	是	是
N	23961	24126	24126	24117
pseudo R^2	0.096	0.226	0.065	0.260

注：***、**、*分别表示在1%、5%和10%的统计水平上显著。括号内为z值。

（二）稳健性检验

1. 内生性处理

受限于数据可得性和数据特征，本章可能存有一定的内生性问题。首先，本章可能存在遗漏变量的问题，控制变量中可能遗漏与数字基础设施建设和多维贫困相关的变量，导致估计系数存在偏误。比如，本章的核心解释变量和固定效应为省份层面，可能忽略影响多维贫困的区县等更细粒度的地域特征。其次，本章可能存在测度误差，因为CFPS数据与实际情况可能存在偏差，而度量家庭多维贫困的方法较多，本章虽然综合了联合国的现有研究成果进行测度，但也有可能与实际情况存在一定误差。

因而，本章借鉴黄群慧等（2019）的研究，将1984年各省份的百万人固定电话数作为工具变量，以解决内生性问题。选取工具变量需要满足相关性和外生性。从相关性看，固定电话是早期互联网接入的前提，因而其与地区数字基础设施建设水平密切相关；从外生性看，历史上的固定电话普及率难以直接影响到家庭多维贫困。此外，考虑到该工具变量是一个截面数据，本章参考Nunn和Qian（2014）的思路，将工具变量与上一年的全国互联网宽带接入用户数交互，得到一个随时间变化的工具变量，以减少固定效应带来的影响。由表3-5可见，弱工具变量检验的F值大于10，且通过了AR和Wald检验，表明不存在弱工具变量的问题，工具变量有效。因此，数字基础设施依然显著缓解了多维贫困，结果依然稳健。

表3-5 稳健性检验：内生性处理

	（1）	（2）
	数字基础设施建设	多维贫困状态
数字基础设施建设		−548.8***
		（−4.34）
IV	2.023***	
	（0.0530）	
控制户主特征	是	是
控制家庭特征	是	是
省份固定效应	是	是
时间固定效应	是	是
N	24120	24120
First stage F-stat		10776.45
弱工具变量AR值（P值）		18.99（0.000）
弱工具变量Wald值（P值）		18.82（0.000）

注：***、**、* 分别表示在1%、5%和10%的统计水平上显著。括号内为 z 值。

2. 更换多维贫困测度方法

当家庭的多维贫困达到一定程度时会被判定陷入多维贫困状态。因而，本节进一步将因变量多维贫困状态替换为多维贫困程度，并将控制变量逐步加入模型，以检验数字基础设施建设的减贫效应。由表3-6可见，数字基础设施建设的系数仍然显著为负，说明数字基础设施建设降低了家庭的多维贫困程度。

表3-6 稳健性检验：更换被解释变量

	（1）	（2）	（3）	（4）
因变量	多维贫困程度	多维贫困程度	多维贫困程度	多维贫困程度
数字基础设施建设	−38.54**	−50.34**	−56.55**	−86.11***
	（−2.06）	（−2.24）	（−2.46）	（−3.16）
控制户主特征	否	否	是	是
控制家庭特征	否	否	否	是
省份固定效应	否	是	是	是
时间固定效应	否	是	是	是

续表

	（1）	（2）	（3）	（4）
N	24126	24123	24123	24123
pseudo R^2	0.001	0.053	0.082	0.171

注：***、**、* 分别表示在1%、5%和10%的统计水平上显著。括号内为 z 值。

3.更换数字基础设施测度方法

本节借鉴潘为华等（2021）的研究，利用省级层面的电话普及率、长途光缆线路长度、互联网普及率、互联网宽带接入端口和互联网域名数五个指标，进行无量纲化处理，结合熵权法构建数字基础设施指数，作为数字基础设施建设的代理变量，进行稳健性检验。由表3-7可见，核心解释变量系数仍然显著为负，上述结果稳健。

表3-7　稳健性检验：更换核心解释变量

	（1）	（2）	（3）	（4）
因变量	多维贫困状态	多维贫困状态	多维贫困状态	多维贫困状态
数字基础设施建设	−1.018**	−1.403***	−1.492***	−1.912***
	（−1.97）	（−3.99）	（−3.98）	（−4.83）
控制户主特征	否	否	是	是
控制家庭特征	否	否	否	是
省份固定效应	否	是	是	是
时间固定效应	否	是	是	是
N	24126	24120	24120	24120
pseudo R^2	0.012	0.074	0.102	0.193

注：***、**、* 分别表示在1%、5%和10%的统计水平上显著。括号内为 z 值。

4.更换模型

考虑到不同的模型可能带来估计系数的偏误，本节进一步使用Logit模型和线性概率模型（LPM）进行稳健性检验。由表3-8可见，在使用不同的模型估计时，数字基础设施建设对家庭多维贫困的影响依然显著为负，上述结论稳健。

表3-8 稳健性检验：更换估计方法

	（1）	（2）
因变量	Logit	LPM
数字基础设施建设	−180.2***	−19.33*
	（−3.04）	（−1.69）
控制户主特征	是	是
控制家庭特征	是	是
省份固定效应	是	是
时间固定效应	是	是
N	24120	24126
pseudo R^2（R^2）	0.200	0.0340

注：***、**、*分别表示在1%、5%和10%的统计水平上显著。括号内为 z 值。

五、进一步分析

（一）机制检验

通过本章前面分析可以发现，数字基础设施建设对家庭有着显著的多维减贫效应。为了验证弥合数字鸿沟和促进非农就业的渠道作用，本章参考 Baron 和 Kenny（1986）的研究，采用中介效应模型进行机制检验，具体模型设定如下：

$$I_{ijt} = \alpha_1 + \beta_1 Mob_{station\,jt-1} + \gamma_1 Control_{ijt} + \varphi_j + \delta_t + \varepsilon_{ijt} \qquad （式3-9）$$

$$Inter_{ijt} = \alpha_2 + \beta_2 Mob_{station\,jt-1} + \gamma_2 Control_{ijt} + \varphi_j + \delta_t + \varepsilon_{ijt} \qquad （式3-10）$$

$$I_{ijt} = \alpha_3 + \beta_3 Mob\_station_{jt-1} + \theta Inter_{ijt} + \gamma_3 Control_{ijt} + \varphi_j + \delta_t + \varepsilon_{ijt} \qquad （式3-11）$$

其中，$Inter$ 是中介变量，$Control$ 是控制变量，其与基准回归保持一致。中介模型的核心系数是 β，如果模型（式3-10）和（式3-11）中的系数均显著，并通过中介效应检验且符合理论假设，则说明中介效应存在。

1. 弥合数字鸿沟

当家庭能够接触互联网时，说明其数字鸿沟已经得到弥合。因而，本章借鉴张勋等（2021）的研究，用家庭是否接触互联网作为数字鸿沟的代理变量，以检验弥合数字鸿沟在数字基础设施推动多维减贫中发挥的渠道作用。由列（2）可见，数字基础设施建设对互联网可及性有着显著的促进作用。由列（3）可见，在列（1）基础上加入互联网可及性后，数字基础设施建设的系数下降，表明部分中介效应的存在。此外，Sobel检验和Bootstrap检验都表明中介效应在1%的置信水平上显著，进一步检验了部分中介效应，并表明中介效应能够解释总效应的16.36%。

这意味着，弥合数字鸿沟在数字基础设施推动多维减贫，赋能共同富裕的过程中，起到重要的渠道作用。一方面，家庭能够利用互联网参与优质的教育、健康和金融等服务，弥补公共服务不足，提升人力资本；另一方面，家庭也能通过互联网深度参与数字经济，比如，利用数字平台寻找数字就业机会，或者获得知识服务提升内在能力。

表3-9　机制分析：数字鸿沟

	（1）	（2）	（3）
因变量	多维贫困状态	互联网可及性	多维贫困状态
数字基础设施建设	−110.9***	159.8**	−94.95***
	（−3.31）	（2.04）	（−3.07）
互联网可及性			−0.418***
			（−14.17）
控制户主特征	是	是	是
控制家庭特征	是	是	是
省份固定特征	是	是	是
时间固定特征	是	是	是
N	24120	24120	24120
pseudo R^2	0.230	0.356	0.238
Sobel Z（P值）	−4.869（0.000）	−4.869（0.000）	
Bootstrap Z（P值）	−4.890（0.000）	−4.890（0.000）	
中介效应占比	16.36%	16.36%	

注：***、**、*分别表示在1%、5%和10%的统计水平上显著。括号内为z值。

2. 促进非农就业

为检验非农就业在数字基础设施推动多维减贫中发挥的渠道作用，本章借鉴周京奎等（2020）的研究，用非农就业劳动力占家庭劳动力总数的比例来衡量家庭的非农就业状况。由于非农就业比例是个连续型变量，表3-10列（2）使用OLS估计。由列（2）可见，数字基础设施建设对非农就业有着显著的促进作用。由列（3）可见，在列（1）基础上加入非农就业后，数字基础设施建设的系数下降，表明部分中介效应的存在。此外，Sobel检验和Bootstrap检验都表明中介效应在1%的置信水平上显著，进一步检验了部分中介效应，并表明中介效应能够解释总效应的33.16%。

这意味着，非农就业是数字基础设施发挥多维减贫效应，赋能共同富裕的重要渠道。一方面，数字基础设施为数字经济发展提供重要支撑，推动零工经济迅速崛起，以灵活而自由的非农工作替代农业工作，改善家庭就业结构；另一方面，数字基础设施也能促进产业结构升级，创造更多就业岗位，满足家庭就业需要，进而缓解多维贫困。

表3-10　机制检验：非农就业

	（1）	（2）	（3）
因变量	多维贫困状态	非农就业	多维贫困状态
数字基础设施建设	−110.9***	16.91**	−67.81*
	（−3.31）	（2.04）	（−1.83）
非农就业			−0.990***
			（−10.74）
控制户主特征	是	是	是
控制家庭特征	是	是	是
省份固定特征	是	是	是
时间固定特征	是	是	是
N	24120	23235	23229
pseudo R^2（R^2）	0.230	0.1268	0.265
Sobel Z（P值）		−4.27（0.000）	
Bootstrap Z（P值）		−3.50（0.000）	
中介效应占比		33.16%	

注：***、**、* 分别表示在1%、5%和10%的统计水平上显著。括号内为 z 值。

（二）异质性分析：家庭禀赋差异如何影响数字基础设施的多维减贫效应

1. 数字基础设施的多维减贫效应是否存在城乡差异？

考虑到数字基础设施建设的多维减贫效应对农民和非农民的影响可能存在

差异，本章根据户主户口将样本分为农业户口家庭和非农户口家庭，进行异质性分析。由表3-11可见，对非农户口家庭来说，数字基础设施建设的系数并不显著；对农业户口家庭来说，数字基础设施建设显著降低了其陷入多维贫困的概率。此外，列（3）中交互项系数显著为负，也进一步证明数字基础设施对农业户口家庭的多维减贫效果更好。这可能是由于，与非农户口家庭相比，农业户口家庭长期从事低附加值的农业生产活动，当数字基础设施建设创造大量非农就业岗位时，农业户口家庭能够在非农就业岗位中获取更多收入，进而缓解多维贫困，这进一步说明数字基础设施对共同富裕的赋能作用。

表3-11　城乡户口对多维减贫的影响

因变量	（1）非农户口	（2）农业户口	（3）全样本
数字基础设施建设	0.808	−153.9***	−31.43
	（0.01）	（−4.13）	（−0.87）
数字基础设施建设*城乡			−91.12***
			（−3.28）
城乡（农业户口=1）			1.021***
			（11.08）
控制户主特征	是	是	是
控制家庭特征	是	是	是
省份固定效应	是	是	是
时间固定效应	是	是	是
N	6976	17144	24120
pseudo R^2	0.178	0.144	0.229

注：***、**、*分别表示在1%、5%和10%的统计水平上显著。括号内为z值。

2. 户主年龄是否影响家庭的多维减贫效果？

户主的年龄不同，数字基础设施缓解家庭多维贫困的效果也可能存在差异。本章以65岁户主的年龄为界限，将样本分为中青年组和老年组，进行异质性分析。由表3-12列（1）和列（2）可见，对户主为中青年的家庭而言，数字基础设施建设降低其陷入多维贫困的概率更为明显；列（3）交互项显著为正，也进一步说明了中青年户主能够强化数字基础设施的多维减贫效应。

这可能是由于，年龄较低的户主学习能力更强，心态更为开放，不仅乐意使用互联网医疗、教育和金融等服务，也更适应数字经济带来的就业岗位，从而其多维减贫效应更强。

表3-12　户主年龄对多维减贫的影响

	（1）	（2）	（3）
因变量	中青年（16～64岁）	老年（65岁以上）	全样本
数字基础设施建设	−100.8***	−78.40	−110.9***
	（−2.94）	（−1.26）	（−3.27）
数字基础设施建设*年龄			34.17**
			（2.40）
年龄（老年=1）			0.0120
			（0.19）
控制户主特征	是	是	是
控制家庭特征	是	是	是
省份固定效应	是	是	是
时间固定效应	是	是	是
N	19129	4991	24120
pseudo R^2	0.205	0.203	0.199

注：***、**、* 分别表示在1%、5%和10%的统计水平上显著。括号内为 z 值。

3. 户主人力资本是否影响家庭的多维减贫效果？

数字基础设施推动数字经济迅速发展，不仅创造了机器人算法工程师等高技能岗位，也创造了外卖骑手等低技能岗位，就业岗位呈现丰富化、灵活化和两极化的趋势。而户主人力资本不同，其能够匹配的劳动力岗位也不同，那么多维减贫效应对不同家庭也可能存在差异。本节以9年的教育年限作为界限，将样本分为受教育程度较高和受教育程度较低两组，进行异质性分析。由表3-13列（1）和列（2）可见，受教育程度较低的户主多维减贫效果更加明显。列（3）的交互项为正也表明，在数字基础设施发挥多维减贫作用时，户主较高的教育程度起到了抑制效果。这可能是由于，数字基础设施建设不仅带来了高技能岗位，也带来了低技能岗位。但从总量上看，低技能岗位创造的规模和速度可能远高于高技能岗位，而低技能岗位与受教育程度较低的户主适配程度更好，这使得多维减贫效果显示了普惠特征。

表3-13　人力资本对多维减贫的影响

	（1）	（2）	（3）
因变量	受教育程度较低	受教育程度较高	全样本
数字基础设施建设	−116.3***	−96.49	−119.3***
	（−3.85）	（−1.15）	（−3.38）
数字基础设施建设*教育			53.49***
			（2.84）
教育（教育年限大于9年=1）			−0.959***
			（−13.14）
控制户主特征	是	是	是
控制家庭特征	是	是	是
省份固定效应	是	是	是
时间固定效应	是	是	是
N	18790	5330	24120
pseudo R^2	0.151	0.274	0.232

注：***、**、* 分别表示在1%、5%和10%的统计水平上显著。括号内为 z 值。

六、结论

在数字经济背景下，充分发挥数字基础设施的多维减贫作用是实现共同富裕的工作重点。已有文献对数字基础设施的经济效应讨论较多，但较少关注减贫问题，更鲜有文献研究数字基础设施对家庭多维减贫的影响。与单一维度的收入或消费贫困不同，多维贫困能够在多个维度上考察人们的基本可行能力是否被剥夺，强调对人们接受教育、免遭疾病等基本可行能力的保障，其与共同富裕的内涵更为一致，探究数字基础设施对家庭多维贫困的影响有助于在理论上明晰数字基础设施促进共同富裕的内在逻辑，也有助于在实践上精准施策，充分发挥数字基础设施作用，协同实现数字中国和共同富裕目标。

因而，本章基于中国家庭追踪调查（CFPS）2014—2018年的面板数据，借鉴A-F方法构建多维贫困状态指标，分析数字基础设施建设对家庭多维贫困的影响。研究结果表明，数字基础设施建设显著降低了家庭陷入多维贫困的概率，具有显著的多维减贫效应。机制分析显示，数字基础设施建设的多维减贫效应，主要通过弥合数字鸿沟和促进非农就业发挥。进一步分析显示，对户主为农业户口、中青年和受教育年限较低的家庭来说，数字基础设施能更多地降低其陷入多维贫困的概率。

本章结论表明，数字基础设施建设对家庭产生了明显的多维减贫效应，具有较强的普惠特点，为实现共同富裕指明了方向。本章主要有以下两点政策启示：一方面，在乡村振兴下应积极推进数字基础设施建设，更好发挥其对农村家庭的多维减贫效应，助力共同富裕；另一方面，在推进数字基础设施建设时，应重点关注乡村地区，同时加强对乡村地区的老年人和低学历群体的培训教育，增强数字基础设施的普惠深度。

然而，本章的研究仍存在一定的不足：第一，在本章中，关于数字基础设施的类型，我们主要考虑了移动基站，光纤、数据中心等数字基础设施的影响效应有待进一步研究；第二，数字经济活动有着跨区域的特征，数字基础设施对家庭多维减贫的空间溢出效应可能是未来需要研究的方向；第三，本章以主要中国农村家庭为研究样本，在未来的研究中，可以从更多样本角度去考察，如老年家庭、全球家庭等。

参考文献：

[1] 程晓宇,陈志钢,张莉.农村持久多维贫困测量与分析——基于贵州普定县三个行政村2004—2017年的普查数据[J].中国人口·资源与环境,2019,29（07）:140-148.

[2] 高颖,李善同.基于CGE模型对中国基础设施建设的减贫效应分析[J].数量经济技术经济研究,2006（06）:14-24.

[3] 郭熙保,周强.长期多维贫困、不平等与致贫因素[J].经济研究,2016,51（06）:143-156.

[4] 何小钢,梁权熙,王善骝.信息技术、劳动力结构与企业生产率——破解"信息技术生产率悖论"之谜[J].管理世界,2019,35（09）:65-80.

[5] 黄群慧,余泳泽,张松林.互联网发展与制造业生产率提升:内在机制与中国经验[J].中国工业经济,2019,8（5）:23.

[6] 黄薇,祝伟.精准帮扶政策的多维评估：基于G省B市扶贫实践的经验分析[J].管理世界,2021,37（10）:111-128.

[7] 金环,魏佳丽,于立宏.网络基础设施建设能否助力企业转型升级——来自"宽带中国"战略的准自然实验[J].产业经济研究,2021（06）:73-86.

[8] 李实.共同富裕的目标和实现路径选择[J].经济研究,2021,56（11）:4-13.

[9] 李晓嘉,蒋承,胡涟漪.民生性财政支出对我国家庭多维贫困的影响研究[J].数量经济技术经济研究,2019,36（11）:160-177.

[10] 刘传明,马青山.网络基础设施建设对全要素生产率增长的影响研究——基于"宽带中国"试点政策的准自然实验[J].中国人口科学,2020（03）:75-88+127-128.

[11] 刘生龙,胡鞍钢.基础设施的外部性在中国的检验:1988—2007[J].经济研究,2010,45（03）:4-15.

[12] 潘为华,贺正楚,潘红玉.中国数字经济发展的时空演化和分布动态[J].中国软科学,2021（10）:137-147.

[13] 孙伟增,郭冬梅.信息基础设施建设对企业劳动力需求的影响：需求规模、结构变化及影响路径[J].中国工业经济,2021（11）:78-96.

[14] 田鸽,张勋.数字经济、非农就业与社会分工[J].管理世界,2022,38（05）:72-84..

[15] 田红宇,王嫒名.数字技术、信贷可获得性与农户多维贫困[J].华南农业大学学报（社会科学版）,2021,20（04）:33-43.

[16] 王春超,叶琴.中国农民工多维贫困的演进——基于收入与教育维度的考察[J].经济研究,2014,49（12）:159-174.

[17] 王恒,秦国庆,王博,朱玉春.社会资本、金融借贷与农户多维贫困——基于秦巴山区3省的微观调查数据[J].中国人口·资源与环境,2019,29（11）:167-176.

[18] 夏玉莲,匡远配.农地流转的多维减贫效应分析——基于5省1218户农户的调查数据[J].中国农村经济,2017（09）:44-61.

[19] 谢申祥,刘生龙,李强.基础设施的可获得性与农村减贫——来自中国微观数据的经验分析[J].中国农村经济,2018（05）:112-131.

[20] 杨艳琳,付晨玉.中国农村普惠金融发展对农村劳动年龄人口多维贫困的改善效应分析[J].中国农村经济,2019（03）:19-35.

[21] 易行健,周利.数字普惠金融发展是否显著影响了居民消费——来自中国家庭的微观证据[J].金融研究,2018（11）:47-67.

[22] 张光南,李小瑛,陈广汉.中国基础设施的就业、产出和投资效应——基于1998～2006年省际工业企业面板数据研究[J].管理世界,2010（04）:5-13+31+186.

[23] 张勋,万广华,吴海涛.缩小数字鸿沟:中国特色数字金融发展[J].中国社会科学,2021（08）:35-51+204-205.

[24] 张子豪,谭燕芝.认知能力、信贷与农户多维贫困[J].农业技术经济,2020（08）:54-68.

[25] 周京奎,王文波,龚明远,黄征学.农地流转、职业分层与减贫效应[J].经济研究,2020,55（06）:155-171.

[26] 邹薇,方迎风.关于中国贫困的动态多维度研究[J].中国人口科学,2011（06）:49-59+111.

[27] Alkire S, Santos M E. Measuring acute poverty in the developing world: Robustness and scope of the multidimensional poverty index[J]. World Development, 2014, 59: 251-274.

[28]   Baron R M, Kenny D A. The moderator－mediator variable distinction in social psychological research: Conceptual, strategic, and statistical considerations[J]. Journal of personality and social psychology, 1986, 51（6）: 1173–1182.

[29]   Borga L G, D' ambrosio C. Social protection and multidimensional poverty: Lessons from Ethiopia, India and Peru[J]. World Development, 2021, 147: 105634.

[30]   del Carpio X, Cuesta J A, Kugler M D, et al. What effects could global value chain and digital infrastructure development policies have on poverty and inequality after COVID–19?[J]. Journal of Risk and Financial Management, 2022, 15（2）: 43.

[31]   Gibson J, Olivia S. The effect of infrastructure access and quality on non–farm enterprises in rural Indonesia[J]. World Development, 2010, 38（5）: 717–726.

[32]   Koutroumpis P. The economic impact of broadband on growth: A simultaneous approach[J]. Telecommunications policy, 2009, 33（9）: 471–485.

[33]   Lanzolla G, Pesce D, Tucci C L. The digital transformation of search and recombination in the innovation function: Tensions and an integrative framework[J]. Journal of Product Innovation Management, 2021, 38（1）: 90–113.

[34]   Medeiros V, Ribeiro R S M, do Amaral P V M. Infrastructure and household poverty in Brazil: A regional approach using multilevel models[J]. World Development, 2021, 137: 105118.

[35]   Nguyen C V, Van den Berg M, Lensink R. The impact of work and non‑work migration on household welfare, poverty and inequality: New evidence from Vietnam[J]. Economics of Transition, 2011, 19（4）: 771–799.

[36]   Nunn N, Qian N. US food aid and civil conflict[J]. American Economic Review, 2014, 104（6）: 1630–1666.

[37]   Ogutu S O, Qaim M. Commercialization of the small farm sector and multidimensional poverty[J]. World Development, 2019, 114: 281–293.

[38]   Salemink K, Strijker D, Bosworth G. Rural development in the digital age: A systematic literature review on unequal ICT availability, adoption, and use in rural areas[J]. Journal of Rural Studies, 2017, 54: 360–371.

[39]   Zhang Z, Ma C, Wang A. A longitudinal study of multidimensional poverty in rural China from 2010 to 2018[J]. Economics Letters, 2021, 204: 109912.

企业篇

第四章　收入分配：数字化转型、融资约束与
劳动收入份额

一、引言

"卡尔多事实"表示劳动收入份额具有长期稳定性，但是现实的众多证据表明劳动收入份额与"卡尔多事实"并不相符（Olivier Blanchard，1997；Ann Harrison，2005）。20世纪80年代以来，劳动收入份额在绝大多数国家和行业中呈现出下降的趋势（Karabarbounis等，2014；Lawrence等，2015；Stockhammer，2017；Piketty等，2018；Kehrig等，2021），劳动收入份额的下降意味着劳动者在收入分配中处于不利地位，带来的影响不仅会压抑居民收入与消费增长，造成总需求不足，阻碍经济增长（Bertola等，1993；Alesina等，1994；Clarke等，1995；Bilan等，2020），甚至会加剧社会不平等、激化劳资矛盾，危害社会的和谐安定。如图4-1所示，中国的劳动收入份额自20世纪90年代以后同样呈现出下降的趋势，但到2007年左右开始逐步上升，上升的原因，一方面是得益于产业结构转型和技术进步（Stockhammer等，2013）；另一方面也是党的十七大（2007）过后"逐步提高居民收入在国民收入分配中的比重，提高劳动报酬在初次分配中的比重"的政策调整结果。值得注意的是，中国劳动收入份额上升的这个过程，正好处于数字经济快速发展的阶段，两者之间是否存在因果关系？目前还没有人对此进行探讨，而我们的研究回答了这个问题。

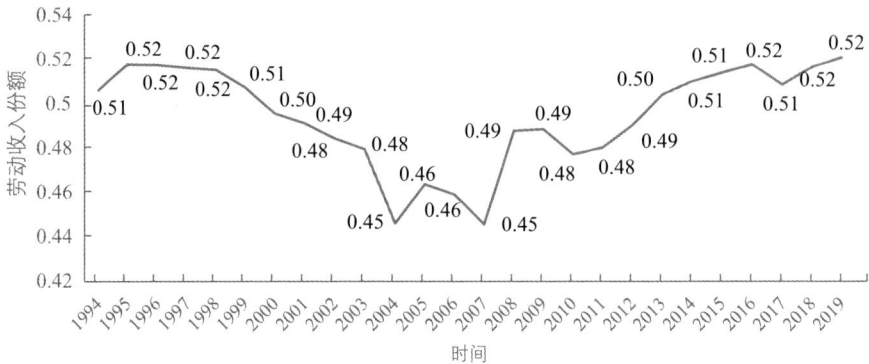

图4-1　中国劳动者报酬占GDP比重变动趋势

已有研究大多从宏观层面分析了劳动收入份额下降的原因，如经济全球化（Dünhaupt，2017）、金融化（Pariboni等，2019；Leblebicioğlu等，2020）和资本偏向型技术进步（Acemoglu，2003）等，而关于微观层面上的动因研究相对较少。企业作为微观经济的重要主体，企业劳动收入份额的变动是宏观劳动收入份额变动的重要组成部分，最新文献表明，企业变革是影响劳动收入份额的重要因素（Autor等，2020；Kehrig等，2021），而近些年发生在企业的最大变革就是数字化转型。企业数字化转型对生产率（Ghobakhloo，2020）、创新（Yang等，2017；Nambisan等，2019）经营绩效（Sébastien Gamache等，2019；Ferreira等，2019；Bag等，2020）和组织管理能力（Schwarzmüller等，2018；Frank等，2019；Vial，2019；Paiola等，2020；Verhoef等，2021）都有较大的提升，进而影响劳动收入份额。而且，在数字时代，数据作为新的生产要素也会参与到要素分配中，进而将对劳动收入份额产生影响。

关于数字化对劳动收入份额的影响，学者们持有不同的观点。有学者认为企业数字技术的使用会降低劳动收入份额，原因是数据要素对劳动要素存在替代效应（Salomons，2018；Acemoglu等，2018，2020；Eden等，2018）。但是，也有学者对此持相反态度（Arntz等，2017），Ghobakhloo（2020）认为企业数字技术的应用，通过提升劳动者的劳动生产率提高了劳动收入份额，同时，数字技术创造了大量的就业（Dengler等，2018；Nahavandi，2019），也进一步提高了劳动收入份额。因此，目前的研究对于数字技术带来的分配效应还有较大争议，需要进一步寻找新的证据。企业数字化转型作为大量数字技术的集合体，研究其对劳动收入份额的影响对于回应上述争议有重大意义。

在本章中，我们使用2010—2020年A股上市公司的数据，研究了企业数字化转型对劳动收入份额的影响。本章的主要研究结论如下：第一，数字化转型会提升企业劳动收入份额，在替换核心解释变量、替换被解释变量、调整时间跨度、考虑滞后性后结论依然稳健。第二，我们使用中介效应逐步法验证了新的机制，即数字化转型通过缓解融资约束提高了劳动收入份额。第三，我们还研究了数字化转型在不同产权性质、不同劳资结构、不同议价能力和不同地区数字金融水平对劳动收入份额的差异性影响，发现数字化转型在国有企业、议价能力高的企业、劳动密集型企业和数字金融水平高的地区对劳动收入份额的提升作用更加突出。

不同于以往研究，本章的边际贡献主要在于：第一，从企业层面出发，通过实证分析证明了数字化转型会提高企业劳动收入份额，丰富了关于数字化转型效应的文献。当前，已有的文献主要研究了数字化转型对企业生产能力（Ghobakhloo，2020；Gaglio等，2022；Chirumalla，2021）和组织模式（Schwarzmüller等，2018；Frank等，2019；Vial，2019；Verhoef等，2021；Kotarba，2018）两个方面的积极影响。在生产能力方面，研究了数字化转型通过改进生产流程（Chirumalla，2021）和促进创新（Gaglio等，2022；Nambisan等，2019；Yang等，2017）提升了企业的生产能力，实现了企业绩效和利润的增加（Sébastien Gamache等，2019；Ferreira等，2019；Bag等，2020）。在组织模式方面，研究了数字化改变了员工的工作方式和工作条件（Parker等，2001），传统的团队工作被虚拟团队工作所取代（Gilson等，2015），员工之间越来越多地通过即时通信、社交媒体和电话会议进行沟通（Colbert等，2016），同时数字化改变了管理者的决策方式，领导者的决策越来越基于大数据的智能分析（van Knippenberg等，2015），而不是依靠自己的经验和直觉（McAfee等，2012）。综上来看，当前的研究主要从生产的角度考察了数字化转型对企业的赋能，而有关数字化转型对收入分配方面影响的研究较少，我们的研究弥补了这一方面的不足，在理论上补充了数字化转型的收入分配效应，为加速推进数字化转型提供了理论依据。

第二，从企业视角拓展了微观层面劳动收入份额的影响因素研究。当前，已有的文献主要从宏观和微观两个方面研究了影响劳动收入份额的因素。具体来看，宏观层面上，政治制度（Alesina等，1994；Parisi，2017）、货币政策（Furceri等，2018）、税制（Fuest等，2018）、市场环境（Fukao等，2022；Benmelech等，2018）、国际贸易（Ann Harrison，2005）、金融发展（Leblebicioğlu等，2020；Pariboni等，2019）、技术进步（Acemoglu等，2018，2019，2020；Acemoglu，2003）等影响了要素的分配规则，从而对劳动收入份额产生影响。微观层面上，企业的资产规模（Autor等，2017；Kehrig等，2021）和生产率（Hartman Glaser等，2019；Salomons，2018）影响了企业要素之间的比例，从而影响了劳动收入份额。综上来看，当前的研究从不同层面考察了劳动收入份额变动的原因，但微观层面的研究相对较少，我们考察了微观层面上企业数字化转型对劳动收入份额的影响，补充了微观层面的影响因素，为提升劳动收入份额提供了新的思路。

第三，我们从融资约束的视角出发，验证了数字化转型影响企业劳动收入份额的重要机制。当前，已有相关研究主要是从技术进步的有偏性考察了技术进步带来的不平等，如Acemoglu（2019）的研究表明，新技术的发展和采用会改变生产的任务内容，使资本能够在任务中替代劳动力。但也有研究表明新技术的发展带来的替代效应只发生在低技能和低工资的职业（Frey等，2017），而新技术创造出的新任务会使企业对高技能劳动力（Jung等，2017）和管理人员（Cirillo，2017）的需求增加，进一步，为高技能劳动者带来了工资溢价（Mallick等，2017）。当前，相关文献大多考察了技术进步带来的替代效应、就业效应和工资效应，引进新的机制对研究技术发展与劳动收入份额的关系非常关键。多项研究表明，金融抑制对劳动收入份额具有显著的负面影响（Stockhammer，2017；Cubizol，2018；Caggese等，2019；Bäurle等，2021），而包容性金融对劳动收入份额存在显著的正向影响，同时也有研究表明企业数字化转型的推进能够降低企业融资壁垒、提高融资效率、缓解融资约束（Xue等，2022）。在本章中，我们正是从融资约束的角度，考察了数字化转型对劳动收入份额的影响，补充了技术进步与劳动收入份额之间的传导机制，有助于在理论上完善技术进步与劳动收入份额的内在关系。

本章研究框架如下：第二节为理论分析和研究假说；第三节介绍了数据、变量和分析模型；第四节列出了企业数字化转型影响劳动收入份额的基准回归结果和稳健性检验结果；第五节列出了企业数字化转型影响劳动收入份额的异质性检验结果；第六节为结论和启示。

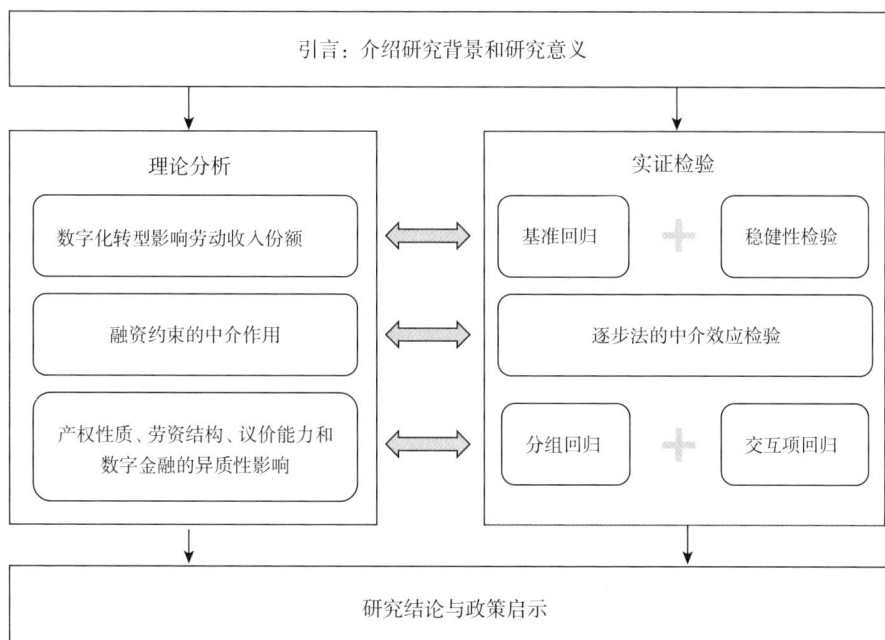

图4-2 研究框架

二、理论分析与研究假说

（一）数字化转型与劳动收入份额

在企业数字化转型的过程中，趋于端自动化智能化的生产端会替代部分工作岗位，导致技术性失业。具体来看，企业在生产中为了达到利润最大化，会在权衡生产要素的选择时优先使用成本较低的生产要素，如果数字要素与劳动要素存在替代关系，这时只要劳动力成本高于数字要素成本时，企业就会以数字要素代替劳动要素，从而导致劳动要素在企业收入中所占的比例下降。但是，这种替代作用显然要在数字化转型发展到一定程度之后才会发挥作用，就我国目前的具体情况而言数字化转型还处于初级阶段，替代效应还未完全发挥。因此，数字化转型的替代效应虽能降低劳动收入份额，但并不明显。

同时，企业数字化转型也创造了大量新的就业岗位。首先，企业数字化转型推进过程中数字技术的研发和应用，本身就需要大量高技能的数字化人才，从而可以创造大量的数字岗位（Acemoglu等，2019）；其次，企业数字化转型改进了生产工艺，降低了生产成本，成本下降使产品价格降低，刺激了消费者需求，企业也将倾向扩大生产规模，增加各个环节劳动力投入，进而创造了更多的就业岗位；最后，企业数字化转型加快了产品的更新换代，催生了新产品新产业（Li，2020），从而创造新的生产部门和就业岗位。因此，数字化转型创造了大量的就业岗位，就业岗位的增加会提升企业的劳动收入份额。

此外，企业数字化转型可以提高劳动者的工资（Fossen和Sorgner，2022），其影响主要是通过推动劳动技能升级和提高劳动者议价能力实现的。一方面，企业数字化转型会产生大量高技术含量的工作，进而会增加高技能劳动力的数量，由此实现技能升级；同时由于企业数字化转型对不同技能的劳动力存在不同的影响，使得低技能劳动力可代替性增强，而对高技能劳动力互补性较强，两类劳动力的报酬差距也会因此拉大，这会激励低技能劳动者通过教育培训等途径提升自身技能来争取得到更高的报酬，由此实现技能升级。另一方面，企业数字化转型使高学历高技能人员增多，由于他们的稀缺性和不可替代性，这些劳动群体在劳资双方的工资谈判中占据更有利的地位，削弱了以往资本方在工资谈判中的垄断地位，为劳动力争取到更高的工资。因此，企业数字化转型通过提高劳动者的工资提升劳动收入份额。

综上所述，一方面，企业数字化转型虽然存在一定的替代效应，鉴于我国企业目前所处的阶段，替代效应还未能发挥作用；另一方面，企业数字化转型创造了大量就业岗位，并且提高了劳动者工资。因此，我们认为数字化转型替代效应较小而就业效应和工资效应较大，总体上提升了劳动收入份额。为此，我们提出假说H4-1。

H4-1：企业数字化转型可以提高劳动收入份额。

（二）数字化转型、融资约束与劳动收入份额

我国企业普遍面临着融资约束的问题（Luo等，2018；Chan等，2012）。间接融资是企业融资的主要途径，但由于传统金融机构遵循盈利原则、控制潜在风险，对企业信贷业务十分谨慎，致使大量企业难以获得充足的外源资金，因此面临融资约束。同时，信息不对称导致的市场不完备，使得企业难以充分掌握融资信息、寻找有效融资路径，面临融资障碍。

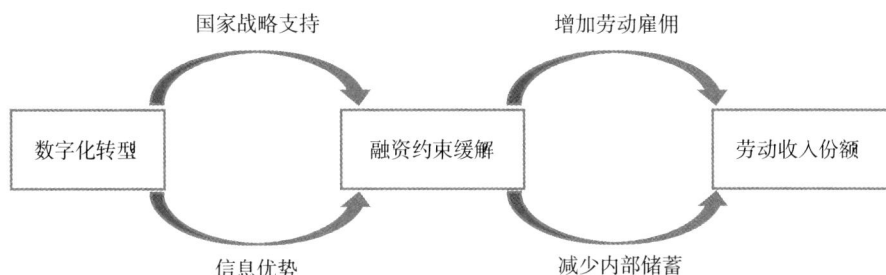

图4-3　机制分析图

　　企业数字化转型可以缓解企业面临的融资约束问题（Xue等，2022）。一方面，企业进行数字化转型符合国家数字经济发展战略，可以获得国家的战略支持，在进行融资时也更容易得到金融机构的政策优惠，可以有效地解决融资难的问题；另一方面，数字化转型推进大数据等信息化技术在企业中的应用，提高了企业信用信息和财务信息的披露强度，金融机构可以迅速识别高质量企业，减少信息风险成本，使金融机构更愿意贷款给企业；企业也可以利用数字化信息共享优势，及时获取融资信息，缓解融资约束（Lu等，2022）。企业融资约束缓解对劳动收入份额有两方面的影响，一方面，企业在融资约束缓解时，会倾向于增加劳动力的雇佣，提高劳动收入份额（Caggese等，2019；Bäurle等，2021）；另一方面，在外源融资约束缓解的情况下，企业会停止内部储蓄的行为，使原本会被储蓄的资金转化为劳动者的工资，从而进一步提高劳动收入份额（Ma等，2022；Michaels等，2019）。

　　为此，我们提出如下假说。

　　H4-2：企业数字化转型可以通过缓解融资约束提高劳动收入份额。

（三）数字化转型对劳动收入份额的异质性影响

　　不同产权的企业在分配制度和社会责任方面有很大差异，因此企业数字化转型也会因为产权的不同而对劳动收入份额有差异性的影响。具体而言，与非国有企业相比，第一，国有企业通常要承担解决就业的"政策性负担"（Lin和Tan，1999），需要保持较大的雇佣规模，因此国有企业数字化转型产生的就业效应会更加明显；第二，国有企业拥有更规范的劳动保护制度，并且国有企业为了社会稳定不被允许淘汰冗员（Lin和Li，2008），这就使得国有企业数字化转型难以发挥替代效应；第三，国有企业有政府信用做背书，从商业银行获得贷款相对容易，面临较低的外源性融资约束（Ye等，2021；Chan

等，2012），数字化转型会完全释放外源性融资约束，使内部储蓄行为降到最低；第四，国有企业以按劳分配为主的薪酬分配制度决定了劳动者在分配过程中具有重要地位（Dai等，2022）。因此，在国有企业的数字化转型中劳动者成为直接受益主体，国有企业的劳动者能够更充分享受企业数字化转型带来的经济成果。而非国有企业主要目的是盈利和资本积累，会按照利润最大化的原则调整员工数量，必要时甚至会通过减员增加利润；同时，非国有企业面临更大的融资约束，导致了企业数字化转型面临资金困难，降低了数字化转型的质量。

不同的劳资结构的企业，在组织结构和利润归属等方面有很大差异，因此企业数字化转型也会因为劳资结构的不同而对劳动收入份额有差异性的影响。具体而言，一方面，在劳动密集型企业，正面临着人口红利缺失造成的"用工荒"问题（Yu和Wang，2021），在更大的转型升级压力刺激下，数字化转型内在动力也会更高，这会增加数字化转型的投入，引进更多数字化人才，从而更多地增加就业，使劳动密集型企业的就业效应更加明显；另一方面，数字化转型使企业解除融资约束后，企业原本用于内部储蓄的资金也会按照要素参与比例进行分配，劳动密集型企业的资金会被更多地分配给劳动要素，资本密集型企业的资金会被更多地分配给资本要素，这也意味着融资约束这一机制只会在劳动密集型企业提高劳动收入份额。

在劳资谈判中，劳动者的议价能力是直接影响劳资分配结果的重要因素（Cauvel和Pacitti，2022；Bergholt等，2022；Guschanski和Onaran，2021），企业数字化转型也会因为劳动者议价能力的不同而对劳动收入份额有差异性的影响。具体来看，第一，在劳动者议价能力高的企业，企业会被要求有更完善的劳动保护制度，因此数字化转型带来的替代效应将会被减弱；第二，在劳动者议价能力高的企业，企业必须支付给劳动者更高的工资（Dutt和Sen，1997），因此数字化转型带来的经济成果也会更多地转化为劳动者工资，而不是用于资本积累；第三，数字化转型使企业解除融资约束后，企业原本用于内部储蓄的资金也会按照劳资地位进行分配，而劳资地位完全取决于劳资双方的议价能力，在议价能力高的企业，劳动者会分配到更多。

数字金融是数字经济背景下传统金融系统与数字技术有机融合的产物，通过数字技术将各金融主体高效联结，相比传统金融体系更具有便捷性和普惠性（Ozili，2018）。然而由于经济状况、地理位置及政策差异性，各区域数字金融发展水平差距很大（Lv等，2022）。在数字金融水平高的地区，数字化转型对劳动收入份额的影响会更大。具体来看，一方面，数字金融水平高的地区更便于为企业缓解融资约束（Yang和Zhang，2020），从而更好地提升劳动收入份额；另一方面，数字金融本身也是基于区数字化建设的产物，数字金融水平更高的地区，拥有更好的数字环境，有助于企业更好地进行数字化转型。

为此，我们提出如下假说。

H4-3：国有企业、劳动密集型企业、议价能力高的企业和数字金融水平高的地区企业的数字化转型对劳动收入份额的提升作用更加突出。

三、研究设计

（一）模型设定

我们构建了基准计量模型（式4-1）来考察企业数字化转型对其劳动收入份额的影响：

$$Ls_{it} = \alpha_0 + \alpha_1 DT_{it} + \beta' X_{it} + \mu_i + \varepsilon_{it} \qquad （式4-1）$$

其中，下标 i 表示不同的企业、t 表示不同的年份；Ls 表示企业层面的劳动收入份额；DT 是核心解释变量，企业的数字化转型程度；X 是控制变量构成的列向量；μ 表示个体非观测效应；ε 为随机误差项，服从独立同分布；α_0 为常数项系数；α_1 为核心解释变量系数；β' 为控制变量系数。

在检验企业数字化转型对劳动收入份额的影响机制时，使用逐步法对中介效应进行检验（Baron和Kenny，1986；Judd和Kenny，1981）。具体来看，第一步先用核心解释变量企业数字化转型对被解释变量企业劳动收入份额进行回归（式4-1），如果核心解释变量回归系数显著，则进行第二步操作，如果不显著则说明企业数字化转型与劳动收入份额不相关；第二步，用核心解释变量对中介变量进行回归（式4-2），及用解释变量企业数字化转型和中介变量对核心解释变量企业劳动收入份额进行回归（式4-3）；根据第二步的结果进行第三步，若第二步的结果中 b_1 和 c_1 都显著，第三步检验系数 d，d 显著则为部分中介效应，d 不显著则为完全中介效应。

$$M_{it} = b_0 + b_1 DT_{it} + \beta' X_{it} + \mu_i + \varepsilon_{it} \qquad （式4-2）$$

$$Ls_{it} = c_0 + dM_{it} + c_1 DT_{it} + \beta' X_{it} + \mu_i + \varepsilon_{it} \qquad （式4-3）$$

（二）变量说明

1. 被解释变量：企业劳动收入份额

被解释变量为企业劳动收入份额，参考Ma等（2021）的做法，把现金流量表中"支付给职工以及为职工支付的现金"作为劳动者所得报酬，把财务报告中"营业收入"作为企业产值的表征变量。

$$企业劳动收入份额（Ls）= \frac{支付给职工以及职工支付的现金}{营业收入} \qquad （式4-4）$$

2. 核心解释变量：企业数字化转型程度

企业在年报中会涉及数字化转型相关内容，企业年报中数字化相关的词汇表达越多一定程度上说明数字化转型的程度越大（Li和Shen，2021；Xue等，2022）。因而，在本章中，我们使用2010—2020年A股上市公司作为初始研究样本，从巨潮资讯网、东方财富网等相关网站归集整理了上海交易所、深圳交易所全部A股上市企业的年度报告，转化整理为TXT文档，并以此作为数据池。然后，利用Python的文本挖掘库对该数据池中关键词进行词频计数，使用总词频来衡量企业数字化程度。

在关键词的选择上，我们主要参考了（Li和Shen，2021）的做法，从人工智能技术、大数据技术、云计算技术、区块链技术以及数字运用场景这五个大类，共80多个关键词，见表4-1。

表4-1　企业数字化转型关键词

指标	关键词
人工智能技术	人工智能、商业智能、高端智能、图像理解、智能终端、智能制造、投资决策辅助系统、智能设备、智能生产、智能数据分析、智能机器人、智能工厂、机器学习、深度学习、语义搜索、生物识别技术、人脸识别、语音识别、身份验证、自动驾驶、自然语言处理
大数据技术	大数据、数据挖掘、文本挖掘、数据可视化、异构数据、征信、增强现实、混合现实、虚拟现实
云计算技术	云计算、流计算、图计算、工业云、内存计算、云IT、云生态、多方安全计算、类脑计算、云服务、云平台、绿色计算、认知计算、融合架构、亿级并发、EB级存储、物联网、信息物理系统

指标	关键词
区块链技术	区块链、加密货币、数字货币、去中心化、分布式计算、分布式记账、差分隐私技术、智能金融合约、Web3.0、供应链管理
数字运用场景	移动互联网、工业互联网、互联网解决方案、互联网营销、互联网战略、移动互联、产业互联网、互联网医疗、电子商务、移动支付、第三方支付、NFC支付、智能能源、互联网生态、B2B、B2C、C2B、C2C、O2O、网联、"互联网+"智能穿戴、智慧农业、智能交通、智能医疗、智能客服、智能家居、智能投顾、智能文旅、智能环保、智能电网、智能营销、数字营销、无人零售、互联网金融、数字金融、Fintech、金融科技、量化金融、开放银行

3. 控制变量

为了避免其他方面因素对实证结果的干扰，我们引入了一系列的控制变量。参考Kehrig等（2021）相关研究，并结合本章的研究主题，最终选择企业规模（Size）、营业收入增长率（Growth）、管理费用率（Mfee）、管理层持股比例（Mshare）、盈利能力（Profitability）、资产深化程度（cad）作为本章控制变量。

表4-2　主要变量定义与计算方法

	变量名称	变量符号	计算方法
被解释变量	劳动收入份额	Ls	支付给职工以及为职工支付的现金/营业收入
解释变量	数字化转型	DT	关键词频数
控制变量	企业规模	Size	年总资产的自然对数
	营业收入增长率	Growth	本年营业收入/上一年营业收入-1
	管理层持股比例	Mshare	管理层持股数据/总股本
	管理费用率	Mfee	管理费用/营业收入
	盈利能力	Profitability	净利润/营业收入
	资产深化程度	cad	资产总计/营业收入

（三）数据来源与描述性统计

本章中企业劳动收入份额和其他控制变量的数据主要来自中国研究数据服务平台（CNRDS）和国泰安数据服务中心（CSMAR）以及WIND数据库。

借鉴Xue等（2022）的做法，我们对初始研究数据进行了如下处理：（1）部分处于经营困境的企业，会计报告可信度可能下降，于是剔除ST、SST、*ST的上市企业；（2）金融业上市企业与非金融上市企业经营方式存在较大差异，于是剔除金融业上市企业；（3）为了防止极端值对结果的影响，对所有被解释变量和控制变量进行了1%和99%分位的缩尾处理。

表4-3报告了主要变量的基本统计特征。结果显示，数字化转型程度均值为15.17，标准差为25.06，最小值为1，最大值为147，说明不同企业的数字化转型程度差别较大。企业劳动收入份额均值为0.152，标准差为0.103，最小值为0.127，最大值为0.567,说明上市企业劳动收入份额整体处于较低水平。

表4-3　描述性统计

变量名称	（1）样本量	（2）均值	（3）标准差	（4）最小值	（5）最大值
数字化转型	10,918	15.17	25.06	1	147
企业规模	10,918	22.28	1.376	18.15	29.89
营业收入增长率	10,918	0.513	18.05	−0.997	1,878
管理层持股比例	10,918	0.169	0.354	0	22.57
管理费用率	10,918	0.266	11.37	0.000742	1,066
盈利能力	10,918	0.0612	2.373	−231.3	56.96
资产深化程度	10,918	7.503	289.8	0.0876	25,084
劳动收入份额	10,918	0.152	0.103	0.127	0.567
公司数量	2,719	2,719	2,719	2,719	2,719

图4-4绘制了近年来上市公司的平均劳动份额变动趋势以及平均数字化转型水平的变动趋势。上市公司的劳动份额长期处于较低水平，最高也仅占16%，但整体上处于逐步上升的趋势；企业平均数字化转型程度在2018年达到最高，随后有所下降，但整体上也处于上升趋势。

图4-4 上市企业平均劳动份额及数字化转型平均水平变动趋势

图4-5绘制了企业数字化转型与劳动收入份额的散点图和拟合曲线，可以大概看出二者之间呈现出正相关关系。

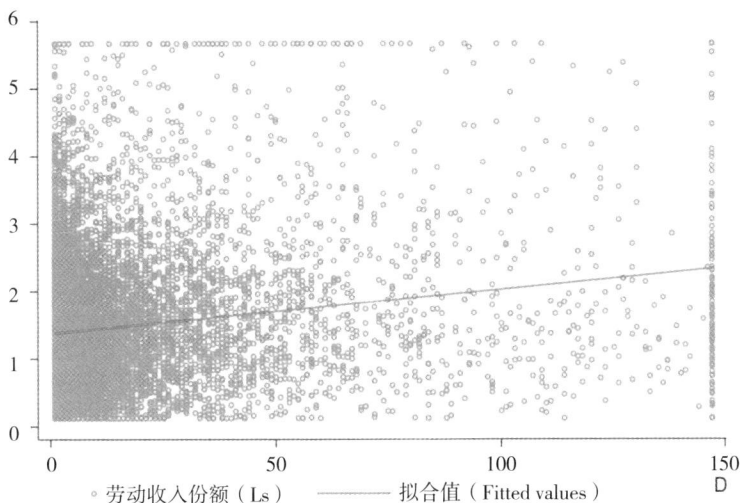

图4-5 散点图与拟合线

四、数字化转型影响劳动收入份额的实证分析

（一）基准回归

我们利用固定效应模型来识别数字化转型对劳动收入份额的影响，基准回归结果如表4-4所示。第（1）列为不加任何控制变量时，企业数字化转型

（DT）估计系数为显著为正，这表明企业数字化转型对企业劳动收入份额有显著的正向作用；表4-4列（2）至（7）列为逐步加入控制变量后，企业数字化转型（DT）估计系数都在1%的水平下显著，这表明在剔除其他外部影响的情况下，企业数字化转型仍然对企业劳动收入份额有显著的正向作用。假说H4-1得到验证。

在控制变量方面，企业规模（Size）估计系数显著为负，这说明企业规模越大越会降低劳动收入份额，这也和Holger M. Mueller（2015）的研究结论相似。营业收入增长率（Growth）估计系数不显著，这说明营业收入增长率对劳动收入份额影响不明显。资产深化程度（cad）估计系数显著为负，这说明资产深化程度越大越会降低劳动收入份额，这也和现实情况相符。管理费用率（Mfee）估计系数显著为正，这说明管理费用的支出会提高劳动收入份额。管理层持股比例（Mshare）估计系数显著为正，这说明管理层持股比例的增大会提高劳动收入份额。盈利能力（Profitability）估计系数显著为正，这说明企业盈利能力越高越会提高劳动收入份额。

表4-4　数字化转型对劳动收入份额的影响

因变量	（1）劳动收入份额	（2）劳动收入份额	（3）劳动收入份额	（4）劳动收入份额	（5）劳动收入份额	（6）劳动收入份额	（7）劳动收入份额
数字化转型	1.658**	2.154***	2.149***	2.112***	2.116***	2.189***	2.185***
	（0.685）	（0.657）	（0.657）	（0.657）	（0.657）	（0.658）	（0.656）
企业规模		−37.585*	−37.236*	−38.792*	−38.721*	−35.661	−35.965
		（22.052）	（22.041）	（21.915）	（21.906）	（22.064）	（21.963）
营业收入增长率			−0.509	−0.507	−0.508	−0.506	−0.507
			（0.358）	（0.357）	（0.357）	（0.356）	（0.356）
资产深化程度				0.159***	0.043*	0.043*	−0.771*
				（0.006）	（0.024）	（0.023）	（0.434）
管理费用率					3.007***	2.998***	22.843**
					（0.679）	（0.670）	（10.728）
管理层持股比例						112.739*	113.455*
						（63.525）	（63.054）
盈利能力							−25.343*
							（13.150）
Constant	1,447.070***	2,275.762***	2,268.307***	2,302.476***	2,300.828***	2,213.494***	2,221.851***
	（10.475）	（489.401）	（489.157）	（486.287）	（486.086）	（491.574）	（489.372）
N	13,629	13,629	13,629	13,629	13,629	13,629	13,629
个体固定效应	Control	Control	Control	Control	Control	Control	Control
R^2	0.003	0.004	0.005	0.011	0.012	0.016	0.022
公司数量	3,039	3,039	3,039	3,039	3,039	3,039	3,039

注：*、**和***分别代表结果在10%、5%和1%水平下显著。

（二）稳健性检验

1. 替换核心解释变量的稳健性检验

根据上文的计量回归结果，企业数字化转型对劳动收入份额的影响得到了初步验证，上文的计量回归使用了企业数字化转型的相关关键词词频作用代理变量，原因在于假设了企业数字化转型程度越高，则年报中的所提及与数字化转型相关词句的次数也会越多，但不可否认的是，这种方式也并不能十分准确度量企业数字化转型的程度，鉴于此，接下来我们将通过替换核心解释变量的方法验证研究结果的有效性。数字化转型程度与数字资产占比存在相关性（Adesemowo，2021），我们以上市公司披露的数字化转型相关无形资产占总无形资产的比例作为代理变量。具体地，当无形资产明细项包含"软件""管理系统""网络""客户端""智能平台"等与企业数字化转型相关的关键词以及与此相关的专利时，标记该项目为"企业数字化转型无形资产"，将其占本年度无形资产的比例，作为企业数字化转型程度的代理变量（Di_assets），回归结果如表4–5第（1）列所示，可以看出数字化转型对劳动收入的正向影响依然显著。

2. 替换被解释变量的稳健性检验

劳动收入份额（Ls）刻画了企业劳动力要素报酬与产出水平之间的比例关系，可以反映企业内部劳动者获取产出成果的分配水平，却无法反映劳动力要素收入与资本要素收入的相对大小。鉴于此，我们将通过替换被解释变量的方法验证研究结果的有效性。具体而言，将现金流量表中"支付给职工以及为职工支付的现金"作为劳动者报酬，将财务报告中"净利润"作为资本报酬的表征变量，劳资报酬比（Lr）计算方式：

$$劳资报酬比（Lr）= \frac{支付给职工以及职工支付的现金}{净利润} \qquad （式4\text{--}5）$$

回归结果如表4–5第（2）列所示，可以看出数字化转型对劳动收入的正向影响依然显著。

3. 调整样本时间跨度的稳健性检验

较大的样本容量可能会掩盖子样本与总体样本间的差异，为了讨论不同时间维度下数字化转型与劳动收入份额之间能否保持稳定的关系，我们将使用不同年限观测样本对基准计量模型进行子样本检验。鉴于2014年我国经济进入"新常态"（Ahlstrom等，2020），经济增速、经济结构、增长动能都有比较大的调整，因此我们将总样本按照时间跨度分为高速增长阶段（2010年—2014年）和经济新常态阶段（2015年—2020年），子样本回归结果如表4-5第（3）、（4）列所示，可以看出数字化转型对劳动收入的正向影响均正向显著。

表4-5 稳健性检验结果1

	（1）	（2）	（3）2010—2014	（4）2015—2020
因变量	劳动收入份额	劳动收入份额	劳动收入份额	劳动收入份额
Di_assets	237.190**			
	（115.381）			
数字化转型		35.698**	1.985**	2.004***
		（17.784）	（0.961）	（0.673）
控制变量	是	是	是	是
个体固定效应	是	是	是	是
N	10,918	9,908	2,020	8,898
R^2	0.026	0.175	0.459	0.046
公司数量	2,719	2,666	905	2,647

注：*、**和***分别代表结果在10%、5%和1%水平下显著。

4. 数字化转型滞后的稳健性检验

企业数字化转型是一个渐进的过程，其带来的影响可能在几年以后才会显现，也就是说数字化转型对劳动收入份额的影响可能存在时滞性，对此，我们选取滞后一期、滞后二期、滞后三期的数字化转型数据来对研究结果的有效性进行验证，回归结果如表4-6所示，可以看出在考虑时滞性后数字化转型对劳动收入的正向影响依然显著。

表4-6 稳健性检验结果2

	（1）	（2）	（3）
因变量	劳动收入份额	劳动收入份额	劳动收入份额
DT_lag	2.024**		
	（0.816）		
DT_lag2		1.977**	
		（0.772）	

	（1）	（2）	（3）
DT_lag3			1.604**
			（0.781）
控制变量	是	是	是
个体固定效应	是	是	是
N	7,930	6,288	5,505
R^2	0.037	0.040	0.120
公司数量	2,273	1,876	1,831

注：*、**和***分别代表结果在 10%、5% 和 1% 水平下显著。

五、进一步分析

（一）机制检验

在理论分析企业数字化转型通过融资约束影响劳动收入份额的基础上，我们对融资约束这一机制进行了计量检验。固定资产所占比重越大，意味着企业进行外部融资的可能性越大（Fazzari和Petersen，1993），因此我们采用固定资产与总资产的比率来衡量企业的融资约束（FC），FC的增大表示融资约束缓解。我们使用中介效应三步法对融资约束（FC）的中介作用做了检验，结果见下表4-7，第（2）列中企业数字化转型（DT）对融资约束（FC）的回归结果在1%水平上显著，说明企业数字化转型能有效缓解企业面临的融资约束，第（3）列中融资约束（FC）和企业数字化转型（DT）均对劳动收入份额（Ls）的回归结果显著，说明该中介变量起到了部分中介的作用，即融资约束是企业数字化转型对劳动收入份额的影响的传导机制之一，假说H4-2得到验证。

表4-7 融资约束的机制检验结果

	（1）	（2）	（3）
VARIABLES	劳动收入份额	融资约束	劳动收入份额
融资约束			0.711***
			（0.103）
数字化转型	2.333***	0.609***	1.899**

	（1）	（2）	（3）
	（0.801）	（0.142）	（0.795）
控制变量	是	是	是
个体固定效应	是	是	是
N	10,918	10,918	10,918
R^2	0.028	0.077	0.046
公司数量	2,719	2,719	2,719

注：*、**和***分别代表结果在10%、5%和1%水平下显著。

（二）异质性分析

在本节中我们从产权性质、劳资结构、议价能力和地区数字金融水平四个方面进行异质性分析，为了验证回归结果是否具有显著差异，我们采用分组回归和加入交互项回归的方式讨论异质性问题。

1.产权性质异质性检验

根据股权性质的不同，将中央国有企业和地方国有企业归为国有企业，将民营企业和外资企业归为非国有企业，国有企业赋值为1，非国有企业赋值为0。先进行分组回归，然后加入交互项进行验证。表4-8第（1）、（2）列为国有企业和非国有企业的分组回归结果，国有企业比非国有企业数字化转型估计系数要大，且更显著。第（3）列为交互项的回归结果，交互项系数显著为正，说明数字化转型在国有企业和非国有企业间存在显著的差异，国有企业的数字化转型比非国有企业更能提升劳动收入份额。

表4-8 产权异质性的检验结果

	（1）	（2）	（3）
因变量	劳动收入份额	劳动收入份额	劳动收入份额
数字化转型*产权性质			2.957**
			（1.248）
数字化转型	4.709***	1.896**	1.520**
	（1.685）	（0.783）	（0.744）
控制变量	是	是	是

续表

	（1）	（2）	（3）
个体固定效应	是	是	是
N	3,130	7,130	10,260
R^2	0.375	0.037	0.034
公司数量	825	1,879	2,622

注：*、**和***分别代表结果在10%、5%和1%水平下显著。

2.劳资结构异质性检验

在本节中我们使用员工总数与固定资产的比值来衡量企业的劳资要素密集度，将劳资要素密集度高于平均值的归为劳动密集型企业，赋值为1，否则为资本密集型企业，赋值为0。先进行分组回归，然后加入交互项进行验证。表4-9第（1）、（2）列为劳动密集型企业和资本密集型企业的分组回归结果，劳动密集型企业比资本密集型企业数字化转型系数要大，且更显著。第（3）列为交互项的回归结果，交互项系数显著为正，说明数字化转型对劳动收入份额的影响在劳动密集型企业和资本密集型企业间存在显著的差异，劳动密集型企业的数字化转型比资本密集型企业更能提升劳动收入份额。

表4-9 劳资结构异质性的检验结果

	（1）	（2）	（3）
因变量	劳动收入份额	劳动收入份额	劳动收入份额
数字化转型*劳资结构			2.103**
			（0.961）
数字化转型	4.782***	1.964**	1.866**
	（1.091）	（0.901）	（0.847）
控制变量	是	是	是
个体固定效应	是	是	是
N	3,539	7,379	10,918
R^2	0.319	0.031	0.030
公司数量	1,223	2,132	2,719

注：*、**和***分别代表结果在10%、5%和1%水平下显著。

3. 议价能力的异质性检验

工资标准和议价能力之间具有相关性（Guschanski和Onaran，2021），在本节中我们利用地区最低工资标准对劳动者的议价能力进行区分，如果月最低工资标准大于1500元，我们认为该企业劳动者议价能力高，赋值为1，否则认为该企业劳动者议价能力低，赋值为0。先进行分组回归，然后加入交互项进行验证。表4-10第（1）、（2）列为劳动者议价能力高的企业和劳动者议价能力低的企业的分组回归结果，在议价能力高的企业数字化转型估计系数显著，而在议价能力低的企业不显著。第（3）列为交互项的回归结果，交互项估计系数显著为正，说明数字化转型对劳动收入份额的影响会因议价能力的不同而存在显著的差异，劳动者议价能力高的企业数字化转型比劳动者议价能力低的企业更能提升劳动收入份额。

表4-10 议价能力异质性的检验结果

	（1）	（2）	（3）
因变量	劳动收入份额	劳动收入份额	劳动收入份额
数字化转型*议价能力			2.703**
			（1.210）
数字化转型	1.876**	1.336	0.203
	（0.831）	（1.169）	（1.341）
控制变量	是	是	是
个体固定效应	是	是	是
N	5,972	2,251	8,223
R^2	0.051	0.472	0.040
公司数量	1,886	884	2,090

注：*、**和***分别代表结果在10%、5%和1%水平下显著。

4. 数字普惠金融的异质性检验

在本节中我们利用北大数字普惠金融指数（GUO等，2020）对地区数字金融水平进行区分，数字普惠金融指数高于平均值，则认为该地区数字金融水平高，赋值为1，否则认为该地区数字金融水平低，赋值为0。先进行分组回归，然后加入交互项进行验证。表4-11第（1）、（2）列为分组回归结果，在数字金融水平高的地区数字化转型系数显著，在数字金融水平低的地区数字化转型系数不显著。第（3）列为交互项的回归结果，交互项系数显著为正，说明数字化转型对劳动收入份额的影响会因数字金融水平的不同而存在显著的差异，在数字金融水平高的地区企业数字化转型更能提升劳动收入份额。

至此，假说H4-3全部得到验证。

表4-11 地区数字金融水平异质性的检验结果

	（1）	（2）	（3）
因变量	劳动收入份额	劳动收入份额	劳动收入份额
数字化转型*普惠金融指数			1.149*
			（0.633）
数字化转型	3.136***	−0.033	1.826**
	（0.939）	（1.096）	（0.912）
控制变量	是	是	是
个体固定效应	是	是	是
N	5,341	3,429	8,770
R^2	0.085	0.170	0.038
公司数量	1,752	1,650	2,423

注：*、**和***分别代表结果在10%、5%和1%水平下显著。

六、结论

劳动收入份额的下降意味着正在形成一种不利于劳动者的收入分配格局，对经济增长（Bertola，1993；Alesina等，1994；Clarke，1995；Bilan等，2020），和社会安定都形成了威胁，探索背后的原因和影响机制，对于稳步提高劳动收入份额意义重大。多数学者详细探讨了宏观层面劳动收入份额下降的原因（Dünhaupt，2017；Pariboni等，2019；Leblebicioğlu等，2020；Acemoglu，2003），但在微观层面的研究相对较少。企业作为微观经济的重要主体，近年来纷纷通过数字化转型来寻找新的增长动力，数字化转型在生产方面发挥出降低成本提升生产率的重要作用（Ghobakhloo，2020），同时数字化对不同要素的差异性影响，造成了要素地位的变化，这必将影响到要素间的分配格局。但是，目前少有文献对企业数字化转型的要素分配效应进行研究，在本章，我们证实研究了这一问题。

我们用文本挖掘的方法以关键词词频来衡量企业数字化程度，基于2010—2020年上市企业的面板数据，利用固定效应模型，验证了企业数字化转型对劳动收入份额的影响。在基准回归的基础上，我们还进行了一系列的稳健性检验，增加了研究结论的可靠性。同时，还验证了数字化转型对劳动收入份额的异质性影响。研究结果表明：第一，数字化转型会提升企业劳动收入份额，在替换核心解释变量、替换被解释变量、调整时间跨度、考虑滞后性后结论依然稳健。第二，我们使用中介效应三步法验证了新的机制，即数字化转型通过缓解融资约束提高了劳动收入份额。第三，我们研究了数字化转型在产权性质、劳资结构、议价能力和数字金融水平四个方面对劳动收入份额具有差异性影响，发现数字化转型在国有企业、劳动密集型企业、议价能力高的企业和数字金融水平高的地区对劳动收入份额的提升作用更加突出。

根据上述结论，有如下政策启示：第一，应加快推进企业的数字化转型，比如，在税收方面为积极推进数字化转型的企业提供减免税收的优惠政策；第二，加强对数字化转型企业金融的支持力度，比如，可以开辟数字化转型专项通道为企业提供贷款，解决企业融资约束进一步助力企业数字化转型；加快推进数字金融的发展，同时让数字金融助力企业数字化转型；第三，应进一步发挥国有企业在收入分配方面的引领作用，同时应通过制定相关法律来规范民营企业和外资企业的数字化转型，使其在数字化转型过程中重视劳动者的利益；第四，企业数字化转型需要大量的高技能劳动者与之匹配，为此应进一步加强对职业技能教育和培训的引导，构建更多校企联合平台，为企业数字化转型提供充足的高技能劳动力，同时减少数字化转型带来的技术性失业；第五，建立健全企业劳动保护制度，提高劳资谈判中劳动者的议价能力，劳动者议价能力的提高更有助于发挥数字化转型对劳动收入份额的提升作用。

然而，本章的研究仍存在一定的不足：第一，在本章中，我们只研究了上市企业的样本，没有把全部企业作为研究对象，在未上市的企业中数字化转型对劳动收入份额是否也具有同样的影响，这还需要进一步讨论。第二，在本章中我们使用统计年度报告中关键词词频的方法来衡量企业数字化转型程度，企业在年度报告中提及数字化的次数的多少，可能并不能反映其真实的数字化转型程度，在稳健性检验中虽然用数字资产占比进行了替换，但这一做法也较有争议，衡量数字化转型程度的指标还有待进一步的讨论。第三，本章的数据跨度没有考虑新冠疫情的影响，疫情期间大量企业被迫进行了裁员，这严重影响了劳动收入份额，后疫情时代数字化转型还会提升劳动收入份额吗？这还需要进一步验证。针对上述问题，未来还有较多的研究空间。

参考文献：

[1] Acemoglu D, Restrepo P. Automation and New Tasks： How Technology Displaces and Reinstates Labor[J]. Journal of Economic Perspectives, 2019, 33（2）： 3‑30.

[2] Acemoglu D, Restrepo P. The Race between Man and Machine： Implications of Technology for Growth, Factor Shares, and Employment[J]. American Economic Review, 2018, 108（6）： 1488‑1542.

[3] Acemoglu D, Restrepo P. The wrong kind of AI? Artificial intelligence and the future of labour demand[J]. Cambridge Journal of Regions, Economy and Society, 2020, 13（1）： 25‑35.

[4] Acemoglu D. Labor‑ and Capital‑Augmenting Technical Change[J]. Journal of the European Economic Association, 2003, 1（1）： 1‑37.

[5] Adesemowo A K. Towards a conceptual definition for IT assets through interrogating their nature and epistemic uncertainty[J]. Computers & Security, 2021, 105： 102131.

[6] Ahlstrom D, Arregle J L, Hitt M A, et al. Managing technological, sociopolitical, and institutional change in the new normal[J]. Journal of Management Studies, 2020, 57（3）： 411‑437.

[7] Alesina A, Rodrik D. Distributive Politics and Economic Growth*[J]. The Quarterly Journal of Economics, 1994, 109（2）： 465‑490.

[8] Ann Harrison. Has Globalization Eroded Labor's Share? Some Cross‑Country Evidence[J]. MPRA Paper, 2005.

[9] Arntz M, Gregory T, Zierahn U. Revisiting the risk of automation[J]. Economics Letters, 2017, 159： 157‑160.

[10] Autor, D., Dorn, D., Katz, L. F., Patterson, C. & Van Reenen, J. The Fall of the Labor Share and the Rise of Superstar Firms*[J]. The Quarterly Journal of Economics, 2020, 135（2）： 645‑709.

[11] Autor, D., Dorn, D., Katz, L. F., Patterson, C. & Van Reenen, J. Concentrating on the Fall of the Labor Share[J]. American Economic Review, 2017, 107（5）： 180‑185.

[12] Bag, S., Wood, L. C., Mangla, S. K. & Luthra, S. Procurement 4.0 and its implications on business process performance in a circular economy[J]. Resources, Conservation and Recycling, 2020, 152： 104502.

[13] Baron R M, Kenny D A. The moderator‑mediator variable distinction in social psychological research：Conceptual, strategic, and statistical considerations[J]. Journal of personality and social psychology, 1986, 51（6）： 1173.

[14] Bäurle G, Lein S M, Steiner E. Employment adjustment and financial tightness – Evidence from firm‑level data[J]. Journal of International Money and Finance, 2021, 115： 102358.

[15] Benmelech E, Bergman N, Kim H. Strong Employers and Weak Employees： How Does Employer Concentration Affect Wages?[J]. 2018.

[16] Bergholt D, Furlanetto F, Maffei‑Faccioli N. The decline of the labor share： new empirical evidence[J]. American Economic Journal： Macroeconomics, 2022, 14（3）： 163‑198.

[17] Bertola G. Factor Shares and Savings in Endogenous Growth[J]. American Economic Review, 1993, 83（5）： 1184‑1198.

[18] Caggese A, Cuñat V, Metzger D. Firing the wrong workers： Financing constraints and labor misallocation[J]. Journal of Financial Economics, 2019, 133（3）： 589‑607.

[19] Cauvel M, Pacitti A. Bargaining power, structural change, and the falling US labor share[J]. Structural Change and Economic Dynamics, 2022, 60： 512‑530.

[20] Chan K S, Dang V Q T, Yan I K M. Financial reform and financing constraints： Some evidence from listed Chinese firms[J]. China economic review, 2012, 23（2）： 482‑497.

[21] Chirumalla K. Building digitally‑enabled process innovation in the process industries： A dynamic capabilities approach[J]. Technovation, 2021, 105： 102256.

[22] Cirillo V. Technology, employment and skills[J]. Economics of Innovation and New Technology, 2017, 26（8）： 734‑754.

[23] Clarke G. More evidence on income distribution and growth[J]. Journal of Development Economics, 1995, 47（2）： 403‑427.

[24] Colbert A, Yee N, George G. The Digital Workforce and the Workplace of the Future[J]. Academy of Management Journal, 2016, 59（3）： 731‑739.

[25] Cubizol D. Transition and capital misallocation： the Chinese case[J]. Journal of International Money and Finance, 2018, 81： 88‑115.

[26] Dai L, Zhang Z, Lin L. Can government investment expansion benefit everyone： a study with state‑owned enterprises in the Chinese context[J]. Applied Economics, 2023, 55（15）： 1663‑1681.

[27] Dengler K, Matthes B. The impacts of digital transformation on the labour market： Substitution potentials of occupations in Germany[J]. Technological Forecasting and Social Change, 2018, 137.

[28] Dünhaupt P. Determinants of labour's income share in the era of financialisation[J]. Cambridge Journal of Economics, 2017, 41（1）： 283‑306.

[29] Dutt A K, Sen A. Union bargaining power, employment, and output in a model of monopolistic competition with wage bargaining[J]. Journal of Economics, 1997, 65： 1‑17.

[30] Eden M, Gaggl P. On the welfare implications of automation[J]. Review of Economic Dynamics,

2018, 29：15‒43.

[31] Fazzari S M, Petersen B C. Working capital and fixed investment： new evidence on financing constraints[J]. The RAND Journal of Economics, 1993：328‒342.

[32] Ferreira J J M, Fernandes C I, Ferreira F A F. To be or not to be digital, that is the question： Firm innovation and performance[J]. Journal of Business Research, 2019, 101：583‒590.

[33] Fossen, F. M. & Sorgner, A. New digital technologies and heterogeneous wage and employment dynamics in the United States： Evidence from individual‒level data. Technological Forecasting and Social Change 175, 121381（2022）.

[34] Frank, A. G., Mendes, G. H. S., Ayala, N. F. & Ghezzi, A. Servitization and Industry 4.0 convergence in the digital transformation of product firms： A business model innovation perspective[J]. Technological Forecasting and Social Change, 2019, 141：341‒351.

[35] Frey C B, Osborne M A. The future of employment： How susceptible are jobs to computerisation?[J]. Technological Forecasting and Social Change, 2017, 114：254‒280.

[36] Fuest C, Peichl A, Siegloch S. Do Higher Corporate Taxes Reduce Wages? Micro Evidence from Germany[J]. American Economic Review, 2018, 108（2）：393‒418.

[37] Fukao K, Perugini C, Pompei F. Labour market regimes, technology and rent‒sharing in Japan[J]. Economic Modelling, 2022, 112：105856.

[38] Furceri D, Loungani P, Zdzienicka A. The effects of monetary policy shocks on inequality[J]. Journal of International Money and Finance, 2018, 85：168‒186.

[39] Gaglio C, Kraemer‒Mbula E, Lorenz E. Schwarzm ü lle[J]. Technological Forecasting and Social Change, 2022, 182：121785.

[40] Ghobakhloo M. Industry 4.0, digitization, and opportunities for sustainability[J]. Journal of Cleaner Production, 2020, 252：119869.

[41] Gilson, L. L., Maynard, M. T., Jones Young, N. C., Vartiainen, M. & Hakonen, M. Virtual Teams Research： 10 Years, 10 Themes, and 10 Opportunities[J]. Journal of Management, 2015, 41（5）：1313‒1337.

[42] Graetz G, Michaels G. Robots at Work[J]. The Review of Economics and Statistics, 2018, 100（5）：753‒768.

[43] Guo F, Wang J, Wang F, et al. Measuring China's digital financial inclusion： Index compilation and spatial characteristics[J]. China Economic Quarterly, 2020, 19（4）：1401‒1418.

[44] Guschanski A, Onaran Ö. The decline in the wage share： falling bargaining power of labour or technological progress? Industry‒level evidence from the OECD[J]. Socio‒Economic Review, 2022, 20（3）：1091‒1124.

[45] Hartman Glaser B, Lustig H, Xiaolan M Z. Capital Share Dynamics When Firms Insure Workers[J]. The Journal of Finance, 2019, 74（4）：1707‒1751.

[46] Judd C M, Kenny D A. Process analysis： Estimating mediation in treatment evaluations[J].

Evaluation review, 1981, 5（5）：602-619.

[47] Jung, S., Lee, J.-D., Hwang, W.-S. & Yeo, Y. Growth versus equity：A CGE analysis for effects of factor-biased technical progress on economic growth and employment[J]. Economic Modelling, 2017, 60：424‒438.

[48] Karabarbounis L, Neiman B. The Global Decline of the Labor Share*[J]. The Quarterly Journal of Economics, 2014, 129（1）：61‒103.

[49] Kehrig M, Vincent N. The Micro-Level Anatomy of the Labor Share Decline*[J]. The Quarterly Journal of Economics, 2021, 136（2）：1031‒1087.

[50] Kotarba M. Digital Transformation of Business Models[J]. Foundations of Management, 2018, 10（1）：123‒142.

[51] Lawrence R Z. Recent Declines in Labor's Share in U.S. Income：A Preliminary Neoclassical Account[J]. Working Paper Series, 2015.

[52] Leblebicioğlu A, Weinberger A. Credit and the Labour Share：Evidence from US States[J]. The Economic Journal, 2020, 130（630）：1782‒1816.

[53] Li D, Shen W. Can corporate digitalization promote green innovation? The moderating roles of internal control and institutional ownership[J]. Sustainability, 2021, 13（24）：13983.

[54] Li, F. The digital transformation of business models in the creative industries：A holistic framework and emerging trends. Technovation 92‒93, 102012（2020）.

[55] Lin, J. Y. & Li, Z. Policy burden, privatization and soft budget constraint. Journal of Comparative Economics 36, 90‒102（2008）.

[56] Lin, J. Y. & Tan, G. Policy Burdens, Accountability, and the Soft Budget Constraint. American Economic Review 89, 426‒431（1999）.

[57] Lu, Z., Wu, J., Li, H. & Nguyen, D. K. Local Bank, Digital Financial Inclusion and SME Financing Constraints：Empirical Evidence from China. Emerging Markets Finance and Trade 58, 1712‒1725（2022）.

[58] Luo, S., Zhang, Y. & Zhou, G. Financial Structure and Financing Constraints：Evidence on Small- and Medium-Sized Enterprises in China. Sustainability 10, 1774（2018）.

[59] Lv C, Song J, Lee C C. Can digital finance narrow the regional disparities in the quality of economic growth? Evidence from China[J]. Economic Analysis and Policy, 2022, 76：502-521.

[60] Ma J, Zhao Q, Li Q, et al. Financial constraints, corporate savings and labor income share—based on China's economic transition[J]. Sustainability, 2021, 14（1）：346.

[61] Ma, J., Zhao, Q., Li, Q. & Yang, H. Financial Constraints, Corporate Savings and Labor Income Share—Based on China's Economic Transition. Sustainability 14, 346（2022）.

[62] Mallick S K, Sousa R M. The skill premium effect of technological change：New evidence from United States manufacturing[J]. International Labour Review, 2017, 156（1）：113‒131.

[63] McAfee A, Brynjolfsson E. Big Data：The Management Revolution[J]. Harvard Business Review,

2012.

[64] Michaels R, Beau Page T, Whited T M. Labor and Capital Dynamics under Financing Frictions*[J]. Review of Finance, 2019, 23（2）：279 - 323.

[65] Mueller H M, Ouimet P P, Simintzi E. Wage Inequality and Firm Growth[J]. LIS Working papers, 2015.

[66] Nahavandi S. Industry 5.0—A Human-Centric Solution[J]. Sustainability, 2019, 11（16）：4371.

[67] Nambisan S, Wright M, Feldman M. The digital transformation of innovation and entrepreneurship：Progress, challenges and key themes[J]. Research Policy, 2019, 48（8）：103773.

[68] Olivier Blanchard. The Medium Run[J]. Brookings Papers on Economic Activity, 1997, 28（2）：89 - 158.

[69] Ozili P K. Impact of digital finance on financial inclusion and stability[J]. Borsa istanbul review, 2018, 18（4）：329-340.

[70] Paiola M, Gebauer H. Internet of things technologies, digital servitization and business model innovation in BtoB manufacturing firms[J]. Industrial Marketing Management, 2020, 89：245 - 264.

[71] Pariboni R, Tridico P. Labour share decline, financialisation and structural change[J]. Cambridge Journal of Economics, 2019, 43（4）：1073 - 1102.

[72] Parisi M L. Labor market rigidity, social policies and the labor share：Empirical evidence before and after the big crisis[J]. Economic Systems, 2017, 41（4）：492 - 512.

[73] Parker S K, Wall T D, Cordery J L. Future work design research and practice：Towards an elaborated model of work design[J]. Journal of Occupational and Organizational Psychology, 2001, 74（4）：413 - 440.

[74] Piketty T, Saez E, Zucman G. Distributional National Accounts：Methods and Estimates for the United States*[J]. The Quarterly Journal of Economics, 2018, 133（2）：553 - 609.

[75] Salomons A. Is Automation Labor Share - Displacing? Productivity Growth, Employment, and the Labor Share[J]. david autor, 2018（1）.

[76] Schwarzmüller, T., Brosi, P., Duman, D. & Welpe, I. M.. How Does the Digital Transformation Affect Organizations? Key Themes of Change in Work Design and Leadership[J]. management revu, 2018, 29（2）：114 - 138.

[77] Sébastien Gamache, Georges Abdul-Nour, Chantal Baril. Development of a Digital Performance Assessment Model for Quebec Manufacturing SMEs[J]. Procedia Manufacturing, 2019, 38：1085 - 1094.

[78] Stockhammer E. Determinants of the Wage Share：A Panel Analysis of Advanced and Developing Economies：Determinants of the Wage Share[J]. British Journal of Industrial Relations, 2017, 55（1）：3 - 33.

[79] Stockhammer, E. Why have wage shares fallen? A panel analysis of the determinants of functional

income distribution. http：//www.ilo.org/travail/info/publications/WCMS_202352/lang--en/index. htm（2013）.

[80] van Knippenberg, D., Dahlander, L., Haas, M. R. & George, G. Information, Attention, and Decision Making[J]. Academy of Management Journal, 2015, 58（3）：649‒657.

[81] Verhoef P C, Broekhuizen T, Bart Y, et al. Digital transformation：A multidisciplinary reflection and research agenda[J]. Journal of Business Research, 2021, 122：889‒901.

[82] Vial G. Understanding digital transformation：A review and a research agenda[J]. The Journal of Strategic Information Systems, 2019, 28（2）：118‒144.

[83] Xue, L., Zhang, Q., Zhang, X. & Li, C. Can Digital Transformation Promote Green Technology Innovation?[J]. Sustainability, 2022, 14（12）：7497.

[84] Yang L, Zhang Y. Digital financial inclusion and sustainable growth of small and micro enterprises —evidence based on China's new third board market listed companies[J]. Sustainability, 2020, 12 （9）：3733.

[85] Yang, C., Huang, Q., Li, Z., Liu, K. & Hu, F. Big Data and cloud computing：innovation opportunities and challenges[J]. International Journal of Digital Earth, 2017, 10（1）：13‒53.

[86] Ye, S., Zeng, J., Liao, F. & Huang, J. Policy Burden of State-Owned Enterprises and Efficiency of Credit Resource Allocation：Evidence from China. SAGE Open 11, 215824402110054（2021）.

[87] Yu X, Wang P. Economic effects analysis of environmental regulation policy in the process of industrial structure upgrading：Evidence from Chinese provincial panel data[J]. Science of the Total Environment, 2021, 753：142004.

[88] Yuriy Bilan, Halyna Mishchuk, Natalia Samoliuk, & Halyna Yurchyk.. Impact of Income Distribution on Social and Economic Well-Being of the State[J]. Sustainability, 2020, 12（1）：429.

第五章 产业组织：数字化转型、企业边界与市场势力

一、引言

数字经济是继农业经济、工业经济之后的主要经济形态。中国信息通信研究院发布的《中国数字经济发展白皮书（2023年）》显示，2022年，我国数字经济规模达到50.2万亿元，同比增长10.3%。由此可见，数字经济已成为当代经济发展的主力。习近平总书记强调，要"加快发展数字经济，促进数字经济和实体经济深度融合"。作为数字经济与实体经济深度融合的微观载体，数字化转型旨在运用数字技术系统性地重构企业商业模式，进而影响市场结构和经济绩效。但当前关于数字化转型是扩大还是缩小了企业市场势力尚不清晰。而市场势力作为衡量企业对市场控制能力的指标，既反映了市场结构的变动，同时还在一定程度上代表着企业绩效的变化。因此，研究数字化转型对企业市场势力的影响，有助于分析数字经济背景下市场和企业的新变化，为制定相关市场政策和做大做强企业奠定理论基础。

市场势力一直以来都是产业组织领域研究的重点，已有较多文献揭示了市场势力在宏观和微观层面的影响因素。在宏观层面，学者们发现外资比重（Sembenelli和Siotis，2008；陈勇军和杨振，2012）、经济周期（Toolsema，2004）和关税（Cole和Eckel，2018）等都会对市场势力产生影响。在微观层面，学者们探讨了企业规模（Mukherjee和Chanda，2021）、技术创新（白雪洁，2016）和并购（Stiebale和Vencappa，2018）对市场势力的影响。在数字经济的背景下，数字技术的应用正逐渐渗透到企业的方方面面，推动着市场结构的优化调整。作为企业经营发展的新引擎，企业数字化转型正改变企业成本结构，重塑企业边界，必然会影响市场势力，但当前微观证据尚存不足。一方面，虽然已有文献注意数字经济发展（柏培文和喻理，2021）对市场势力的影响，但缺乏微观层面的深入考察；另一方面，虽然也有学者从微观层面考察了数字并购（唐浩丹等，2022）对市场势力的影响，但缺乏从企业数字

化转型视角的系统研究。

数字化转型是微观层面从传统业态迈向数字生态的重要标志，也是宏观层面信息化与工业化深度融合的微观体现。随着数字化转型的不断深入，近年来学者们在数字化转型经济效应方面的研究也取得明显进展。部分学者从公司治理视角出发，考察数字化转型对企业治理结构（沈剑飞等，2022）、治理模式（侯德帅等，2023）以及治理质量（聂兴凯，2022）的影响。另有部分学者从资本市场视角出发，考察企业数字化转型对优化资本市场环境（吴非等，2021）和降低资本市场风险（Jiang等，2022）的影响。由此可以看出，无论是微观企业层面，还是宏观经济层面，数字化转型都带来了深刻影响。市场势力是联结企业内部治理和宏观经济表现之间的桥梁，剖析数字化转型下企业市场势力变动的内在机制有助于弥补数字经济下微观效应与宏观效应之间的鸿沟。当前，企业推进数字化转型的关键在于降本增效，成本结构的变动将重塑企业边界。Goldfarb和Tucker（2019）的研究表明，与数字经济活动相关的五种不同经济成本正不断降低，包括搜索成本、复制成本、运输成本、跟踪成本和验证成本。此外，埃森哲与国家工业信息安全发展研究中心联合发布的《2021中国企业数字转型指数》显示，成功进行数字化转型的企业与普通企业之间的营收增收差距从新冠疫情前的1.4倍扩大至3.7倍。那么，我们不禁思考，数字化转型是否会对市场重新进行"洗牌"，带来企业市场势力的变迁呢？其内在机制是什么？这一效应具有怎样的异质性表现？问题的回答在理论上有助于厘清数字化转型下产业组织变革的微观机制，也为精准施策推动企业高质量发展具有重要现实意义。

基于此，本章首先运用Python网络爬虫方法获取2008—2020年上市公司年报，并基于提取的共性词库使用文本分析方法对上市公司年报进行词频分析，计算出每一年各上市公司的数字化转型指数。然后结合上市公司的相关财务指标构建面板数据，运用实证分析阐明数字化转型对企业市场势力的影响及其机制，并进一步分析了这一影响由于生命周期、所处行业以及所在地区不同所表现出来的异质性特征。本章的主要研究结论如下：第一，数字化转型会提高企业市场势力。考虑到数字化转型和市场势力之间可能存在双向因果等内生性问题，本章采用工具变量法进行内生性分析，仍得到一致结论。此外，本章的结论在进行缩尾处理、更换数字化转型的构建方法、控制行业变动趋势以及改变样本等一系列稳健性检验后仍然成立。第二，机制分析发现，数字化转型不仅促进了企业内生规模扩张，而且推动了企业并购重组，拓展了企业边界进而提高了市场势力。第三，本章通过对企业生命周期、所处行业和所在地区的异质性分析，得出数字化转型对处于上升期、高新技术以及制度环境水平高的企业的市场势力影响更大。

相较于以往的研究，本章的可能贡献在于：第一，在研究内容方面，本章从微观企业层面出发，探讨数字化转型的产业组织效应。目前，学者们对数字化转型的经济效应大多集中于微观企业层面，也有部分学者考察数字化转型对宏观经济的影响，但少有学者从企业市场势力出发在数字化转型的微观效应和宏观效应之间建立桥梁。而且，数字化转型如何带来企业边界变动问题已成为数字经济研究中三大亟待解决的重要议题之一（Nagle等，2020），本章也为进一步回答数字化转型下产业结构如何变迁和经济绩效如何变化提供了研究基础。

第二，在指标构建方面，本章基于机器学习方法和上市公司年报数据对企业数字化转型的测度做出优化。数字经济与传统经济的深度融合，使得企业数字化转型的测度较为困难，学界尚未形成共识。当前，学者对企业数字化转型的测度多从宏观层面展开（Hao等，2023），微观层面对数字化转型程度的测度也并不完善。部分学者聚焦于数字技术的某一方面，如Acemoglu和Restrepo（2018）和Rammer等（2022）等人使用工业机器人数据来研究人工智能对劳动力、就业以及产业创新的影响。此外，还有部分学者从数字创新等单一维度来衡量数字化转型（Liu等，2022）。然而，企业数字化转型是运用数字技术对企业组织流程、业务模式和产品形式等全流程的系统性重新定义，包括数字化资产、数字化人才、数字创新等诸多内容，因而对企业数字化转型进行有效刻画要综合考虑上述方面。为此，本章参考Li等（2023）等人的做法，基于共性词提取形成的词库，使用机器学习中的文本挖掘方法进行数字化转型指数构建。

第三，在政策内涵方面，本章不仅为企业借助数字化转型做大做强提供经验证据，也为政府精准施策，加强数字经济治理提供经验证据与政策参考。一方面，本章试图理清数字经济时代企业边界和市场势力扩张的内在逻辑，为企业借助数字技术扩大市场势力，实现高质量发展提供科学指引。另一方面，在加快建设数字中国与加快推动产业结构调整大背景下，数字经济如何赋能实体经济转型升级成为焦点。数字化转型是推动高质量发展的重要载体，充分发挥数字化转型对市场势力的赋能作用，有利于实现资源的合理配置，推动产业结构调整升级。本章的研究为政府制定相关政策充分发挥数字经济的经济效应，推动构建现代化产业体系提供依据。

本章共六节：第二节为理论分析与研究假说，第三节介绍了数据、变量和模型设计，第四节展示了数字化转型对市场势力影响的实证结果和稳健性检验，第五节明晰了数字化转型对市场势力的作用机制并分析了数字化转型对市场势力的异质性影响，第六节对本章进行总结概括。

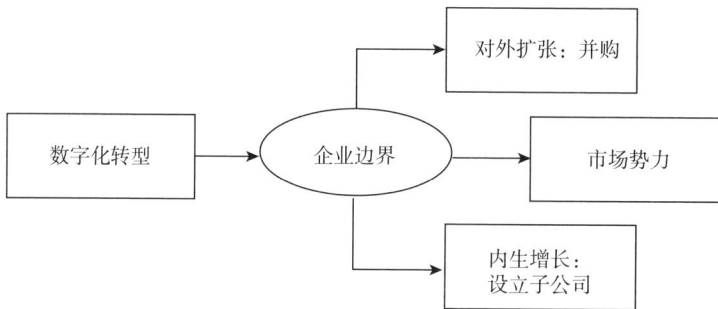

图5-1　文章结构安排

二、理论分析与研究假说

数字化转型是指利用数字技术重新定义企业组织流程、业务模式和产品形式等，推动数字技术对生产管理的全流程改造，带来企业规模的改变，重塑企业边界进而影响市场结构和形态。因此，本章基于企业外部扩张和内生增长的内在逻辑，从企业并购和设立子公司两个方面来分析数字化转型对市场势力的影响机制。

（一）数字化转型通过促进企业并购实现对外扩张，提高市场势力

企业数字化转型下成本结构变动将从内外两方面促进企业并购：一方面，从企业内部看，数字化转型具有降本增效作用，基于新古典经济学理论，企业有动力进行并购；另一方面，从企业外部看，数字化转型作为企业高质量发展的重要举措，将向资本市场释放利好信息，进而推高股价，使得企业有能力发起并购。基于此，笔者从新古典经济学理论和行为金融学理论两条路

径来分析数字化转型如何影响并购进而对市场势力产生影响。

从新古典经济学的角度来看，特定形式的产业冲击和生产率差异是导致并购的主要原因（Harford，2005；刘莉亚等，2018）。高生产率的企业更倾向于去购买资产或企业，低生产率的企业则更倾向于出售资产（Maksimovic等，2013）。而数字化转型的实质就是将数据作为新的生产要素纳入企业的经营管理中去（Ardolino等，2018），实现降本增效。具体而言，数字化转型将从需求和供给两个方面来影响企业生产率进而影响并购。从需求层面来看，数字化转型缓解了由于信息不对称而造成的生产效率低下的问题（薛成等，2020）。数字化转型使企业可以借助大数据、人工智能等数字技术从海量信息里面筛选出企业想要的部分，降低企业搜集信息的成本，帮助企业更快地了解客户需求和市场变化，方便企业更有针对性地制订生产计划，提高企业生产率。从供给层面来看，一方面人工智能等数字技术的出现替代了大量工作，使得企业生产逐步走向自动化（Davenport和Ronanki，2018）。相较于普通员工，智能机器不受体力和精力的限制，并且通过精准的算法在较短时间内就能达到熟练工的技术水平，因此可以进行超长时间、超高效率的生产。数字化转型使得企业生产数据可视化，企业可以随时监控生产状况。一旦生产机器出现故障无法运转时，企业能够及时察觉并做出应对，削弱了设备故障对生产的不利影响。另一方面，数字技术与传统物流的结合使得产品销售突破了地理位置的限制。企业和消费者不再受传统商业模式的束缚（陈剑等，2020），企业的经营范围和销售路径得以打开。而消费端的扩大势必会引起生产端的增长，从而促使企业提高生产率。随着生产率的提高，企业的市场竞争力也随之增加。积极的发展趋势和良好的发展前景增强了企业对未来发展的信心，从而产生扩张意愿。此外，部分企业生产率的提高扩大了行业间生产率的差异。为提高市场势力，高生产率的企业将会成为市场上潜在的并购方，通过并购低生产率的企业来拓展企业边界，提高市场势力。

从行为金融学的角度来看，金融市场的股票价值才是推动并购的主因。受到非理性预期的作用，管理层倾向于通过企业并购在非有效的股票市场进行套利（Shleifer和Vishny，2003）。因此当股价较高时，企业的并购活动会更加频繁（Rhodes‐Kropf等，2005）。而数字化转型的实质就是利用人工智能、区块链、云计算、大数据等数字技术对企业的经营管理和商业模式进行革新。

因此，当企业进行数字化转型时，无形之中是在向市场释放利好消息，为企业带来"广告效应"（汤萱等，2022），提高投资者预期，获得更多投资者的青睐，公司股价得以提高。面对不断攀升的股价，一方面，企业出于自身发展考虑会选择收购其他企业以完成产业布局，提高市场占有率和市场势力。而另一方面，公司股东也极有可能通过并购重组的方式进行套利，从而推动并购活动的发生，进而提高市场势力。因此，数字化转型的资本市场股价效应将引起并购活动的频繁发生，进而提高市场势力。

由此可以看出，无论是从新古典经济学理论的角度进行分析还是从行为金融学理论的角度进行分析，企业的数字化转型既为并购创造了条件，又满足了并购所需的条件。因此，企业数字化转型势必会促进并购活动的发生，企业通过并购拓宽自身边界和规模的同时也会带来市场势力的提高。

基于上述分析，本章提出假说H5-1。

H5-1：数字化转型通过促进企业并购实现对外扩张，提高企业市场势力。

（二）数字化转型通过促进企业设立子公司实现内生增长，提高市场势力

设立子公司是企业实现规模扩张和提高市场势力的重要手段（Vahlne等，2012）。Ghoshal和Bartlett（1986）将子公司界定为三种角色，即生产基地型、销售利润型和市场开拓型。然而，子公司和母公司之间的信息不对称以及经营管理成本一直都是阻碍企业设立子公司的原因。而数字化转型则可以利用数字技术降低设立子公司成本、放大子公司优势，从而促使企业通过设立子公司来提高市场势力。

具体来说，数字化转型带来的信息传播和管理架构的改变有助于削弱子公司和母公司之间的沟通成本和管理成本。在信息传播方面，数字技术突破地理位置和空间位置的限制，推动了信息在子公司和母公司之间的传播，有助于子公司和母公司之间的业务协作和信息共享，降低沟通成本。在管理架构方面，数字化转型改变了企业原有的管理流程和组织架构（Bloom等，2014），将子公司和母公司的财务、人事、生产、销售等都纳入同一个数字体系下（Makridakis，2017），实现管理的自动化和智能化，降低母公司对子公

司的管理成本，解决企业设立子公司的后顾之忧。此外，数字化转型还将从生产、销售以及创新方面放大子公司优势。在生产方面，数字技术的进步和发展提高了子公司对复杂问题的认知能力，协助子公司做出决策，减少不必要的投入，确定合理的投入产出比，用最少的生产要素生产更多更有价值的产品，实现子公司生产管理的高效化，从而为母公司提供更多的生产产品。对销售而言，最重要的是客户偏好的分析和产品的定价。大数据可以精准狙击客户偏好（Matarazzo等，2021），克服企业需求累积过程中的摩擦（Foster等，2016），使得销售更有针对性，增加客户黏性。此外，在产品定价方面，企业可以根据客户的搜索记录和浏览历史，并结合个人的需求函数来制定价格，甚至还有可能向不同的消费者制定不同的价格，从而获取更多的消费者剩余能力，提高子公司在销售方面的优势，扩大市场份额。此外，产品创新是子公司开拓市场的重要法宝（Hottman等，2016），而数字技术则是产品创新的关键。人工智能的学习能力以及对大数据集的快速分析能力将在很大程度上降低产品创新的不确定性，缩短产品创新周期，降低创新成本，开发更多新产品，为子公司开拓市场抢占先机。子公司在生产、销售以及市场方面的发展壮大又会反哺母公司，为母公司提供更多的资源、产品和信息，拉动母公司市场势力的增加，提高产品议价能力。

由此可以看出，企业在数字化转型的过程中降低了设立子公司的成本，促使企业通过设立子公司来获得更大的市场份额和更强的市场势力。

基于上述分析，本章提出假说H5-2。

H5-2：数字化转型通过促进设立子公司促进内生增长，提高企业市场势力。

（三）数字化转型对企业市场势力的异质性影响

不同企业所处环境不同，自身禀赋条件和所掌握的资源也有较大差异，因此数字化转型对市场势力的影响也会存在差异。

从企业自身性质来说，生命周期不同的企业，其对待数字化转型的态度也有所不同。企业生命周期理论认为，企业在每个阶段的发展特征都有所不同（Miller和Friesen，1984），因此数字化转型对市场势力的影响也会不同。成长期和成熟期企业正处于上升阶段，对于数字技术等新兴事物的接受程度更高，在进行数字化转型后也可以更好地学以致用，将人工智能、区块链等新兴技术运用到企业发展中去，进而提高企业市场势力。与之相反，衰退期企业自身发展后劲不足、前景堪忧。而数字化转型耗时较长、投入资金极大。处于衰退期的企业无论是从风险管理还是资金流方面来说，可能都无法适配数字化转型。因此，数字化转型对衰退期企业影响也较小。

从企业所处行业来说，不同行业本身发展状况不同，数字化转型对市场势力的作用强度也会因此受到影响。高新技术行业和非高新技术行业最大的区别在于技术的不同，而非高新技术行业在技术方面的短板使其可能无法顺利进行数字化转型。与之相反，高新技术行业本就具有良好的先决条件，数字化转型的"优势叠加"更有可能放大其对市场势力的影响。因此，数字化转型对非高新技术企业的影响可能并不明显。

从企业所在地区来说，地区的制度环境会显著影响企业的数字化转型进程。制度环境是地区政治、社会和法律规则的统称，制度环境对数字化转型的影响主要在于以下两个方面。从要素流动的角度来看，数字化转型离不开资源和信息的传递。低制度环境意味着该地区市场化水平较低，而市场化水平低的地区往往存在较高的壁垒，限制了要素的自由流动（Zhou等，2017），阻碍企业的数字化转型进程。从市场竞争的角度来看，制度水平低的地区往往具有较强的地方保护倾向，破坏了市场的公平性和竞争性，从而削弱企业数字化转型的意愿。因此，数字化转型对处于低制度环境中的企业影响较小。

基于上述分析，本章提出假说H5-3。

H5-3：生命周期、所处行业以及所在地区不同的企业，数字化转型对其市场势力的影响不同。

三、数据和方法

（一）模型设定

首先，本章构建回归模型（1）来探讨数字化转型对市场势力的影响：

$$Power_{it} = \alpha + \beta Digital_{it} + \gamma Control_{it} + \mu_{it} + \varepsilon_{it} \qquad （式5\text{-}1）$$

其中，被解释变量$power_{it}$为市场势力；核心解释变量$Digital_{it}$表示企业数字化转型程度；$Control_{it}$为控制变量，包括企业规模（Size）、企业盈利能力

（Roa）、股权集中度（Top）、企业资本结构（Lev）、固定资产比例（Fix）；μ_{it}表示个体与时间的双向固定效应；ε_{it}表示随机误差项。$Digital_{it}$的系数β是本章重点考察对象，代表数字化转型对企业市场势力影响的方向和幅度。

（二）变量定义

1. 核心解释变量

深入考察数字化转型经济效应的关键在于对数字化转型指数的有效度量。通过文献回顾发现，对数字化转型的合理测度关键在于解决如下问题：一是基于研究问题的特点选择合适的研究视角。当前，从宏观层面研究数字化的文献较多，部分文献从数字经济总体发展程度切入，如Ran等（2023）和Wu等（2023）分别使用省级层面、城市层面的数字经济发展指数研究了数字经济对自然资源以及环境污染等方面的影响。二是基于企业数字化转型的特点进行全面有效刻画。在已有文献中，较多学者将企业数字化转型的某个具体方面作为企业数字化转型的代理变量，如数字创新（Liu等，2022）、ICT投资（Cheng等，2023）等，其考察维度依然较为单一，难以反映企业数字化全貌。三是基于机器学习的技术特点合理运用新技术新方法。近年来，随着文本分析和机器学习方法在经济领域的应用，基于文本大数据挖掘从总体上对数字经济相关指标的测度成为可能。这种方法的关键在于从年报中提取数字化转型相关信息。这是因为上市企业年报中数字化转型相关词汇出现次数越多，在一定程度上可以说明数字化转型程度越高。由于与数字化转型相关的词汇众多，而且虽然很多词汇相互之间因行业或企业属性的不同在具体称呼上存在差异，但表达的含义相近。然而，现有文献的词库构建中共性词汇不足（Chen和Kim，2023），从而导致企业数字化转型指数构建的横向偏差较大，即使采用个体固定效应模型也不能消除这一问题。此外，词频统计具有"长尾特征"，如果对每个词汇逐一统计又会存在计算量过大问题，但如果忽视低频词汇还会由于"长尾特征"带来较大的统计偏差。

根据上述分析可以发现，要从微观层面上全面反映数字化转型动态，词库的构建至关重要。因此，本章从企业数字化转型的共性特征和目标理念出发构建词汇，凸显数字化转型词汇共性和一般性，避免个性特征因素带来的偏差，从而构建数字化转型词库。然后，使用Python从所有上市公司年报中提取共性词相关的4位词，并通过人工筛选出与数字化转型相关性低的词组并剔除，最终得到每个词组的词频。最后，加总每个词组的词频得到总的词频，标准化处理后得到上市企业数字化转型指数。

2. 被解释变量

市场势力是指市场内某个企业显著影响市场价格的能力，通常用来衡量该企业的垄断倾向。而产品价格则是界定市场势力的核心要素。本章使用企业加成率来衡量市场势力。具体做法如下：

$$mkp_{it}=\theta_{it}^x(\alpha_{it}^x)^{-1} \qquad （式5-2）$$

θ_{it}^x表示中间品投入的产出弹性。x代表中间品。α_{it}^x是中间品的支出份额。

使用超越对数函数估计企业生产函数，具体设定如下：

$$Iny_{it}= \beta_l lnl_{it} + \beta_k lnk_{it}+ \beta_m lnm_{it}+ \beta_u(lnl_{it})^2 + \beta_{kk}(lnk_{it})^2+\beta_{mm}(lnm_{it})^2+$$
$$\beta_{lk}lnl_{it}lnk_{it} + \beta_{lm}lnl_{it}lnm_{it} + \beta_{km}lnk_{it}lnm_{it}+ \beta_{lkm}lnl_{it}lnk_{it}lnm_{it}+\psi_{it}+\varepsilon_{it} \qquad （式5-3）$$

y表示总产值。l、k和m分别表示劳动力、资本和中间品投入。ψ指企业的异质性生产率。ε表示随机误差项。根据DLW方法，生产函数的估算分为两步：第一步，使用生产率的替代变量对模型进行估计，以获得生产函数的估计值。第二步，使用GMM估算生产函数的参数。估计中间品投入产出弹性的表达式如下：

$$\theta_{it}^x = \beta_m + 2\beta_{mm}lnm_{it} + \beta_{lm}lnl_{it} + \beta_{km}lnk_{it} + \beta_{lkm}lnl_{it}lnk_{it} \qquad （式5-4）$$

计算投入要素的产出弹性θ_{it}^x得到企业加成率。

3. 控制变量

参考李学峰和杨盼盼（2020）、蒋冠宏（2021）以及唐浩丹等（2022）的做法，选用如下控制变量：企业规模（Size），用企业总资产来衡量；企业盈利能力（Roa），以企业总资产收益率来衡量，剔除了财务杠杆对收益率的影响，以便于比较同行业不同公司间的盈利能力；股权集中度（Top），用第一大股东持股比例来衡量；企业资本结构（Lev），用企业资产负债率来进行衡量；固定资产比例（Fix），固定资产和总资产的比值。各变量的具体定义如表5-1所示：

表5-1 变量定义

变量类型	变量名称	变量符号	变量定义与计算方法
解释变量	数字化转型指数	Digital	经标准化处理的数字化转型词库词频
被解释变量	企业市场势力	Power	企业价格加成率
控制变量	企业规模	Size	ln（1+企业总资产）
	企业盈利能力	Roa	净利润/总资产
	股权集中度	Top	第一大股东持股比例
	企业资本结构	Lev	总负债/总资产
	固定资产比例	Fix	固定资产/总资产

（三）数据来源与描述性分析

本章所使用的市场势力数据是作者根据DLW法测算得出，而数字化转型指数是作者基于Python爬虫方法获取的上市公司年报，使用文本挖掘方法计算而来的指标。上市公司的相关财务数据、股权数据和行业数据等则来自国泰安（CSMAR）数据库。此外，为了使样本数据更具有代表性，本章剔除如下样本数据：（1）金融类、ST、*ST企业。（2）数据缺失严重的企业。（3）净利润率大于1，资产负债率不在0~1范围内等财务异常数据。此外，对少量缺失数据进行线性插值和平均插值处理，最终确定全部样本为2008—2020年2900家上市企业的面板数据，共24361个观测值进入计量模型。

表5-2报告了主要变量的基本统计特征。结果表明，市场势力的均值为1.270，最小值是0.211，最大值是2.981，这与唐浩丹等（2022）对企业加成率的测算结果较为一致，由此证明了本章对企业加成率测算的准确性。企业数字化转型指数均值是3.224，最小值是0，最大值是7.368，这表明不同企业数字化转型进度有着显著区别，有的企业甚至还没有进行数字化转型。其他控制变量的取值范围均处于合理范围内，个体差异明显，样本具有良好的区分度。

表5-2 主要变量的描述性统计

变量名称	样本量	均值	标准差	最小值	最大值
企业市场势力	24361	1.270	0.207	0.211	2.981
数字化转型指数	24361	3.224	1.246	0	7.368

变量名称	样本量	均值	标准差	最小值	最大值
企业规模	24361	22.17	1.328	15.38	28.64
企业盈利能力	24361	0.0370	0.124	−3.164	10.40
股权集中度	24361	34.92	14.95	2.197	89.99
企业资本结构	24361	0.447	0.210	0.00700	1
固定资产比例	24361	0.227	0.157	0	0.929

四、数字化转型影响市场势力的实证分析

（一）基准回归

为探讨数字化转型是否提高了企业的市场势力，本章运用模型（1）的双向固定效应模型研究数字化转型与企业市场势力之间的关系。此外，在回归之前，为了避免变量之间存在多重共线性，本章运用VIF（方差膨胀因子）来进行检验，检验结果表明所有变量的VIF值都小于10，说明变量之间不存在多重共线关系。因此，可以进行回归分析。

回归结果如表5-3所示，列（1）是只加入核心解释变量的回归结果，其系数在1%的水平下显著为正，表明数字化转型对企业市场势力有显著的正向促进作用；列（2）报告了加入控制变量后的回归结果，核心解释变量系数仍显著为正；列（3）是在控制个体效应和时间效应后只对核心解释变量进行回归的结果，结果仍显著为正；列（4）为控制个体和时间效应后加入控制变量的结果，结果仍与前面分析一致，表明数字化转型确实会提高企业市场势力。

表5-3　数字化转型对市场势力的影响

	（1）	（2）	（3）	（4）
因变量	OLS1	OLS2	Fe1	Fe2
数字化转型指数	0.044***	0.048***	0.002*	0.005***
	（0.001）	（0.001）	（0.001）	（0.001）
企业规模		−0.020***		−0.017***
		（0.001）		（0.002）
企业盈利能力		−0.072***		−0.026***

续表

	（1）	（2）	（3）	（4）
		（0.010）		（0.006）
股权集中度		−0.000***		0.000***
		（0.000）		（0.000）
企业资本结构		−0.240***		−0.080***
		（0.007）		（0.006）
固定资产比例		0.360***		0.370***
		（0.008）		（0.009）
_cons	1.128***	1.591***	1.263***	1.559***
	（0.004）	（0.021）	（0.003）	（0.034）
个体效应 时间效应	不控制 不控制	不控制 不控制	控制 控制	控制 控制
N	24361	24361	24195	24195
R^2	0.070	0.240	0.793	0.812

注：***、**、* 分别表示在1%、5%和10%的统计水平上显著。

（二）稳健性检验

为了进一步说明结论的可靠性和有效性，本节从解决内生性问题、缩尾处理、更换解释变量的测度方法、控制行业变动趋势以及更换样本等五个角度对基准回归的结论进行稳健性检验。

1. 内生性分析

数字化转型会对企业市场势力产生一定的影响，同时企业为提高市场势力也会主动拥抱数字技术，进行数字化转型。因此，数字化转型和市场势力之间可能存在互为因果的关系。为了进一步减轻内生性问题对研究结论的干扰，作者选用以下两种工具变量对本章的结论进行检验：

（1）参考Li等（2023）的做法，选用滞后一期的数字化转型指数替代当期值进行2SLS估计。由于当期的企业市场势力不会影响到前期的数字化转型，所以工具变量满足外生性的要求。与此同时，数字化转型需要长时间的积累，因此滞后一期的数字化转型与当期存在相关性，故工具变量满足相关性的要求。

回归结果如表5-4列（1）所示，结果表明，Anderson canon. corr. LM统计量的P值为0，说明工具变量不存在识别不足的问题；Cragg-Donald Wald F统计量的值也大于stock-Yogo的临界值16.38，表明不存在弱工具变量的问题，工具变量有效。此外，核心解释变量系数显著为正，说明企业数字化转型显著提高了市场势力，本章的结论依然稳健。

（2）邮件往来是人们早期主要的沟通方式，因此，邮局数量在一定程度上影响了互联网、大数据等技术的接入，进而影响数字技术的普及与发展。随着技术的发展，邮局数量对企业市场势力的影响微乎其微。因此，本章选用1984年各省市每百万人邮局数量作为工具变量既满足排他性的要求又满足相关性的要求。然而，考虑到本章的数据为面板数据，因此借鉴Nunn和Qian（2014）和李成明等（2022）的做法，本章构造了各省市1984年每百万人邮局数与上一年的信息技术服务的交互项作为本章的第二个工具变量，采用两阶段最小二乘法进行回归，回归结果如表5-4列（2）所示。

结果表明，Anderson canon. corr. LM统计量的P值小于0.1，能够拒绝工具变量识别不足的原假设；Cragg-Donald Wald F统计量的值也大于stock-Yogo的临界值16.38，能够拒绝弱工具变量的原假设，证明工具变量的选取是适宜的。同时，核心解释变量Digital系数显著为正，这与本章前面结果完全一致。

表5-4　内生性分析

	（1）	（2）
因变量	IV1	IV2
数字化转型指数	0.006**	0.070**
	（0.003）	（0.029）
控制变量	是	是
个体固定效应 时间效应	是 是	是 是
N	21147	19931
R^2	0.300	0.148

注：***、**、*分别表示在1%、5%和10%的统计水平上显著。

2.缩尾处理

考虑到样本极端值可能会对基准回归结果产生影响，本节对数字化转型以及市场势力等连续变量进行1%的缩尾处理，再次进行实证检验，回归结果见表5-5列（1）。结果表明，在进行缩尾处理后，数字化转型对市场势力的影响依然显著为正。

3. 更换指标

精准构建企业数字化转型指标的关键在于词库的构建，基准回归中所构建的数字化转型词库包括数据、智能、互联网、自动化、集成、数字、智慧、精准、网上、线上、电商、数控、app、虚拟、算法、云计算、区块链、信息化、一体化、5G。考虑到上述词汇中有部分词汇与数字化转型关联性相对较远，更多属于数字化转型应用的基础支撑，并不能直接说明数字化转型的特性及其带来的效果，因此，在词库中去掉5G、互联网、网上、线上、电商、虚拟、App等词汇，重新构建数字化转型词库去测算企业数字化转型程度。并将重新构建的数字化转型指数纳入模型进行回归，回归后的结果见表5-5列（2）。结果表明数字化转型对市场势力仍然有显著的正向促进作用。

4. 控制行业趋势效应

在基准回归中，本节仅控制个体和时间效应，考虑到各行业市场资源和发展环境大有不同，可能会对企业市场势力产生影响。因此，本节在基准回归中加入行业和时间的交互项以控制行业变动趋势，回归结果如表5-5列（3）所示。结果表明，在进一步控制行业变化趋势之后，数字化转型依然可以提高企业市场势力。

5. 更换样本

受2008年金融危机的影响，全球经济都处于低迷状态，企业的市场势力也会因此受到影响。因此，为排除金融危机的影响，我们剔除了2008年金融危机期间的样本，回归结果如表5-5列（4）所示，在排除金融危机影响下，本章的研究结论依旧可靠。

表5-5 稳健性检验

	（1）	（2）	（3）	（4）
因变量	缩尾	更换指标	控制行业	更换样本
数字化转型指数	0.005***		0.004***	0.004***
	（0.001）		（0.001）	（0.001）
数字化转型指数2		0.005***		

	（1）	（2）	（3）	（4）
		（0.001）		
控制变量	是	是	是	是
个体固定效应 时间固定效应 行业趋势	是 是 不控制	是 是 不控制	是 是 控制	是 是 不控制
N	24195	24195	24182	23114
R^2	0.834	0.834	0.840	0.836

注：***、**、* 分别表示在1%、5%和10%的统计水平上显著。

五、进一步分析

（一）机制检验

通过前面理论分析发现，数字化转型提高了企业的市场势力。然而，数字化转型究竟是通过何种渠道对市场势力产生影响目前尚不明确。因此，作者采用中介效应模型来检验数字化转型对市场势力的作用机制。对于中介效应，过往学者们多采用Baron and Kenny（1986）逐步法进行检验。然而，这种方法受到中介变量潜在内生性的影响，可能会导致研究结果并不准确。为此，这里参考江艇（2022）的做法对中介效应模型进行改善，采取两步法对机制进行检验。具体做法如下：首先构建方程（式5-3）来检验数字化转型对中介变量的影响，然后再根据其他学者的研究成果来佐证中介变量对市场势力的影响，从而避免中介变量和市场势力进行回归时所存在的内生性，确保本章结论的严谨性。

$$Inter_{it} = \beta_0 + \beta_1 Digital_{it} + \beta_2 Control_{it} + u_{it} + \varepsilon_{it} \qquad （式5-5）$$

其中，$Inter_{it}$ 代表中介变量，β_1 的系数和显著性则是本节关注的重点，代表数字化转型对中介变量的作用方向和大小。

此外，考虑到数字化转型对企业的改造升级会导致企业规模发生变化，而企业规模的变动正是调整市场结构的必要手段。那么，对外并购和对内设立子公司作为企业规模变动的两种表现形式，也一定会对市场势力产生影响。为此，本节将从对外并购和对内设立子公司两个角度来论证数字化转型对市场势力的影响。

1. 数字化转型促进并购重组实现对外扩张

为检验并购是否是数字化转型对市场势力的影响渠道，首先需要采取合理的指标对企业并购活动进行衡量。纵观已有文献，学者们多采用并购次数（Guo等，2019；李思儒等，2022）、并购金额（陈仕华和王雅茹，2022）和并购哑变量（蔡庆丰等，2017）来衡量企业并购。考虑到如果采用并购金额来衡量企业并购，则未发生并购的企业和已发生并购的企业之间差距过大，即使将并购金额取对数后仍有较大差距，可能会影响本章的回归结果。另外，哑变量无法区分多次并购和一次并购，也会对实证结果造成影响。因此，本节参考潘红波和杨海霞（2022）的做法采用并购次数作为衡量企业并购活动的指标并进行回归，回归结果如表5-6列（1）所示。列（1）结果表明核心解释变量系数显著为正，说明数字化转型促进了企业对外并购活动的发生。从理论上来说，数字化转型为企业提供了新的资源要素，即数据和信息。数据和信息的快速流动帮助企业积极响应市场需求，有效整合外部市场资源，带动生产率的提升和股价的上涨，助长企业扩张情绪，推动并购活动的发生。数字化转型对企业并购的影响由此得到证实。

对于并购和市场势力之间的关系，蒋冠宏（2021）、巫岑和饶品贵（2022）在过往研究中已证明并购会提高市场势力。这主要是由于并购带来的协同效应（Blonigen和Pierce，2016）和范围经济效应（Nocke和Yeaple，2008）会促进企业市场势力的提升。协同效应具体体现在企业通过并购可以降低开辟新市场的成本，完善产业链布局，提升市场占有率和市场势力。此外，并购后的范围经济效应也有利于提高市场势力。并购的范围经济效应是指企业经营业务的扩张，而经营业务的扩张又具体体现在产品数量的增加和产品种类的增加。产品数量的增加意味着企业对其他企业市场份额的蚕食，进一步挤压其他企业的生存空间，市场势力由此提高（Neary，2007）。产品种类的增加增强了企业产品的整体议价能力（Weston，2004）。议价能力提升增强了企业市场垄断力和市场势力。从上述分析中可以看出，并购确实会带来市场势力的提高。因此，数字化转型通过促进对外并购进而提高市场势力的假说由此得到证实，即假说H5-1成立。

2. 数字化转型促进设立子公司实现内生增长

为验证设立子公司是否是数字化转型对市场势力的影响渠道，本节采用上市企业子公司数量作为中介变量的衡量指标，并进行回归分析。回归结果如表5-6列（2）所示。列（2）结果表明核心解释变量Digital的系数在1%的水平下显著为正，说明数字化转型促使企业设立子公司。从理论上来说，数字化转型的技术优势有效降低了母公司和子公司之间的沟通成本，而管理流程的数字化和透明化有效降低了母公司和子公司之间的信息不对称。除此之外，数字化转型带来的新变化放大了子公司对母公司的作用。因此，在数字化转型的影响下，企业更有动力去设立子公司。数字化转型对企业设立子公司的影响由此得到证实。

对于企业设立子公司如何影响市场势力这一问题，本节从设立子公司的动因出发研究其对市场势力的影响。企业设立子公司的原因主要有两个：一是剥离企业原有的资产不佳业务（Berry，2013）；二是业务扩张（Lu和Xu，2006）。然而，无论是基于哪种原因，子公司的设立都会为企业带来市场势力的增加。一方面，企业通过剥离有问题或表现不佳的业务，专注于核心业务，使其资金源源不断地流向核心业务，增强核心业务的竞争力，逐步扩大业务范围，实现企业规模的增量增长，提高市场势力。另一方面，业务扩张本来就代表着企业市场势力的增加。此外，若因业务扩张而设立子公司，子公司则可以利用母公司原有的资源和经验，在新的商业领域占据优势。子公司规模的壮大也会带动母公司规模的增加，提高企业的市场垄断能力和市场势力。从上述分析中可以看出，设立子公司确实会带来企业市场势力的提高。因此，数字化转型通过对内设立子公司来提高市场势力的假说由此得到证实，即假说H5-2成立。

表5-6 机制分析

	（1）	（2）
因变量	对外发起并购	对内设立子公司
数字化转型指数	0.047***	0.042***
	（0.016）	（0.006）
控制变量	是	是

续表

	（1）	（2）
个体固定效应 时间固定效应	是 是	是 是
N	23550	24195
R^2	0.325	0.818

注：***、**、* 分别表示在1%、5%和10%的统计水平上显著。

（二）异质性分析

本部分针对数字化转型对市场势力的影响展开了充分的识别和检验，基本确定了二者之间的因果关系。但考虑到这一效应在不同企业、不同行业和不同地区的异质性，本章从企业生命周期、所处行业以及所在地区等三个方面出发，探讨数字化转型影响企业市场势力的差异。

1. 异质性分析：企业生命周期

本章参考Dickinson（2011）的做法，将企业划分为成长期、成熟期和衰退期。为便于比较，本章将成长期和成熟期合并为上升期，并赋值为1，衰退期企业赋值为0。分别对衰退期企业和上升期企业进行回归，回归结果如表5-7列（1）、列（2）所示。

根据表5-7结果可知，列（1）为衰退期企业回归后的结果，列（2）为上升期企业回归后的结果，可以看出二者回归系数均显著为正。因此，本节随后进行了费舍尔检验，检验结果表明确实存在组间差异。根据两组回归结果的系数大小，可以判断出相较于衰退期企业，数字化转型对上升期企业影响更大。这可能是由于上升期企业对数字技术的接纳程度更高，也更有余力进行数字化转型，而衰退期的企业自身发展动力不足，疲于进行数字化转型。因此，数字化转型对上升期企业市场势力的促进作用更明显。

2. 异质性分析：企业所处行业

本章参考Li等（2023）的做法，按照企业所属行业将企业划分为高新技术行业和非高新技术行业并分别进行回归，回归结果如表5-7列（3）、列（4）所示。

根据表5-7结果可知，列（3）为非高新技术行业的回归结果，结果显示核心解释变量系数为正但并不显著，说明数字化转型对非高新技术行业的影响并不强烈。列（4）为高新技术行业的回归结果，核心解释变量系数显著为正，说明数字化转型提高了高新技术行业的市场势力。根据上述结果可以看出，数字化转型对高新技术行业市场势力的影响更大。这可能是因为相较于非高新技术行业，高新技术行业在技术方面的优势使其与数字化转型的适配度更高。高新技术行业在数字技术的帮助下实现经营管理上的精准化和智能化，提高企业竞争力和市场势力。

3. 异质性分析：企业所在地区

本部分参考林川（2022）等人的做法，根据企业所在地的市场化指数来衡量企业所在省市制度环境水平的高低。低于市场化水平均值的即为低制度环境样本，高于市场化水平均值的即为高制度环境样本。分别对低制度环境和高制度环境样本进行回归，回归结果如表5-7列（5）、列（6）所示。

根据表5-7结果可知，列（5）为低制度环境企业的回归结果，列（6）为高制度环境企业的回归结果，二者核心解释变量系数均显著为正。但是，由于本节通过了费舍尔检验，因此根据两个回归结果的系数大小，可以判断企业所在地制度环境越高，数字化转型对企业市场势力的影响越大。这可能是因为制度环境的高低关系着该地区企业数字化转型的意愿。良好的制度环境为数字化转型提供了必要的资源和信息，同时市场中公平的竞争氛围也鼓励企业通过数字化转型提高市场竞争力和市场势力。因此，处于高制度环境中的企业，数字化转型对其市场势力的促进作用更明显。

表5-7　数字化转型对企业市场势力的异质性影响

	生命周期		所在行业		所在地区	
	（1）	（2）	（3）	（4）	（5）	（6）
因变量	衰退期	上升期	非高新技术	高新技术	低制度环境	高制度环境
数字化转型指数	0.003*	0.006***	0.003	0.007***	0.004**	0.006***
	（0.002）	（0.001）	（0.002）	（0.001）	（0.002）	（0.001）
控制变量	是	是	是	是	是	是
个体固定效应	是	是	是	是	是	是

	生命周期		所在行业		所在地区	
	（1）	（2）	（3）	（4）	（5）	（6）
时间固定效应	是	是	是	是	是	是
N	8200	15456	10069	14077	9546	14215
R^2	0.836	0.826	0.808	0.829	0.815	0.833

注：***、**、* 分别表示在1%、5%和10%的统计水平上显著。

六、结论

随着数字技术的高速发展，特别是人工智能、区块链、云计算、大数据等"ABCD"技术的发展应用，加快实现经济社会信息化、数字化、智能化已成为全球发展共识。然而，在数字经济时代，各行业"头部效应"越发明显（蒋冠宏，2021）。那么，数字化转型到底提高还是降低了企业的市场势力呢？该问题的回答不仅有助于企业理解数字化转型的经济效应，更有助于推动市场结构优化调整。

在此背景下，本章从企业层面出发，利用Python网络爬虫方法获取2008—2020年上市公司年报，基于数字化转型的目标和共性特征，创新性地构建数字化转型词库，并使用文本分析法对上市公司年报中的词频进行统计，得到上市公司数字化转型指数，并结合上市公司的财务指标构建非平衡面板数据，对数字化转型影响市场势力的效果进行了实证分析，并进一步考察其作用机制。然后，本章分析了数字化转型对企业市场势力在宏观和微观两个层面的异质性影响。研究发现：第一，数字化转型显著提高了企业市场势力。本章的结论在考虑潜在的内生性问题并进行一系列稳健性检验后依然成立。第二，机制分析表明对外并购和对内设立子公司是数字化转型影响企业市场势力的两条重要路径。第三，从微观层面来看，数字化转型更容易提高上升期企业的市场势力。此外，从宏观层面来看，数字化转型对高新技术和制度环境水平高的企业影响更大。基于上述结论，本章得到如下启示：数字化转型对传统企业的颠覆性影响越来越大。为此，企业应抓住数字化转型机遇，在数字浪潮中激流而上。企业应以业务转型为导向布局数字化转型战略，加速形成自身所需的数字能力，尽快实现商业模式上的转变。此外，政府也应重视数字化转型的市场效应，在引导企业进行数字化转型的同时也要注意防范资本的无序扩张，提高资源配置效率和市场调节能力，推动经济的高质量发展。

然而，本章的研究仍存在一定的不足：第一，在数据方面，限于数据可得性问题，本章仅采用上市公司数据来研究数字化转型对企业市场势力的影响。然而上市公司通常规模较大，所以可能存在一定的样本选择性问题，因此本章的结论是否适用于中小型企业有待于进一步研究和讨论。第二，在指标构建方面，本章使用的数字化转型指数是通过文本分析法在上市公司年报中间接获取的，虽然在前人基础上进一步优化了测度方法，但可能仍存在一定的误差。围绕上述不足，在后续研究中，我们将进一步丰富样本数据，尽可能地去涵盖更多的企业样本；进一步创新测度方法，更为精准地测算企业数字化转型指数；拓展研究内容，以期能为数字化转型下产业组织变革提供更多经验证据。

参考文献：

[1] 白雪洁,孙红印,汪海凤.R&D活动、市场势力与社会福利效应——基于中国企业的实证分析[J].经济理论与经济管理,2016（03）：59–71.

[2] 柏培文,喻理.数字经济发展与企业价格加成：理论机制与经验事实[J].中国工业经济,2021（11）：59–77.

[3] 蔡庆丰,田霖,郭俊峰.民营企业家的影响力与企业的异地并购——基于中小板企业实际控制人政治关联层级的实证发现[J].中国工业经济,2017（03）：156–173.

[4] 陈剑,黄朔,刘运辉.从赋能到使能——数字化环境下的企业运营管理[J].管理世界,2020,36（02）：117–128+222.

[5] 陈仕华,王雅茹.企业并购依赖的缘由和后果：基于知识基础理论和成长压力理论的研究[J].管理世界,2022,38（05）：156–175.

[6] 陈甬军,杨振.制造业外资进入与市场势力波动：竞争还是垄断[J].中国工业经济,2012（10）：52–64.

[7] 侯德帅,王琪,张婷婷,董曼茹.企业数字化转型与客户资源重构[J].财经研究,2023,49（02）：110–124.

[8] 江艇.因果推断经验研究中的中介效应与调节效应[J].中国工业经济,2022（05）：100–120.

[9] 蒋冠宏.并购如何提升企业市场势力——来自中国企业的证据[J].中国工业经济,2021（05）：170–188.

[10] 李成明,李大铭,张泽宇昕.数字基础设施、家庭多维减贫与共同富裕[J].河北经贸大学学报,2022,43（06）：61–72.

[11] 李思儒,杨云霞,曹小勇.数字型跨国并购与创业行为研究[J].国际贸易问题,2022（07）：142–158.

[12] 李学峰,杨盼盼.金融科技、市场势力与银行风险[J].当代经济科学,2021,43（01）：45–57.

[13] 林川.数字化转型与股价崩盘风险[J].证券市场导报,2022（06）：47–57.

[14] 刘莉亚,金正轩,何彦林,朱小能,李明辉.生产效率驱动的并购——基于中国上市公司微观层面数据的实证研究[J].经济学（季刊）,2018,17（04）：1329–1360.

[15] 刘志彪,石奇.竞争、垄断和市场势力[J].产业经济研究,2003（04）：71–77.

[16] 聂兴凯,王稳华,裴璇.企业数字化转型会影响会计信息可比性吗[J].会计研究,2022,No.415（05）：17–39.

[17] 潘红波,杨海霞.竞争者融资约束对企业并购行为的影响研究[J/OL].中国工业经济,2022（07）：161–179[2022–11–08].

[18] 汤萱,高星,赖晓冰.数字化转型对企业劳动生产率的影响研究[J].经济纵横,2022（09）：104–112.

[19] 唐浩丹,方森辉,蒋殿春.数字化转型的市场绩效：数字并购能提升制造业企业市场势力吗?[J].数量经济技术经济研究,2022,39（12）：90–110.

[20] 巫岑,饶品贵.并购能化解企业的产能过剩？[J].财务研究,2022（03）：19–34..

[21] 吴非,胡慧芷,林慧妍等.企业数字化转型与资本市场表现——来自股票流动性的经验证据[J].管理世界,2021,37（07）：130–144+10.

[22] 薛成,孟庆玺,何贤杰.网络基础设施建设与企业技术知识扩散——来自"宽带中国"战略的准自然实验[J].财经研究,2020,46（04）：48–62.

[23] Acemoglu D, Restrepo P. The race between man and machine： Implications of technology for growth, factor shares, and employment[J]. American economic review, 2018, 108（6）： 1488–1542.

[24] Ardolino M, Rapaccini M, Saccani N, et al. The role of digital technologies for the service transformation of industrial companies[J]. International Journal of Production Research, 2018, 56（6）： 2116–2132.

[25] Baron R M, Kenny D A. The moderator‑mediator variable distinction in social psychological research： Conceptual, strategic, and statistical considerations[J]. Journal of personality and social psychology, 1986, 51（6）： 1173.

[26] Berry H. When do firms divest foreign operations?[J]. Organization Science, 2013, 24（1）： 246–261.

[27] Blonigen B A, Pierce J R. Evidence for the effects of mergers on market power and efficiency[R]. National Bureau of Economic Research, 2016.

[28] Bloom N, Garicano L, Sadun R, et al. The distinct effects of information technology and

communication technology on firm organization[J]. Management Science, 2014, 60（12）: 2859–2885.

[29] Bresnahan T F. Empirical studies of industries with market power[J]. Handbook of industrial organization, 1989, 2: 1011–1057.

[30] Chen P, Kim S K. The impact of digital transformation on innovation performance–The mediating role of innovation factors[J]. Heliyon, 2023, 9（3）.

[31] Cheng Y, Zhou X, Li Y. The effect of digital transformation on real economy enterprises' total factor productivity[J]. International Review of Economics & Finance, 2023, 85: 488–501.

[32] Cole M T, Eckel C. Tariffs and markups in retailing[J]. Journal of international Economics, 2018, 113: 139–153.

[33] Davenport T H, Ronanki R. Artificial intelligence for the real world[J]. Harvard business review, 2018, 96（1）: 108–116.

[34] Dickinson V. Cash flow patterns as a proxy for firm life cycle[J]. The accounting review, 2011, 86（6）: 1969–1994.

[35] Foster L, Haltiwanger J, Syverson C. The slow growth of new plants: Learning about demand?[J]. Economica, 2016, 83（329）: 91–129.

[36] Bartlett C A, Ghoshal S. Tap your subsidiaries for global reach[J]. Harvard business review, 1986, 64（6）: 87–94.

[37] Goldfarb A, Tucker C. Digital economics[J]. Journal of economic literature, 2019, 57（1）: 3–43.

[38] Guo B, P é rez–Castrillo D, Toldr à –Simats A. Firms' innovation strategy under the shadow of analyst coverage[J]. Journal of Financial Economics, 2019, 131（2）: 456–483.

[39] Hao X, Wen S, Xue Y, et al. How to improve environment, resources and economic efficiency in the digital era?[J]. Resources Policy, 2023, 80: 103198.

[40] Harford J. What drives merger waves?[J]. Journal of financial economics, 2005, 77（3）: 529–560.

[41] Hottman C J, Redding S J, Weinstein D E. Quantifying the sources of firm heterogeneity[J]. The Quarterly Journal of Economics, 2016, 131（3）: 1291–1364..

[42] Jiang K, Du X, Chen Z. Firms' digitalization and stock price crash risk[J]. International Review of Financial Analysis, 2022, 82: 102196.

[43] Li C, Xu Y, Zheng H, et al. Artificial intelligence, resource reallocation, and corporate innovation efficiency: Evidence from China' s listed companies[J]. Resources Policy, 2023, 81: 103324.

[44] Liu Y, Dong J, Mei L, et al. Digital innovation and performance of manufacturing firms: An affordance perspective[J]. Technovation, 2023, 119: 102458.

[45] Loecker J D, Warzynski F. Markups and firm–level export status[J]. American economic review, 2012, 102（6）: 2437–2471.

[46] Lu J W, Xu D. Growth and survival of international joint ventures: An external–internal legitimacy

perspective[J]. Journal of Management, 2006, 32（3）：426-448.

[47] Makridakis S. The forthcoming Artificial Intelligence （AI） revolution：Its impact on society and firms[J]. Futures, 2017, 90：46-60.

[48] Maksimovic V, Phillips G, Yang L. Private and public merger waves[J]. The Journal of Finance, 2013, 68（5）：2177-2217.

[49] Matarazzo M, Penco L, Profumo G, et al. Digital transformation and customer value creation in Made in Italy SMEs：A dynamic capabilities perspective[J]. Journal of Business Research, 2021, 123：642-656.

[50] Miller D, Friesen P H. A longitudinal study of the corporate life cycle[J]. Management science, 1984, 30（10）：1161-1183.

[51] Mukherjee S, Chanda R. Tariff liberalization and firm-level markups in Indian manufacturing[J]. Economic modelling, 2021, 103：105594.

[52] Nagle F, Seamans R, Tadelis S. Transaction cost economics in the digital economy：A research agenda[J]. Harvard Business School Strategy Unit Working Paper, 2020 （21-009）.

[53] Neary J P. Cross-border mergers as instruments of comparative advantage[J]. The Review of Economic Studies, 2007, 74（4）：1229-1257.

[54] Nocke V, Yeaple S. An assignment theory of foreign direct investment[J]. The Review of Economic Studies, 2008, 75（2）：529-557.

[55] Nunn N, Qian N. US food aid and civil conflict[J]. American economic review, 2014, 104（6）：1630-1666.

[56] Rammer C, Fern á ndez G P, Czarnitzki D. Artificial intelligence and industrial innovation：Evidence from German firm-level data[J]. Research Policy, 2022, 51（7）：104555.

[57] Ran Q, Yang X, Yan H, et al. Natural resource consumption and industrial green transformation：does the digital economy matter?[J]. Resources Policy, 2023, 81：103396.

[58] Rhodes‐Kropf M, Robinson D T, Viswanathan S. Valuation waves and merger activity：The empirical evidence[J]. Journal of financial Economics, 2005, 77（3）：561-603.

[59] Sembenelli A, Siotis G. Foreign Direct Investment and mark-up dynamics：Evidence from Spanish firms[J]. Journal of International Economics, 2008, 76（1）：107-115.

[60] Shleifer A, Vishny R W. Stock market driven acquisitions[J]. Journal of financial Economics, 2003, 70（3）：295-311.

[61] Stiebale J, Vencappa D. Acquisitions, markups, efficiency, and product quality：Evidence from India[J]. Journal of International Economics, 2018, 112：70-87.

[62] Toolsema L A. Monetary policy and market power in banking[J]. Journal of Economics, 2004, 83：71-83.

[63] Vahlne J E, Schweizer R, Johanson J. Overcoming the liability of outsidership—the challenge of HQ of the global firm[J]. Journal of International Management, 2012, 18（3）：224-232.

[64]　Wu D, Xie Y, Lyu S. Disentangling the complex impacts of urban digital transformation and environmental pollution：Evidence from smart city pilots in China[J]. Sustainable Cities and Society, 2023, 88：104266.

[65]　Zhou K Z, Gao G Y, Zhao H. State ownership and firm innovation in China：An integrated view of institutional and efficiency logics[J]. Administrative Science Quarterly, 2017, 62（2）：375-404.

第六章　社会责任：数字基础设施、企业治理与ESG绩效

一、引言

近年来，环境保护和社会责任意识的提升对企业可持续发展提出了更高的要求。碳达峰碳中和以及生态文明建设已成共识，各利益相关方都期望企业在经济增长的同时兼顾环境和社会影响。早在1992年，联合国环境规划署金融倡议（United Nations Environment Programme Finance Initiative，UNEPFI）中提出：希望金融机构能把环境、社会和公司治理（Environmental，Social和Governance，ESG）因素纳入决策过程。随着时代的变迁，利益相关者的需求在投资领域发生了重大转变，投资者们越来越注重劳工权益、商业道德和环境保护等议题。这种转变推动了企业在可持续发展方面的重要转型，而ESG（Environmental，Social和Governance）作为一种评估企业综合可持续性的指标体系（Ren等，2023）受到广泛关注。因此，深入研究如何有效提升企业ESG表现具有重要意义。

关于ESG表现的影响因素，现有文献从外部环境和组织内部等方面进行了广泛的研究。已有学者针对ESG表现的影响因素做了充分的探讨。从外部环境出发，学者们从社会制度（Ortas等，2015）、碳管制政策风险（Shu和Tan，2023）、环境政策不确定性（Wang等，2023）、多元文化（Shin等，2023）、欧盟成员国审计委员会特征（Pozzoli等，2022）、机构投资者的实地考察（Jiang等，2022）等视角分析了ESG表现的影响因素；从组织内部来看，现有研究讨论了多个大股东的监督或勾结（Wang等，2023）、机制所有权异质性（Wang等，2023）、企业数字化（Fang等，2023）等对ESG表现的影响。尽管已经有大量的研究关注ESG表现及其影响因素，但作为现代化经济体系的"中枢节点"和"传输纽带"——数字基础设施，还尚未纳入考量范围。

在数字时代，信息和数据的规模不断膨胀，这无一不需要数字技术进行处理。数字基础设施是数字技术和数字经济的发展的重要引擎（Xiao等，

2024）。作为支撑数字技术的底层逻辑，数字基础设施不仅提供高效的信息交流和数据存储能力，还为企业提供了开展数字化业务和应对市场挑战的必要条件。与此同时，数字基础设施建设也是可持续发展的重要组成部分。通过加强数字基础设施建设，企业能够更有效地履行社会责任，为环境保护和社会公益作出积极贡献。

当前，学者们对数字基础设施建设的研究主要有宏观和微观两个层面。在微观层面，通过数字基础设施建设，企业可以使用互联网、大数据和区块链等数字技术来降低交易成本、提高生产力（Goldfarb和Tucke，2019），进而影响公司治理水平（Qi等，2020）。在宏观层面，数字基础设施建设影响低碳发展（Hu等，2023），即在享受数字基础设施建设带来的"低碳红利"同时，发展中国家的政府和企业在环境可持续性方面也取得了丰硕的成果。数字基础设施建设对减少中国城市的碳排放也有一定的贡献（Zhang等，2022a；Zhang等，2022b；Zhang等，2022c；Zhang等，2022d；Tang和Yang，2023）。尽管这些研究都表明数字基础设施建设对可持续发展有一定的积极影响，并且ESG表现是企业可持续发展的重要指标（Ren等，2023），但是现有文献缺乏就数字基础设施建设对企业ESG表现的影响这一问题的直接证据。

基于此，本章以2011—2021年中国A股上市公司的面板数据为研究样本，利用2012年推出的"宽带中国"战略这一准自然实验，实证考察数字基础设施建设对企业ESG表现的影响机制。根据"宽带中国"战略的实施计划，在2014年、2015年和2016年分别进行了三批次的选择，共计选定了120个城市（群）作为宽带建设示范城市。这些城市的选择并不受当地企业的发展状况的影响，所以对企业来说是相对外生的。根据上市公司的注册地是否是"宽带中国"示范城市，本章将样本分为实验组和控制组。利用双重差分法（DID）研究数字基础设施建设对企业ESG表现的影响。研究发现，第一，数字基础设施建设能够显著促进企业ESG表现。本章还使用倾向得分匹配法和安慰剂检验来缓解内生性问题，并且通过加入宏观因素、去除直辖市和省会城市样本、更换被解释变量评级机构等方法进行稳健性检验。第二，机制分析表明，数字基础设施建设可以通过增大研发投入、提高企业治理水平和增加信息透明度等方式，对企业ESG表现产生促进作用。第三，数字基础设施建设对企业的ESG表现的影响具有异质性。从企业层面来看，数字基础设施建设对国有、小规模、处于成长期、低盈利的公司ESG表现促进作用更加显著。在行业和地区异质性方面，数字基础设施建设在非重污染企业和注册地处于中西部地区的公司ESG表现促进作用更加显著。

相较于以往的研究，本章的边际贡献在于：

第一，在研究视角方面，本章利用"宽带中国"战略构造准自然实验，从企业层面切入，通过实证分析研究数字基础设施建设对企业ESG表现的影响，丰富了数字基础设施建设带来的效应研究。学者们从宏观和微观两个层面分析数字基础设施建设带来的影响效应。在宏观层面，学者们分析了数字基础设施建设对就业结构（Ndubuisi等，2021）、创新水平（Antonucci等，2022）、城市治理（Barns等，2017）、产业结构升级（Cen等，2022）、贸易（Park和Heo，2020；Zhou等，2022）以及创业行动（Schade和Schuhmacher，2022）的影响。在微观层面探究了数字基础设施建设对企业全要素生产率（Tian和Liu，2021）、企业创新（Zhou等，2021）、城市碳排放（Tang和Yang，2023）、城市低碳发展（Hu等，2023）的影响。可以看出，不少学者关注数字基础设施建设对可持续发展的影响，而ESG表现作为企业可持续发展的重要指标（Ren等，2023），没有学者直接深入考察数字基础设施建设如何影响企业ESG表现。

在研究内容方面，本章丰富了ESG表现的影响因素研究。本章着重研究了数字基础设施建设对企业ESG表现的影响。从现有的研究中，学者们针对企业ESG表现的影响因素已经做出了充分的讨论。在外部环境方面，现有研究基于社会制度（Ortas等，2015）、数字金融（Ren等，2023）、碳管制政策（Shu和Tan，2023）、投资者实地考察（Jiang等，2022）、敏感行业（Garcia等，2017）、资本市场开放（Deng等，2022）、公共事业部门（Imperiale等，2023）、自然灾害（Huang等，2022）、环境政策不确定性（Wang等，2023）等视角分析了ESG表现的影响因素。从内部组织来看，大量文献从董事和高级职员的责任保险（Jiang等，2022）、财务业绩亏损（DasGupta，2022）、研发投资（Xu等，2021）、企业高管激励措施（Jang等，2022）以及女性高管（Meng和Zhu，2023）等多个角度探讨对企业ESG表现的影响。上述研究从"外部环境-组织内部"的角度为企业ESG表现提供了借鉴和启示。然而数字时代的到来很难脱离数字技术去讨论ESG表现。因此，本章从数字基础设施建设的角度出发，为企业ESG表现的研究提供了新的视角。

第二，在现实落脚方面，本研究不仅对企业具有现实意义，还对政策制定者提供了重要的参考。对企业而言，研究数字基础设施建设对企业ESG表现的影响可以帮助它们认识到数字基础设施建设在实现可持续发展目标方面的重要性，并进一步优化自身的ESG绩效，有助于企业提升社会声誉、吸引投资者和客户，并为未来可持续发展做好准备。对政策制定者来说，研究结果可以提供重要的参考和指导，帮助他们制定与数字基础设施建设相关的政策。这些政策可以推动企业积极参与数字基础设施建设，并将ESG考量纳入其发展战略中。这有助于提升国家或地区的可持续发展水平，促进经济增长与环境保护的协调，并为社会带来更多的利益。

本章的结构如下：第二节是理论分析和研究假设，第三节介绍了模型建构、相关变量与数据说明，第四节展示了数字基础设施建设影响企业ESG表现的实证结果和稳健性检验，第五节分析了数字基础设施建设对企业ESG表现的作用机制并进一步分析了其异质性影响，第六节进行概括总结并阐述启示。

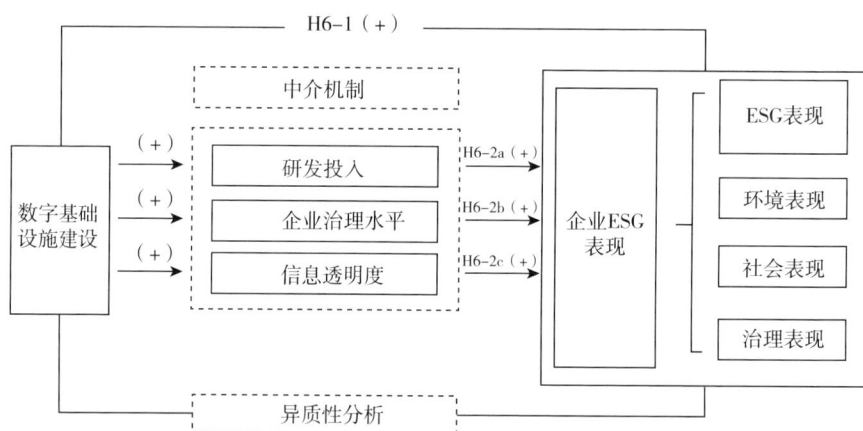

图6-1　机制分析图

二、理论分析和研究假说

（一）数字基础设施建设对企业ESG表现的影响

企业能否提高ESG表现，不仅依赖企业自身的知识储备，还取决于企业对外部信息的整合利用效率（Liu等，2018）。具体来说，企业需要了解外部信息，以建立与其价值观和业务重心相关的ESG策略。企业对市场和客户需求、监管和政府动态以及行业和竞争情况的了解可以指导企业如何制定和优化其ESG策略，提高企业ESG表现。与此同时，企业需要收集、清理和分析大量的ESG信息，以衡量其ESG表现，在这其中包括物业和产能数据、供应链和合作伙伴信息以及社会和人力资源等外部信息。数字基础设施建设能够搭建ESG信息交流平台，降低ESG信息传递的成本，进而促进企业ESG表现。首先，数字基础设施建设能够搭建起ESG信息自由流通的桥梁。较远的地理位置会阻碍信息的自由流动，数字基础设施建设在一定程度上能打破空间约束（Rietmann，2022），搭建起信息自由流通的渠道，促进资源共享（Chen等，2020），激发企业创新能力和可持续发展意识，进而提高企业的ESG表现。其次，完善的数字基础设施建设降低了ESG信息的搜寻和传递成本。数字基础设施建设降低了最新研发成果的搜寻成本以及超大规模信息的传递成本（Bob，2023），加速了ESG信息的传播和交换速度，为企业ESG表现提供了丰富的资源。最后，数字基础设施建设形成的视频电话、在线会议等多样的便捷方式，极大地促进了信息的大碰撞、大融合，加速了价值链各个节点的合作效率（Bakos，1997），有利于促进企业ESG表现。基于上述分析，本章提出假说H6-1。

H6-1：数字基础设施建设正向影响企业ESG表现。

（二）研发投入、企业治理水平、信息透明度的中介作用

结合现有的研究，数字基础设施建设的发展为提高企业ESG表现提供了物质基础。本章从内部管理和外部关系两个角度阐述数字基础设施建设对促进企业ESG表现的路径。从内部管理的角度来看，企业治理水平和研发投入关注企业内部的组织、决策、管理和资源配置等方面，以确保企业的长期可持续发展；从外部关系角度来看，信息透明度则关注企业对外公开的财务、经营和治理信息的透明度，以增强企业与股东、投资者、媒体和政府之间的互信与合作，进而影响企业的健康发展。

1. 数字基础设施建设、研发投入和企业ESG表现

数字基础设施建设能够增大企业研发投入。在技术支持方面，数字基础

设施建设为企业提供了先进的技术支持和平台，如云计算、大数据分析、人工智能等。这些技术工具和平台能够提高企业的研发效率和创新能力，为研发团队提供更多的资源和工具，使其能够更快地开展研究工作。在数据和信息支持方面，数字基础设施建设使企业能够收集、存储和分析大量的数据和信息。这些数据和信息可以为研发工作提供重要的支持和指导，帮助研发团队更好地了解市场需求、用户反馈和竞争动态，从而指导研发方向和决策。在降低成本和风险方面，数字基础设施建设可以通过降低研发过程中的成本和风险，推动企业增加研发投入。例如，云计算技术可以提供弹性和可扩展的计算资源，减少企业自建基础设施的成本和风险。此外，数字化工具和平台也可以提供模拟和测试环境，帮助企业降低新产品开发的风险。

企业增加研发投入可以对他们的产品创新、节能减排和资源整合产生多种影响。在产品创新方面，研发活动可以鼓励企业产品创新和品牌升级，有助于更新产品的生产模式和营销方式，从而提升企业各部门的生产效率，优化企业ESG表现中的管理绩效（Laurens等，2015）。同时，优质的产品能够提高客户满意度，增加市场份额，强化品牌声誉，提升企业可持续性。在节能减排方面，通过研究公司层面的数据发现，研发投入可以通过减少能源和碳排放强度来提升企业的环境绩效（Alam等，2019）。在资源整合方面，拥有较高研发投入的企业有较强的信息搜集和筛选能力，企业内部知识融合和系统化整合也比较流畅，从而能够更好地整理和利用现有资源，提升ESG表现（Escrig-Olmedo等，2010）。

基于上述分析，提出假说H6-2a。

H6-2a：数字基础设施建设通过提高研发投入促进企业ESG表现。

2. 数字基础设施建设、企业治理水平和企业ESG表现

数字基础设施建设有助于提升企业内部的治理水平。大规模数字基础设施建设的应用使企业的组织结构更加地网络化和扁平化，加上大量的数字技术参与到企业的生产、经营和管理流程中，将企业内各个环节标准化和数字化，促进企业内部信息及时和准确地传输（Jiang和Bai，2022；Wu等，2022；Chen和Hao，2022），从而提高企业的内部治理水平。治理水平的提升可以对企业风险管理和员工管理产生多种影响。从风险管理角度来看，内部治理水平的提升有助于企业准确地识别、管理和应对各类风险，包括环境、社会和

治理方面的风险。通过建立灵活的风险管理机制和危机应对预案，企业能够更有效地应对各类风险事件，减少对业务运营和利益相关者的负面影响，保护企业的长期利益和可持续发展。从员工管理角度来看，良好的治理水平能够提高员工参与企业治理的机会和意识，增强员工的工作动力和归属感，进而提高员工的满意度，增加企业的社会责任感，有利于提高企业的ESG表现。

基于上述分析，提出假说H6-2b。

H6-2b：数字基础设施建设通过提升企业治理水平促进企业ESG表现。

3. 数字基础设施建设、信息透明度和企业ESG表现

数字基础设施建设提高了企业的信息透明度，从而对企业履行社会责任有一定的促进作用。当企业的管理层与外部利益相关者之间的信息存在一定的不对称时，企业管理层为了获取最大的利益，会选择性地披露社会责任信息，这在一定程度上损害了外部利益相关者的利益，从而对企业的可持续发展造成严重阻碍。在数字基础设施建设高速发展的时代，人工智能、区块链技术等数字技术使企业的活动具有可记录性和可追溯性（Shahzad等，2023），信息披露更加透明。一方面，有助于投资者更准确地评估公司某些固定的特征（Dasgupta等，2010），企业与外部利益相关者的信息不对称情况减少。同时，利益相关者可以利用数字基础设施建设参与到企业的经营决策中，比如通过视频电话、在线会议等多样的便捷方式传达他们的价值主张，增强企业履行社会责任的意识。企业履行社会责任有利于提升企业形象（Si等，2021），进而获得更高的ESG评级。另一方面，信息透明度的增加使得资本市场的治理边界有所拓宽，公司可以很容易地聚集投资者、分析师、市场中介等多方力量，降低公司内部的信息不对称程度，提高信息透明度，增加企业外部监督压力（Zhong等，2023），从而倒逼企业履行社会责任。

基于上述分析，提出假说H6-2c。

H6-2c：数字基础设施建设通过提高企业信息透明度，对企业ESG表现产生正向影响。

（三）数字基础设施建设对企业ESG表现的异质性影响

不同企业拥有的产权性质、规模大小、地理区位、所处发展周期和行业不同，因此，数字基础设施建设对企业ESG表现的影响也会有所不同。本章

将异质性分为公司、行业和地区三个层面进行分析。

公司层面从所有权性质、企业规模、企业生命周期以及盈利水平四个纬度检验数字基础设施建设对企业ESG表现的异质性影响。在所有权性质方面，国有上市公司和非国有上市公司（包括民营上市公司等）并存是中国资本市场的重要制度背景（Sun等，2022）。与非国有企业相比，国有企业通常面对更大的权益平衡和社会责任的压力，并需要更多地承担与公共利益和社会福利相关的责任。在这种情况下，数字基础设施建设可以作为提供公共服务和促进社会福利的重要手段之一，帮助国有企业更好地满足社会责任要求。在企业规模方面，小规模企业通常面临有限的资源和能力，包括资金、人力和技术等方面。数字基础设施建设可能为小规模企业提供了更多的机会和手段来改善ESG表现。因为它可以提供更高效、可持续和创新的解决方案，帮助小企业在环境管理、社会责任和公司治理等方面取得显著进展。相比之下，大规模企业可能已经拥有更多的资源和能力来应对ESG挑战，因此数字基础设施建设对其ESG表现影响不显著。在企业生命周期方面，成长期企业通常处于快速发展和扩张阶段，需要不断投资和改进其业务模式、流程和技术。数字基础设施建设提供了强大的技术基础和数字化解决方案，有助于成长期企业提高效率、创新产品和服务，并更好地应对ESG挑战。相比之下，成熟期和衰退期企业可能已经建立了相对稳定的业务模式，数字基础设施建设对其ESG表现的影响较小。成长期企业往往面临资源和能力的限制，包括资金、人力和技术等方面。数字基础设施建设可以提供更多的资源和支持，帮助成长期企业改善ESG表现。相比之下，成熟期和衰退期企业可能已经具备一定的资源和能力，可能更加注重维持和管理现有的ESG标准，从而数字基础设施建设对其ESG表现的影响相对较小。在盈利水平方面，低盈利企业通常面临更大的风险和挑战，包括财务稳定性、市场份额争夺、声誉风险等。因此，它们更有动力改善ESG表现以减轻这些风险，并提升企业的可持续性和竞争力。数字基础设施建设可以帮助低盈利企业加强环境管理、社会责任和公司治理等方面，从而在ESG表现上取得显著进展。相比之下，高盈利企业可能已经有较好的财务状况和市场地位，因此可能对ESG改善的需求较低，数字基础设施建设对其ESG表现影响不显著。

基于上述分析，提出假说H6-3a。

H6-3a：数字基础设施建设对企业ESG表现的促进作用在国有、小规模、处于成熟期和高盈利企业中更加明显。

行业层面异质性从是否重污染企业角度检验数字基础设施建设对企业ESG表现的异质性影响。在环境责任意识层面，非重污染企业通常更加注重环境责任和可持续性，他们更愿意投资于数字基础设施建设，以改善环境影响并满足社会期望。相比之下，重污染企业可能在环境责任方面存在较大挑战，对数字基础设施建设的投资可能较少。在业务模型差异方面，非重污染企业可能更倾向于采用清洁、可持续的业务模型，数字基础设施建设可以为其提供更多机会来实现资源高效利用、减少环境影响，并推动绿色创新。重污染企业的业务模型可能与环境冲突，导致数字基础设施建设对其ESG表现的影响较小。在风险管理需求方面，非重污染企业面临的环境和社会风险可能相对较低，数字基础设施建设可以帮助其更好地管理和减少这些风险。然而，重污染企业面临的风险更多样且更为复杂，数字基础设施建设可能难以全面解决这些问题。

基于上述分析，提出假说H6-3b。

H6-3b：数字基础设施建设对企业ESG表现的促进作用在非重污染企业中更加明显。

地区差异层面从位于中西部和东部企业角度检验数字基础设施建设对企业ESG表现的异质性影响。在基础设施需求方面，中西部地区的企业可能相对缺乏发达的基础设施，数字基础设施建设可以填补这一差距，为企业提供更高效、可靠的信息和通信网络，改善生产效率和经营管理。相比之下，东部地区的企业已经享受了较好的基础设施条件，数字基础设施建设对其ESG表现的影响可能相对较小。在区域发展差异方面，中西部地区相对较落后的发展水平使得数字基础设施建设对其发展具有更大的推动力。中西部地区企业借助数字基础设施建设，可以更好地融入全球化竞争，提升创新能力、增加市场准入和可持续发展的机会。东部地区的企业已经相对成熟和发达，数字基础设施建设对其ESG表现的影响可能相对有限。

基于上述分析，提出假说H6-3c。

H6-3c：数字基础设施建设对企业ESG表现的促进作用在位于中西部企业中更加明显。

三、研究设计

（一）模型构建

为了识别数字基础设施建设对企业ESG表现的平均影响效应，本章以"宽带中国"试点政策为准自然实验，采用双重差分模型进行检验。"宽带中国"试点是在2014年、2015年和2016年分别进行的，考虑到传统双重差分模型中政策实施时点比较单一的局限性，多期双重差分可用于同一政策在影响群体中的渐进实施，所以本章使用的是多期双重差分模型进行检验，具体如下：

$$ESG_{it} = \alpha_0 + \alpha_1 Dig_{it} + \alpha_i controls_{it} + \mu_i + \upsilon_t + \varepsilon_{it} \qquad （式6-1）$$

其中，ESG_{it}表示上市公司i在t年的ESG表现。Dig_{it}表示上市公司i注册地在第i年是否为"宽带中国"示范城市。α_0表示截距项。$controls_{it}$表示控制变量组。μ_i和υ_t分别表示个体固定效应和时间固定效应。ε_{it}为随机扰动项。α_1表示数字基础设施建设对企业ESG表现的平均影响效应；若α_1大于0，则表示数字基础设施建设对企业ESG表现水平有促进作用；反之，则为抑制。

为了验证数字基础设施建设可以通过增加研发投入、提升公司治理水平、增加公司信息透明度等因素对企业ESG表现的影响，本章结合中介效应模型的构建步骤，基于模型（式6-1）构建模型（式6-2）和模型（式6-3），具体如下所示：

$$Inmedia_{it} = \beta_0 + \beta_1 Dig_{it} + \beta_i controls_{it} + \mu_i + \upsilon_t + \varepsilon_{it} \qquad （式6-2）$$

$$ESG_{it} = \rho_0 + \rho_1 Dig_{it} + \rho_2 Inmedia_{it} + \rho_i controls_{it} + \mu_i + \upsilon_t + \varepsilon_{it} \qquad （式6-3）$$

其中，模型（2）和模型（3）中$Inmedia_{it}$表示中介机制变量，包括研发投入（RD）、公司治理水平（Goevern）以及公司信息透明度（DSCORE）。模型（2）中Dig的系数β_1表示数字基础设施建设对中介变量的影响效应，如果该模型（2）中Dig的系数β_1与模型（3）中Dig的系数ρ_1均为显著结果，就表示$Inmedia$变量是数字基础设施建设影响企业ESG表现的传导路径。

（二）变量说明

1. 被解释变量

本章参考Hu等（2023）以及Liu等（2022）的方法，根据华证数据库中的企业ESG评级，将AAA赋值为9，AA赋值为8，A赋值为7，BBB赋值为6，BB赋值为5，B赋值为4，CCC赋值为3，CC赋值为2，C赋值为1，共9个等级衡量企业ESG表现（ESG）、环境（Environmental）、环境（Social）以及治理（Governance）。本章对赋完值后的分数取自然对数作为本章ESG表现的评判标准，分数越高，说明企业ESG表现越好。

2.解释变量

参考Fengzheng等（2018）的研究，对于自变量的设置，为了更好地进行因果推断，本章没有选取城市层面的指标来直接去衡量数字基础设施建设，而是根据公司注册地在不同时间入选"宽带中国"示范城市这一事件，设置了虚拟变量。如果公司注册地在样本期间被评选为"宽带中国"示范城市（处理组），并且观测时间在入选年份之后，变量取值为1，否则为0。

3.研发投入

参考相关研究（Yang和Ha，2023；Song等，2022），本章用研发费用支出总额与营业收入的比值来衡量企业获得研发投入的强度，用RD表示。RD越大，表明公司研发投入越高。

4.公司治理水平

参考相关研究（Mohanty和Mishra，2022；Yang和Ha，2023；Gul等，2020），本章运用主成分分析法，从决策、监督、激励等多个方面构造综合性指标来衡量公司的治理水平。选用董事长和经理是否二职合一来表示总经理的决策权利；高管薪酬与高管持股比例来表示公司治理中的激励机制；独立董事比例和董事会规模来表示董事会的监督作用；用机构持股比例和股权制衡度来表示股权结构的监督作用。基于以上指标，运用主成分分析法构建公司治理的综合指标，得到公司治理水平（Gov）。在第一主成分中，高管薪酬、高管持股比例、独立董事比例、董事会规模、机构持股比例、股权制衡度、董事长和总经理是否二值合一这7个变量的载荷系数分别为0.331、0.461、−0.502、0.432、0.289、−0.109和−0.379。从载荷系数大小来看，在公司治理指标中，相较其他的指标，高管持股比例、独立董事比例和董事会规模影响比较大。

5.信息透明度

根据Bushman等（2004）的定义，透明度是指外部信息使用者能够有效获得一个公开交易上市公司的特定信息（比如，年报、各种信息披露公告、分析师报告、企业资源披露信息）的程度。参考现有文献（Li等，2023），本章测度信息透明度的指标选用的是深交所对每年深市上市公司信息披露考评分值（DSCORE）。上市公司信息披露工作考核结果依据上市公司信息透明度从高到低划分为A、B、C、D四个等级（优、良、及格和不及格），此信息在深交所网站上披露。通过手工收集得到深市公司每年的信息披露指数（DSCORE），取值范围是1～4分，分值越大，代表信息透明度越高。

6. 控制变量

根据以往的研究（Berrone等，2013；Amore和Bennedsen，2016；Xiang等，2020；Jian和Bai，2022；Fang等，2021；Apergis等，2022；Drempetic等，2020；Ren等，2023），本章选用公司规模（Size）、杠杆率（Lev）、资产回报率（ROA）、持股结构（Indep）、权益乘数（Equity）、托宾Q（TobinQ）等变量为控制变量。其中，公司规模（Size）反映公司运营规模和市场竞争力。规模较大的公司更容易获得外部资金，从一定程度上能缓解企业的财务压力（Almeida等，2014；Faulkender和Goyal，2006）。此外，这些大公司"大而不倒"，更有助于在政府的担保下获得更多的资金支持（Jokipii和Miline，2008）。杠杆率（Lev）体现了公司获取外部资金的能力。杠杆率从一定程度上体现了公司的风险敞口，这可能是影响公司ESG表现的因素。资产回报率（ROA）反映公司的盈利能力。该指标能够很好地表明公司在增加收入和节省资金方面的表现，有助于公司的ESG表现。持股结构（Indep）可以反映公司决策者的组成，对ESG表现有重大影响。托宾Q（TobinQ）是通常用来衡量公司业绩和增长的重要指标（Ren等，2023）。一家公司的ESG表现不仅与其财务指标有关，还受企业所处经济环境背景的影响。本章选取区域工业结构（INDst）和人口增长率（pop）作为城市层面的控制变量。其中，区域工业结构对公司的可持续发展有重大影响（Al等，2022）。

表6-1 主要变量定义

	变量名称	变量符号	计算方式
解释变量	数字基础设施建设	Dig	如果公司注册地在样本期间被评选为"宽带中国"示范城市（即处理组），并且观测时间在入选年份之后，变量取值为1，否则为0。

	变量名称	变量符号	计算方式
被解释变量	ESG表现	ESG	环境、社会和治理综合得分的自然对数
控制变量	公司规模	Size	公司总资产的自然对数衡量企业的规模
	杠杆率	Lev	公司总负债与总资产的比率的自然对数来衡量
	资产回报率	ROA	公司净利润与总资产的比率的自然对数来衡量
	持股结构	Indep	用独立股东人数的对数来衡量公司的持股结构
	权益乘数	Equity	总资产与所有者权益比率的自然对数
	托宾Q	TobinQ	公司市场价值与重置成本的比率
城市控制变量	工业结构	INDst	用城市第三产业与第二产业产出价值的比率的自然对数来衡量产业结构
	人口增长率	Pop	年度人口的变化值比年平均人口的比值，再取自然对数来衡量人口增长率

（三）数据来源与描述性统计

本章选取2011—2021年中国A股上市公司和323个城市的数据为研究样本，数据主要来源于国泰安数据库（CSMAR）和万得数据库（WIND），部分数据（如交易所上市公司的信息披露考核结果）系手工收集整理而成；"宽带中国"战略试点城市数据来源于2014年、2015年和2016年的《工业和信息化部办公厅　发展改革委办公厅关于开展创建"宽带中国"示范城市（城市群）工作的通知》。由于数据缺失、信息未披露的影响，本章对数据进行了如下的处理：首先，剔除ST、PT、金融保险类及主要变量缺失的样本；其次，剔除数据连续年份小于6年的样本；最后，为控制极端值干扰，本章对所有变量进行1%和99%的缩尾（winsorize）处理。

表6-2中报告了本章主要变量的描述性统计结果。衡量企业ESG表现华证ESG综合评分的均值和中位数分别为1.370和1.386，标准差为0.327，最大最小值悬殊较大，说明不同企业ESG评分具有差异性。关于控制变量的描述性分析，控制变量企业规模（Size）的标准差为1.389，表明不同上市公司之间的规模差别还是很大的。从公司价值看，托宾Q的标准差为1.684，差别也很大。资产回报率（ROA）代表了企业的盈利能力，可以看到最小值为负。说明部分企业的盈利情况不太乐观。通过以上关于控制变量的描述性统计分析，发

现企业之间的差异还是比较明显的，选取这些变量作为控制变量是恰当的。

表6-2 描述性统计

变量名称	样本量	均值	中位数	标准差	最小值	最大值
ESG	22822	1.370	1.386	0.327	0	4.382
数字基础设施建设	22822	0.471	0	0.499	0	1
杠杆率	22822	0.444	0.439	0.214	0.0490	0.972
资产回报率	22822	0.0310	0.0320	0.0680	−0.356	0.198
持股结构	22822	3.201	3	0.573	2	5
权益乘数	22822	2.259	1.772	1.685	1.029	15.47
公司规模	22822	22.36	22.20	1.389	14.94	28.64
托宾Q	22822	2.264	1.711	1.684	0.852	11.66
工业结构	15914	1.768	1.248	1.297	0.420	5.464
人口增长率	18360	2.425	2.423	0.498	1.054	3.484

四、数字基础设施建设影响ESG表现的实证分析

（一）基准回归

根据模型（式6-1）进行基准回归分析，结果如表6-3所示。本章采用递进回归策略，第（1）到（4）列体现了在仅考虑时间效应和个体效应的情况下，数字基础设施建设对公司ESG表现和三个重要子指标的影响。其中，数字基础设施建设对企业ESG表现的回归系数为0.016且通过5%的显著性检验；第（5）～（8）列在原有的基础上加入控制变量，数字基础设施建设对企业ESG表现的回归结果为0.021，通过1%的显著性检验，结论依旧成立。由此说明，数字基础设施建设越完善，公司ESG表现越好，二者呈现显著的正向关系。具体来说，上市公司的环境和治理因公司所在地的数字基础设施建设的发展而得到显著改善，因此企业更愿意将资源配置在有关能源管理、企业组织架构治理和内部道德风险管理等领域中。

表6-3　基准回归

因变量	（1）	（2）	（3）	（4）	（5）	（6）	（7）	（8）
	ESG	环境（E）	社会（S）	治理（G）	ESG	环境（E）	社会（S）	治理（G）
数字基础设施建设	0.016**	0.009***	−0.002	0.006***	0.021***	0.008***	−0.003	0.009***
	（2.333）	（4.642）	（−0.653）	（2.848）	（3.162）	（4.210）	（−1.130）	（4.225）
杠杆率					0.207***	0.016***	0.029***	−0.138***
					（−10.592）	（2.694）	（3.860）	（−22.843）
资产回报率					0.509***	−0.010	0.081***	0.146***
					（16.203）	（−1.070）	（6.607）	（15.057）
持股结构					0.018***	−0.002	0.000	0.008***
					（3.320）	（−1.283）	（0.134）	（5.098）
权益乘数					−0.004**	−0.003***	−0.004***	0.001**
					（−2.017）	（−4.823）	（−5.981）	（2.393）
公司规模					0.056***	0.014***	0.028***	0.012***
					（14.136）	（11.250）	（17.863）	（9.642）
托宾Q					0.017***	−0.001***	−0.000	−0.003***
					（−10.487）	（−2.656）	（−0.671）	（−6.292）
_cons	1.362***	4.088***	4.305***	4.362***	0.164*	3.790***	3.677***	4.128***
	（382.966）	（3840.813）	（3143.562）	（3929.432）	（1.861）	（140.411）	（106.634）	（151.080）
N	22822	22822	22822	22822	22822	22822	22822	22822
个体固定效应	是	是	是	是	是	是	是	是
时间固定效应	是	是	是	是	是	是	是	是
R^2	0.439	0.665	0.574	0.411	0.467	0.668	0.585	0.451

注：*、**和***分别代表结果在10%、5%和1%水平下显著。

（二）稳健性检验

为保证本章核心假设的稳定性，本节从平行趋势检验、安慰剂效应、PSM-DID、加入宏观因素和剔除直辖市和省会城市进行回归、更换被解释变量的评级机构等几个方面展开稳健性检验。

1.平行趋势检验

由于准自然实验成立的前提是实验组与对照组在政策实施前具有平行趋势，因此本章采用事件研究法评估平行趋势，结果如图6-2所示。在政策试点实施之前，所有系数均不显著。由此说明，在城市基础设施建设发展之前，实验组和对照组企业ESG表现具有平行趋势。在政策实施之后的第4年，两组之间的企业ESG表现呈现显著性差异。本章推测，从动态效应的角度来说，城市数字基础设施建设对企业ESG表现具有一定的时滞性和长期性。综上所述，政策实施前，实验组和对照组的发展趋势是平行的，本章设计的DID模型是有效的。

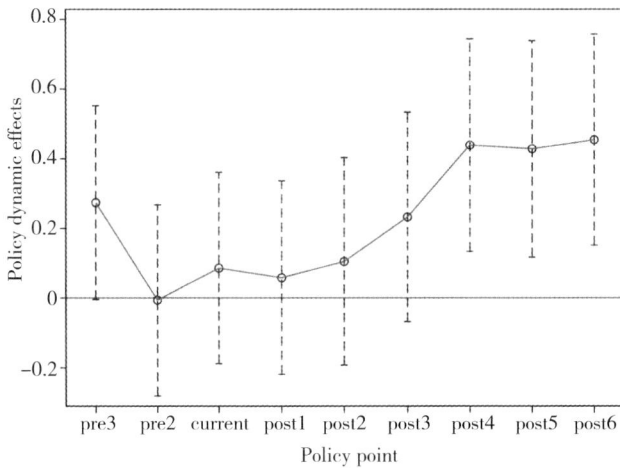

图6-2　平行趋势检验

2. 安慰剂效应

本章在基准回归中已经控制了多个可能对企业ESG表现产生影响的变量，但是仍然无法判断是否还有其他重要的遗漏变量。因此，参照学者的处理，以随机抽样的安慰剂检验就遗漏变量问题进行验证。具体而言，本章控制变量顺序不变，随机抽选试点城市和时间构建政策变量，在控制公司个体效应和时间效应的基础上进行500次回归检验，结果如图6-3所示。由图可知，回归系数等于0.021为小概率事件，遗漏变量不会对本章的核心结论产生影响。

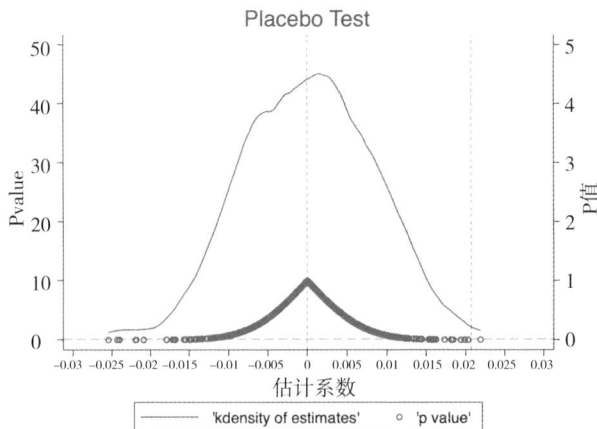

图6-3　安慰剂检验

3. PSM–DID

双重差分法无法克服样本偏差问题，为了解决样本自选择问题，本章采用PSM–DID模型来消除样本偏差对基准回归结论的影响。将样本区分为公司注册地是"宽带中国"示范城市的实验组和公司注册地不是"宽带中国"示范城市的控制组，并匹配两组中其他特征相似的个体，从而最大限度模拟"反事实"。具体地，参考Giannatti等（2015）的研究，以其他控制变量（公司规模、杠杆率、资产回报率、持股结构、权益乘数、托宾Q为标准，通过回归计算出倾向得分并进行匹配。为了保证匹配结果的稳健，本节分别选用了1：2近邻匹配，半径匹配（r=0.01）和核匹配三种方法，均通过了平行性检验。

表6-4报告了匹配后样本的重复回归结果，可以看出，数字基础设施建设对企业ESG表现的回归系数均显著为正，证明在控制了样本选择偏误后，数字基础设施建设仍然显著促进了企业ESG表现。

表6-4　PSM–DID

	（1）	（2）	（3）
因变量	Nearest–Neighbor	Radius	Kernel
数字基础设施建设	0.156***	0.022**	0.022**
	（3.063）	（2.528）	（2.539）
控制变量	是	是	是
个体固定效应	是	是	是
时间固定效应	是	是	是
N	12583	18675	18732
R^2	0.534	0.537	0.537

注：*、**和***分别代表结果在10%、5%和1%水平下显著。

4. 加入宏观因素

在基准回归中，仅仅控制公司层面的相关指标，但影响公司ESG表现的因素应包括宏观经济因素，本章采用区域工业结构（INDst）和人口增长率（pop）作为宏观因素指标，将上述变量加入回归中得到进一步的实证结果，如表6-5所示，Dig的系数显著为正，在考虑宏观经济因素的影响后，数字基础设施建设仍然可以对企业ESG表现有显著的促进作用。

表6-5 稳健性检验：加入宏观因素

	（1）	（2）	（3）	（4）
因变量	ESG	环境（E）	社会（S）	治理（G）
数字基础设施建设	0.015*	−0.015	−0.004	0.049***
	（1.698）	（−1.301）	（−0.254）	（3.784）
控制变量	是	是	是	是
个体固定效应	是	是	是	是
时间固定效应	是	是	是	是
N	14741	14741	14741	14741
R^2	0.545	0.673	0.561	0.445

注：*、**和***分别代表结果在10%、5%和1%水平下显著。

5. 剔除直辖市和省会城市

考虑到直辖市和省会城市的数字基础设施建设水平比其他的地级市城市高得多，本研究在排除这些城市后重新进行回归，以消除对总体估计的偏见。估计结果如表6-6所示。显然，数字基础设施建设可以显著提高企业ESG表现。具体来说，数字基础设施建设可以提升公司治理表现，但是对公司环境和社会影响较小。

表6-6 稳健性检验：剔除直辖市和省会城市

	（1）	（2）	（3）	（4）
因变量	ESG	环境（E）	社会（S）	治理（G）
数字基础设施建设	0.027*	0.012	−0.036	0.089***
	（1.684）	（0.589）	（−1.267）	（3.793）
控制变量	是	是	是	是
个体固定效应	是	是	是	是
时间固定效应	是	是	是	是
N	9445	9445	9445	9445
R^2	0.561	0.668	0.559	0.453

注：*、**和***分别代表结果在10%、5%和1%水平下显著。

6. 更换被解释变量的评级机构

本章选取了三个评级机构对ESG表现的评分作为被解释变量进行回归，

分别是万得、彭博、华证，基于此，回归结果如表6-7中第（1）列到第（3）列所示，回归的系数分别为0.209、0.576、0.021，并且都显著，表明数字基础设施建设对企业ESG表现有显著的促进作用。

表6-7　稳健性检验：更换被解释变量

	（1）	（2）	（3）
自变量	万得	彭博	华证
数字基础设施建设	0.209**	0.576***	0.021***
	（2.401）	（3.473）	（3.162）
控制变量	是	是	是
个体固定效应	是	是	是
时间固定效应	是	是	是
N	9914	9705	22822
R^2	0.804	0.818	0.467

注：*、**和***分别代表结果在10%、5%和1%水平下显著。

五、进一步分析

（一）机制检验

实证结果表明，数字基础设施建设有利于企业ESG表现的提升，那么影响机制是什么？本章在模型（式6-1）的基础上，依据式6-2与式6-3，依次检验数字基础设施建设是否通过研发投入、公司治理水平以及信息透明度等机制对企业ESG表现产生积极影响，回归结果见表6-8。

结合表6-8，列（1）和列（2）为数字基础设施建设、研发投入对企业ESG表现影响的回归结果。列（1）中数字基础设施建设变量（Dig）的回归系数0.107，且在1%的水平下显著，表现数字基础设施建设能够促进企业的研发投入；列（2）中同时加入数字基础设施建设变量（Dig）、研发投入（RD）后，Dig的回归系数为0.066，RD的回归系数为0.007，且均在1%的水平下显著，验证了研发投入是数字基础设施建设影响企业ESG表现的重要传导途径；进一步，Sobel检验也证实了研发投入变量中介效应的存在性，并通过计算可知，研发投入传导路径的间接效应约占总效应的14.14%。这表明数字基础设施建设可以通过提高研发投入进而促进企业ESG表现。

　　表6-8中列（3）和列（4）为数字基础设施建设、公司治理水平对企业ESG表现影响的回归结果。列（3）中数字基础设施建设变量（Dig）的回归系数0.035，且在1%的水平下显著，表现数字基础设施建设有利于促进企业治理水平的提高；列（2）中同时加入数字基础设施建设变量（Dig）、公司治理水平（Goevern）后，Dig的回归系数为0.021，公司治理水平（Goevern）的回归系数为0.017，且均在1%的水平下显著，验证了公司治理水平是数字基础设施建设影响企业ESG表现的重要传导途径；进一步地，结合Sobel检验也证实了公司治理水平变量中介效应的存在性，并通过计算可知，公司治理水平传导路径的间接效应约占总效应的71.98%。这表明数字基础设施建设可以通过提高公司治理水平进而促进企业ESG表现，并且整体而言间接效应较大。

　　同理，由表6-8列（5）和列（6）知，列（5）中数字基础设施建设变量（Dig）的回归系数在5%的水平下显著为正，表明数字基础设施建设有利于提高企业信息披露透明度；列（6）数字基础设施建设变量（Dig）和信息披露透明度（DSCORE）的回归系数依次为0.017和0.077，且依次在10%和1%的水平下显著。验证了提高企业信息透明度是数字基础设施建设影响企业ESG表现提升的重要传导路径；同时，结合Sobel检验可知企业信息透明度的传导路径的间接效应约占总效应的11.92%。这表明数字基础设施建设可以通过提高企业信息透明度促进企业ESG表现。

表6-8　机制作用分析

	研发投入		公司治理水平		信息透明度	
	（1）	（2）	（3）	（4）	（5）	（6）
因变量	研发投入	ESG	公司治理	ESG	信息披露透明度	ESG
数字基础设施建设	0.107***	0.066***	0.035***	0.021***	0.034**	0.017*
	（2.756）	（9.979）	（3.027）	（3.238）	（2.066）	（1.955）
研发投入		0.007***				
		（5.625）				
公司治理水平				0.017***		
				（4.494）		

续表

	研发投入		公司治理水平		信息透明度	
	（1）	（2）	（3）	（4）	（5）	（6）
信息披露透明度						0.077***
						（16.683）
控制变量	是	是	是	是	是	是
个体固定效应	是	是	是	是	是	是
时间固定效应	是	是	是	是	是	是
N	19914	19914	22092	22092	14368	14368
R^2	0.714	0.477	0.814	0.492	0.432	0.451
Sobel检验	0.004（z=8.123,p=4.441e-16）		0.002（z=5.387,p=7.181e-08）		0.004（z=3.07,p=0.002）	
间接效应占比（%）	14.14		71.98		11.92	

注：*、**和***分别代表结果在10%、5%和1%水平下显著。

（二）异质性分析

通过多重稳健性检验，本章验证了在全样本状态下数字基础设施建设对企业ESG表现的影响和作用机制。但值得注意的是，在不同企业属性差异或者是不同行业的差异下，数字基础设施建设传递至企业ESG表现可能存在差异。基于此，本章从企业层面、行业层面和地区层面的异质性进行分析。企业层面包括盈利水平、企业生命周期、企业规模和股权性质；行业层面包括污染程度；地区层面包括中西部和东部。

1. 企业层面异质性分析

表6-9实证结果表明，从企业的产权性质来看，数字基础设施建设对企业ESG表现均为促进作用，然而非国有企业组别的系数没有国有企业组别系数大。本章认为，国有企业对政策的把握更加敏锐，能够凭借国家信誉更轻松地分享城市数字经济发展带来的红利，与此同时国有企业承担更多的企业环境和社会层面的责任。因此，国有企业应该发挥带头作用，积极响应国家政策，努力提升数字化水平，推动城市的绿色高质量发展。

本章利用总资产的自然对数将企业分为中小规模企业和大规模企业。在表9的第（3）列和第（4）列可以看到，相比大规模企业，数字基础设施建设对小规模企业的影响更加显著。究其原因，首先，通常来说小规模公司比大规模公司更加灵活，更容易适应新的数字化技术和工作流程，推动企业转型升级，提高ESG表现。其次，在风险控制方面，数字基础设施建设可以帮助小规模公司降低成本、提高效率和优化风险控制，而且小规模公司本身风险控制相对容易，因此能够更好地加强企业的合规管理，提升企业ESG表现。

表6-9　公司异质性

	（1）	（2）	（3）	（4）
因变量	国有	非国有	中小规模	大规模
数字基础设施建设	0.026***	0.022**	0.029***	0.006
	（2.916）	（2.334）	（3.209）	（0.577）
控制变量	是	是	是	是
个体固定效应	是	是	是	是
时间固定效应	是	是	是	是
N	9874	12215	13369	9310
R^2	0.525	0.446	0.450	0.507

注：*、**和***分别代表结果在10%、5%和1%水平下显著。

不同生命周期的企业对未来发展规划不同，所面临的ESG表现程度也将不同。本章借鉴了（Dickinson,2011）的研究，根据企业不同阶段的现金流正负水平对公司生命周期进行分类，随着企业年龄的增加，不同的企业发展呈现不同的特征（Chen等，2023），由此将企业生命周期分为成长期、成熟期和衰退期。如表6-10所示，数字基础设施建设的发展对成长期企业的ESG表现产生了显著的促进作用，并且通过了5%的显著性检验。然而，对于成熟期和衰退期企业的ESG表现并没有重大影响。由此说明，在企业的发展阶段，企业要有核心竞争力才得以生存。所以越年轻的公司，ESG表现就越强，这样能够吸引更多的投资。

基于资本收益率均值，将公司分为高盈利组和低盈利组。企业的现金流水平关乎着企业决策，进而对企业ESG表现产生影响。盈利水平较低的公司通常采用的是渐进式改进的方式，有利于在合理的成本范围内可持续推进数字化转型，而盈利水平高的公司可能更加倾向于快速实现数字化转型，低盈利水平公司采用渐进式的方法，避免一次性高成本的重大改变，使用有限的资源和时间实现较大的改进目标，从而更有利于促进企业ESG表现。

表6-10　公司异质性

	（1）	（2）	（3）	（4）	（5）
因变量	成长期	成熟期	衰退期	低盈利	高盈利
数字基础设施建设	0.021**	0.005	0.021	0.042***	0.012
	（2.015）	（0.449）	（1.110）	（3.991）	（1.250）
控制变量	是	是	是	是	是
个体固定效应	是	是	是	是	是
时间固定效应	是	是	是	是	是
N	9498	8069	4278	10687	11838
R^2	0.430	0.487	0.556	0.492	0.463

注：*、**和***分别代表结果在10%、5%和1%水平下显著。

2. 行业级异质性

从表6-11中第（1）列和第（2）列中的实证结果可知，两组的核心解释变量Dig的估计系数都在5%的水平上显著为正，但是非重污染企业组的估计系数Dig要大一些。这说明不论是非重污染企业还是重污染企业，数字基础设施建设都有利于企业ESG表现，然而相比之下，对于非重污染企业ESG表现的推动程度更加强烈。本章认为，非重污染行业主要集中在服务行业，对于数字经济资源的敏锐程度要更高一些。重污染公司面临更严格的环境法规和环境披露要求，也会专注于ESG表现。当外部环境改善（例如，数字基础设施建设）时，公司受到更强烈的积极影响。而且重污染组主要集中在制造业，对于数字化转型所需的外部条件更加严格，所以驱动力主要在企业内部。因此，数字基础设施建设发展的同时，要更加注重非重污染行业，增加此类行业所占的比重，进一步发挥企业ESG表现的正向效应。

3. 地区异质性

鉴于中国各地区经济发展程度存在一定的差异，本章对东部和中西部地区的面板数据分别进行实证分析。从表6-11中的结果来看，相比处于东部的企业，数字基础设施建设对位于中西部企业ESG表现促进作用更明显。可能的解释是：在产业结构差异方面，中西部地区相对于东部地区更加偏向资源型、制造业等传统行业，这些行业往往具有更多的环境和社会影响。因此，中西部企业在数字基础设施建设过程中更需要关注环境和社会责任，以改善其ESG表现。而东部地区的企业，尤其是高科技、金融等服务业企业，其产业特点和经营模式可能相对更注重创新和市场竞争，对数字基础设施建设的ESG影响相对较小。在地区发展层面，中西部地区和东部地区的发展特点不同。中西部地区通常处于产业结构调整和转型升级的阶段，数字基础设施建设可以帮助企业实现转型和升级，提高ESG表现。而东部地区的企业多数已经经历了较长时间的发展，已经具备较高的ESG表现水平，数字基础设施建设对其改善程度有限。

表6-11 行业异质性和地区异质性

	（1）	（2）	（3）	（4）
因变量	非重污染	重污染	中西部	东部
数字基础设施建设	0.020**	0.019**	0.054***	0.004
	（2.142）	（2.008）	（4.700）	（0.437）
控制变量	是	是	是	是
个体固定效应	是	是	是	是
时间固定效应	是	是	是	是
N	12226	10496	7091	15721
R^2	0.486	0.461	0.482	0.461

注：*、**和***分别代表结果在10%、5%和1%水平下显著。

六、结论

近年来，随着全球对可持续发展的追求不断加强，企业的环境、社会和公司治理（ESG）表现日益成为关注的焦点。ESG表现不仅是企业可持续发展的重要指标，也是投资者、消费者和其他利益相关方评估企业价值和信誉的重要依据。在这一背景下，数字基础设施建设作为现代企业发展的重要组成部分，其与企业ESG表现之间的关系备受研究者和从业者的关注。

本章将城市和企业放在绿色高质量发展的框架中，在理论分析的基础上，基于"宽带中国"准自然实验，以2011—2021年中国A股上市公司数据，采用多种计量方法进行了实证检验。结论如下，第一，数字基础设施建设对企业ESG表现具有显著的正向效应。本章还使用倾向得分匹配法和安慰剂检验来缓解内生性问题，并且通过加入宏观因素、剔除直辖市和省会城市样本、更换被解释变量的评级机构等方法进行稳健性检验。第二，数字基础设施建设可以通过增大研发投入、提高企业治理水平和增加信息透明度等方式，对企业ESG表现产生促进作用。第三，在企业层面，数字基础设施建设对国有、小规模、处于成长期、低盈利的公司ESG表现促进作用更加显著；在行业和地区层面，数字基础设施建设对企业ESG表现的提升效果在非重污染行业和处于中西部地区的公司更为突出。笔者基于本章的研究结论，向政府和企业提出如下的政策建议。

应加大数字经济发展力度，完善城市数字基础设施建设。中国不同地区的数字基础设施建设水平各不相同，依然存在广阔的改进空间。企业应该抓住数字经济时代的机遇，实现数字化转型升级。同时通过数字资源赋能企业，结合政策导向推进企业的可持续发展，使企业承担更多的社会责任，并优化内部治理效率，从而提高企业的ESG表现。

增强企业对ESG表现的认知。企业在政府和市场的监督引导下，应该逐渐转变对ESG表现的态度，由被动转为主动，提升ESG表现的动机，将ESG表现视为一项内在需求。同时，在未来的发展中，企业需要将ESG表现视为提高竞争力、促进企业长远发展和履行社会责任的重要途径。此外，公职人员应该提高执行信息披露能力，深入了解企业的实际情况，建立信息交流平台，促进企业之间的信息交流，通过针对性"对话"对数字基础设施建设背景下企业ESG表现行为产生积极的影响和有效塑造。

基于异质性分析，对于产权性质不同、规模大小不一、地理位置存在差异、盈利水平存在差异、处于不同行业和生命周期的企业，应该严格控制重污染行业的占比，积极推动重污染行业的绿色转型。努力发挥国有企业的带头作用，把握数字基础设施建设发展带来的新资源、新机遇、新态势。当地政府应该因地制宜，针对不同性质的企业制订多层次的支持方案，将有限的财政支出投入数字基础设施建设中去，降低一些企业进入数字化的门槛，提高数字化水平，促进企业的ESG表现。

然而，本章的研究仍存在一定的不足。第一，由于数据的限制，数字基础设施建设与企业ESG表现的指标目前并不完美。未来应该与时俱进，结合新的特点对指标进行完善。第二，随着全球数字经济迈入新的发展阶段，数字基础设施建设对经济和社会产生深刻影响，持续影响企业可持续发展，包括国家、地区甚至是个人。第三，本研究以中国为例，分析数字基础设施建设对企业ESG表现的影响。在未来的研究中，可以放大研究的视角，尝试站在全球经济发展的角度去分析这一问题。通过数字基础设施建设和提高企业ESG表现来实现可持续发展是一项需要全面规划和长期推进的战略。

参考文献：

[1] Amore M D, Bennedsen M. Corporate governance and green innovation[J]. Journal of Environmental Economics and Management, 2016, 75：54–72.

[2] Antonucci M C, Sorice M, Volterrani A. Social and digital vulnerabilities：The role of participatory processes in the reconfiguration of urban and digital space[J]. Frontiers in political science, 2022, 4：970958.

[3] Bakos J Y. Reducing buyer search costs：Implications for electronic marketplaces[J]. Management science, 1997, 43（12）：1676–1692.

[4] Barns S, Cosgrave E, Acuto M, et al. Digital infrastructures and urban governance[J]. Urban Policy and research, 2017, 35（1）：20–31.

[5] Bushman R M, Piotroski J D, Smith A J. What determines corporate transparency?[J]. Journal of accounting research, 2004, 42（2）：207–252.

[6] DasGupta R. Financial performance shortfall, ESG controversies, and ESG performance：Evidence from firms around the world[J]. Finance Research Letters, 2022, 46：102487.

[7] Dasgupta S, Gan J, Gao N. Transparency, price informativeness, and stock return synchronicity：Theory and evidence[J]. Journal of Financial and Quantitative analysis, 2010, 45（5）：1189–1220.

[8] Deng P, Wen J, He W, et al. Capital market opening and ESG performance[J]. Emerging Markets Finance and Trade, 2023, 59（13）：3866–3876.

[9] Dickinson V. Cash flow patterns as a proxy for firm life cycle[J]. The accounting review, 2011, 86（6）：1969–1994.

[10] Fang M, Nie H, Shen X. Can enterprise digitization improve ESG performance?[J]. Economic Modelling, 2023, 118：106101.

[11] Faulkender M, Wang R. Corporate financial policy and the value of cash[J]. The journal of finance, 2006, 61（4）：1957–1990.

[12] Fengzheng W, Tao J, Xiaochuan G. Government quality, environmental regulation and green

technological innovation of enterprises[J]. Science Research Management, 2018, 39（1）：26.

[13] Garcia A S, Mendes-Da-Silva W, Orsato R J. Sensitive industries produce better ESG performance：Evidence from emerging markets[J]. Journal of cleaner production, 2017, 150：135-147.

[14] Giannetti M, Liao G, Yu X. The brain gain of corporate boards：Evidence from China[J]. the Journal of Finance, 2015, 70（4）：1629-1682.

[15] Hu J, Zhang H, Irfan M. How does digital infrastructure construction affect low-carbon development? A multidimensional interpretation of evidence from China[J]. Journal of cleaner production, 2023, 396：136467.

[16] Hu J, Zou Q, Yin Q. Research on the effect of ESG performance on stock price synchronicity：Empirical evidence from China's capital markets[J]. Finance Research Letters, 2023, 55：103847.

[17] Huang Q, Li Y, Lin M, et al. Natural disasters, risk salience, and corporate ESG disclosure[J]. Journal of Corporate Finance, 2022, 72：102152.

[18] Jang G Y, Kang H G, Kim W. Corporate executives' incentives and ESG performance[J]. Finance Research Letters, 2022, 49：103187.

[19] Jiang L, Bai Y. Strategic or substantive innovation?-The impact of institutional investors' site visits on green innovation evidence from China[J]. Technology in Society, 2022, 68：101904.

[20] Jokipii T, Milne A. The cyclical behaviour of European bank capital buffers[J]. Journal of banking & finance, 2008, 32（8）：1440-1451.

[21] Li Z, Liu B, Wei Y. Impact of official assessment and political connections on corporate environmental information disclosure：evidence from state-owned enterprises in China's heavy-polluting industries[J]. Environment, Development and Sustainability, 2023：1-18.

[22] Liu F H, Huang T L. The influence of collaborative competence and service innovation on manufacturers' competitive advantage[J]. Journal of Business & Industrial Marketing, 2018, 33（4）：466-477.

[23] Meng X, Zhu P. Females' social responsibility：The impact of female executives on ESG performance[J]. Applied Economics Letters, 2023：1-6.

[24] Mohanty P, Mishra S. A comparative study of corporate governance practices of Indian firms affiliated to business groups and industries[J]. Corporate Governance：The International Journal of Business in Society, 2022, 22（2）：278-301.

[25] Ndubuisi G, Otioma C, Tetteh G K. Digital infrastructure and employment in services：Evidence from Sub-Saharan African countries[J]. Telecommunications Policy, 2021, 45（8）：102153.

[26] Ortas E, Álvarez I, Jaussaud J, et al. The impact of institutional and social context on corporate environmental, social and governance performance of companies committed to voluntary corporate social responsibility initiatives[J]. Journal of cleaner production, 2015, 108：673-684.

[27] Qi H, Cao X, Liu Y. The influence of digital economy on corporate governance： analyzed from information asymmetry and irrational behavior perspective[J]. Reform, 2020, 4： 50-64.

[28] Ren X, Zeng G, Zhao Y. Digital finance and corporate ESG performance： Empirical evidence from listed companies in China[J]. Pacific-Basin Finance Journal, 2023, 79： 102019.

[29] Rietmann C. Corporate responsibility and place leadership in rural digitalization： the case of Hidden Champions[J]. European Planning Studies, 2023, 31（2）： 409-429.

[30] Schade P, Schuhmacher M C. Digital infrastructure and entrepreneurial action-formation： A multilevel study[J]. Journal of Business Venturing, 2022, 37（5）： 106232.

[31] Shahzad K, Zhang Q, Zafar A U, et al. The role of blockchain-enabled traceability, task technology fit, and user self-efficacy in mobile food delivery applications[J]. Journal of Retailing and Consumer Services, 2023, 73： 103331.

[32] Shin J, Moon J J, Kang J. Where does ESG pay? The role of national culture in moderating the relationship between ESG performance and financial performance[J]. International Business Review, 2023, 32（3）： 102071.

[33] Shu H, Tan W. Does carbon control policy risk affect corporate ESG performance?[J]. Economic Modelling, 2023, 120： 106148.

[34] Si R, Zhang X, Yao Y, et al. Influence of contract commitment system in reducing information asymmetry, and prevention and control of livestock epidemics： Evidence from pig farmers in China[J]. One Health, 2021, 13： 100302.

[35] Sun L, Liu S, Chen P. Does the paternalism of founder-managers improve firm innovation? Evidence from Chinese non-state-owned listed firms[J]. Finance Research Letters, 2022, 49： 103146.

[36] Tang K, Yang G. Does digital infrastructure cut carbon emissions in Chinese cities?[J]. Sustainable Production and Consumption, 2023, 35： 431-443.

[37] Tian J, Liu Y. Research on total factor productivity measurement and influencing factors of digital economy enterprises[J]. Procedia Computer Science, 2021, 187： 390-395.

[38] Wang L, Qi J, Zhuang H. Monitoring or collusion? Multiple large shareholders and corporate ESG performance： evidence from China[J]. Finance Research Letters, 2023, 53： 103673.

[39] Wang W, Sun Z, Wang W, et al. The impact of environmental uncertainty on ESG performance： Emotional vs. rational[J]. Journal of Cleaner Production, 2023, 397： 136528.

[40] Wang Y, Lin Y, Fu X, et al. Institutional ownership heterogeneity and ESG performance： Evidence from China[J]. Finance Research Letters, 2023, 51： 103448.

[41] Xiao, X., Liu, C., & Li, S. （2024）. How the digital infrastructure construction affects urban carbon emissions—A quasi-natural experiment from the "Broadband China" policy. The Science of the Total Environment, 912, 169284 - 169284.

[42] Yang S, Ha W. Knowledge sharing via common auditors： evidence from corporate R&D

investment[J]. Managerial Auditing Journal, 2023, 38（5）： 659–684.

[43] Zhong Y, Zhao H, Yin T. Resource bundling： How does enterprise digital transformation affect enterprise ESG development?[J]. Sustainability, 2023, 15（2）： 1319.

区 域 篇

第七章　经济增长：智慧城市建设提升城市创业 活跃度了吗？

一、引言

城市是经济发展的重要构成单元，自2008年IBM提出"智慧地球"这一概念后，国际社会对于探索城市智慧发展模式展开了积极实践。"智慧城市"是一种将大数据、物联网等新一代信息技术创新性实践运用于城市基础设施建设、公共服务供给、居民生活治理以提高城市管理效率和生活水平的现代城市可持续发展战略。Yigitcanlar等人（2018）认为智慧城市是科技与城市融合发展的产物，是由社区、技术、政策三种驱动因素以及预期结果共同组成的系统。智慧城市计划反映了21世纪以来，全球经济社会发展呈现出的全球化、信息化和城市化趋势，是基于社会科技进步和组织变革的重大创新。通过完善人工智能等新一代信息通信技术促进城市工业化、信息化和城镇化相融合。

从国际社会对智慧城市建设的实践经验看，该项目对于地区经济表现（Giffinger和Haindl，2010；Caragliu和Del Bo，2018）、创新表现（Paskaleva，2011；Schaffers等，2012）等社会发展重点问题有着至关重要的改善作用。中国作为城市化增长率最高的国家，于2012年起开始在一些城市进行"智慧城市"建设试点工作，截至目前已累计试点749个地区。研究中国智慧城市发展模式及其政策效应对于其他发展中国家开启"智慧城市"计划有着重要借鉴意义。作为发展中国家的代表，中国近年来正处于经济转型阶段，面临经济高质量发展阶段转变、主题转变、动力转变的挑战。有学者指出，提高创业活跃度与创业水平是培育经济发展新动能、激励经济增长的重要动力源泉（Sobel，2008；Nissan等，2011；Castaño等，2016；Almodóvar-González等，2020）。2020年新冠疫情的暴发对世界经济产生了重大影响，是当代最严重的危机之一。疫情的即期影响与后续影响导致流动性、国际贸易、消费、生活习惯等发生了重大变化。在这样的危机背景下，创业至关重要，因为它为不断变化的环境提供了建设性的观点。创业活跃度作为度量一个国家或地区创业活动积极性的关键指标，多年来受到了政府及专家学者的高度关注（Cullen等，2014；Manuel Almodóvar-González等，2020；Jeroen等，2020）。现有研究大多证明了创业活动不仅受创业者个人（Naffziger等，1994；Nicolaou和Shane，2007；Dougherty等，2019）或企业个体因素（Link，1980）影响，也受到包括经济条件、人口结构、创业氛围在内的环境因素（Giannetti和Simonov，2009；Anton和Bostan，2017；Almodovar-Gonzalez等，2019；Goel和Saunoris，2020；Goel和Saunoris，2020；Aslan和Kumar，2021）及文化（Harms和Groen，2017）和规范政策因素（Meek等，2009；Domurat和Tyszka，2017）的影响。Gagan Deep Sharma等人（2022）认为应当通过政策干预举措来稳定创业企业遭遇到的经济危机。其中，在危机影响分析和未来评估和修改阶段需要刺激知识共享、促进新产品开发的开放式创新、促进数字化，并为企业家开发基于社区的生态系统。智慧城市作为数字化信息时代下城市数字化转型的重要方法，对于干预措施具有重要的影响。然而，尽管智慧城市计划已在多国政府的促进下开始进行全球范围内的统筹布局，但目前在理论实践上关于智慧城市试点政策能否影响城市创业活跃度，仍缺乏证据进行证明。因此，本章聚焦处于经济转型期的中国城市层面视角，研究智慧城市试点政策对城市创业活跃度的影响。

本章基于中国2002—2019年期间265个地级市的面板数据，通过实证分析评估了智慧城市建设对城市创业活跃度的影响，得到一些结论：第一，本章运用多期DID模型估计发现智慧城市建设显著提升了城市创业活跃度，即智慧城市试点政策的实施使城市创业活跃度提高了5.35%。第二，考虑到可能存在的样本选择性偏误情况，本章利用倾向性匹配得分法将控制组与对照组进行匹配，发现基于PSM-DID方法的估计结果与基准回归结果一致，具有稳健性。第三，机制验证结果表明，智慧城市建设可以通过提高城市投资引聚能力、增强技术创新能力进而促进城市创业活跃度的提升。第四，进一步分析发现智慧城市政策对不同地理区域、不同规模以及不同城市特征的城市创业活跃度影响存在异质性。在东部地区或规模较大的城市中，智慧城市建设对创业活跃度提高具有显著激励作用，且效果较其他城市更为突出。城市服务信息化水平越高、政府财政支出规模越大的城市越有利于发挥智慧城市政策效应。本章对提升市场创业活力，推动新时代城市建设转型以赋能城市创业浪潮持续推进具有重要的借鉴意义。第五，本章的结果在通过平行趋势检验、安慰剂检验、缩尾处理等一系列稳健性检验后仍然成立。

相较于已有研究，本章可能的边际贡献在于：第一，本章从城市层面出发，通过实证分析研究了智慧城市试点政策对城市创业活跃度的影响，丰富了对智慧城市试点政策的效应研究。已有关于智慧城市试点政策的研究主要分为对智慧城市建设评价体系（Sharifi，2020；Shamsuzzoha等，2021；Sharif和Pokharel，2022）以及智慧城市建设的效应作用两个方向。大量文献关注并验证了智慧城市政策的实施对环境污染的改善（Yigitcanlar和Kamruzzaman，2018）、在经济发展过程中对绿色低碳经济转型增长（Qian等，2021）、绿色全要素生产率提升（Jiang等，2021；Wang等，2022；Xu等，2022）以及提升城市韧性与可持续性（Haarstad和Wathne，2019；Zhou等，2021）均有正向影响。然而综合已有文献研究可以发现，目前研究智慧城市试点政策对城市创业活跃度影响关系的文章极为稀缺。为此，本章针对此话题的研究丰富了现有文献，为研究智慧城市试点政策效应提供了新思路、新视角。

第二，本章在城市创业活跃度的影响因素方面有所创新，将智慧城市试点政策这一新兴城市发展模式与城市创业活跃度相联系。现有文献在宏观上主要从制度环境方面出发（Davidsson和Henrekson，2002；Bruton等，2010；Lu和Tao，2010；Hoppmann和Vermeer，2020；Urbano等，2020；Maribel和Radzivon，2022；Miao等，2022；Maurer等，2022）研究诸如研发公共支出、教育公共投资等公共政策（Castaño等，2016）、正式与非正式制度（Eesley等，2018；Escandón-Barbosa等，2019）、失业保险政策（Hombert等，2020）、社会保障（Song等，2020；Benzart等，2020）、破产法规（Eberhart等，2017）等对创业活跃度与创业决策的影响。基于此，本章从宏观层面上研究了智慧城市试点政策对创业活跃度的影响并探讨了其可能存在的影响机制与异质性影响。

第三，拓展了数字化对创业活跃度的影响研究。数字技术正逐步改变着创业活动的性质、过程与范围（Nambisan，2017；Von Briel等，2018）。George等（2020）观察到近年来形成的经济快速数字化对创业理论和实践产生了影响，各种新技术所构成的数字解决方案正影响着人们现有对创业问题的思考。现有关于数字化趋势影响创业活动的研究主要从数字技术的相关概念、范畴和应用等领域出发（Mainela等，2014；Gregori和Holzmann，2020；Kollmann等，2021），探究数字技术的三种形式，即数字制品（Porter和Heppelmann，2014）、数字平台（Zahra和Nambisan，2011）与数字基础设施（Aldrich，2014；Chalmers等，2021）对新创业过程、实践和结果的影响（Nambisan，2017）。智慧城市发展模式是城市数字化的体现，然而现有研究鲜有从政策角度出发探究城市的整体数字化对创业活动的影响，因此本章拓展了数字化对创业领域的研究，丰富了其理论框架。

本章的结构如下：第二节为理论分析与研究假设推理。第三节为模型设定、数据来源与变量说明。第四节为实证结果与分析，包括基准回归与稳健性检验。第五节为进一步分析，包括机制分析与异质性分析。第六节为结论。本章的研究框架如图7-1所示。

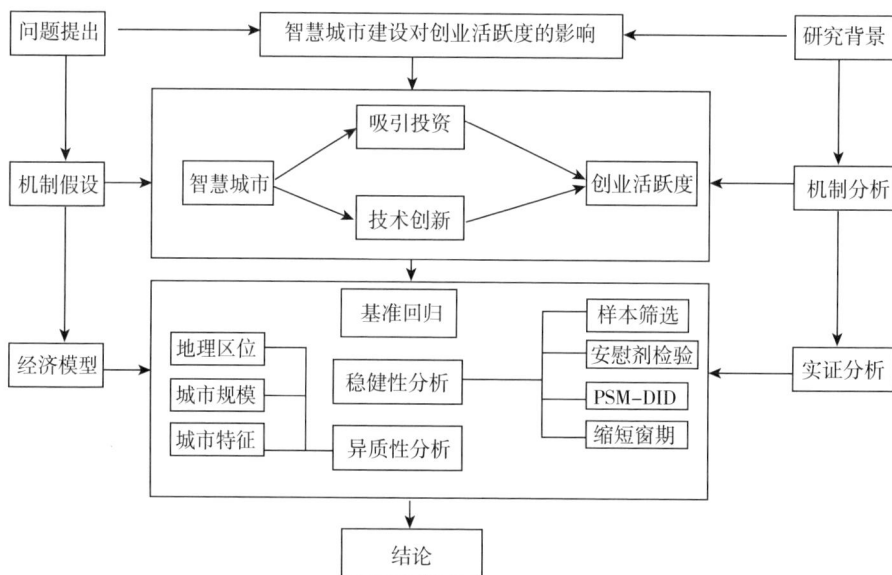

图7-1 研究框架

二、理论分析与研究假设

（一）智慧城市建设促进创业活跃度提升

智慧城市的本质是通过新兴现代信息技术为城市建设、管理与发展过程中的各个阶段进行赋能，将已有的传统城市中各个运行系统与服务进行解构并用大数据等数字化手段重组以从城市社会运行、经济发展、民生保障等多维度提质增效，对于有利于新兴企业进入市场的经济环境、文化环境、制度环境均有所改善。Khan等（2021）认为通信技术的发展创造了一个有利的创业环境，例如，互联网通过在人口密集的城市地区实现聚集来促进创业活动开展（Cumming和Johan，2010）。从个体层面看，大数据、人工智能等新一代信息技术的开放共享可以降低创业者的感知风险，减少创业者进入市场的障碍以及进行市场扩张的成本（Gozman，2018；Nambisan等，2018），提高其开发创业机会的可能。同时，开放的数字平台与资源有助于知识和发明的传播，丰富了创业者对那些原本他们所不具备的知识禀赋的认识（Gruber等，2013），并为其提供了大量市场和技术学习机会（Gruber和Henkel，2006；Dahlander，2007；Gruel等，2018）从而提高他们对创业机会前景的认识。从企业层面看，数字技术的广泛应用有助于企业对适宜的创业机会进行识别与评估以便合理利用，并在利用机会的过程中同客户共创价值，获得更大的竞争优势（Nambisan，2017）。另一方面，数字基础设施等数字技术的运用可以通过有效识别潜在客户与资源需求拓展资源获取渠道（Kim和Hann，2013；Smith等，2017），提升资源利用效率（Von Briel等，2018）。在中国，智慧城市试点的建设具有显著的"强推动+强竞争+强压力"特点。在政府强力推动城市管理运行体系创新、城市间提升自身竞争力形成良性竞争氛围、大力发展信息等基础设施建设以完成考核要求的"三强"环境下，智慧城市试点政策对创业外部制度环境到创业内部所需的人（人力资本）、财（资金支持）、物（技术支持）均有着积极影响，有利于提升城市创业活跃度。

因此，本章提出假说H7-1。

H7-1：智慧城市政策可以提高城市创业活跃度。

（二）智慧城市建设通过吸引投资提高投资引聚能力促进创业活跃度提升

智慧城市建设过程中不可或缺的是对网络等信息基础设施建设和交通设施建设的完善。一方面，智慧城市试点政策推动了居民宽带接入，使得信息基础设施建设得到了大力推进，这为智慧城市搭建开放共享的公共信息数据平台提供了先决条件。Nambisan等（2018）认为数字平台和开放式创新似乎正在创造更多融资渠道并允许企业家以不同方式分摊风险。另一方面，智慧城市试点将数字化处理与管理手段融入传统基础设施建设过程，产生了如智慧交通、智慧停车等新兴应用领域，带动了以道路建设为代表的传统基础设施建设的完善。上述基础设施的完善有利于优化城市营商环境，并且信息数据的开放共享一定程度上加深了城市对外开放程度并提升了其对外开放质量，二者均有利于企业吸引投资以形成投资引聚效应，具体而言可分为吸引外来投资与风险投资两部分。

本地城市的营商环境向好与对外开放程度加深有助于提高外商投资意愿，同时，基础设施的完善如交通便利性的提升可以帮助生产要素在城市内或区域间进行流动，有利于降低搜寻成本、运输成本和交易成本（Fritsch和Storey，2014），对于引进外商直接投资有着重要意义（Muhammad等，2020；Rehman等，2020）。智慧交通的良好运行也有助于降低外资企业"冰山成本"，进而提升外资企业竞争优势，达到吸引外商直接投资以刺激本地创业活跃度的目的（Kim和Li，2012；Leitão和Capucho，2021）。此外，众筹平台等数字贸易也是扩大对外开放程度的加速器，它使国内市场与国外市场相连通，极大地减少了企业家获得资本的空间限制（Sorenson等，2016），在加快国内生产、分配、交换、消费循环的同时提升了其与国际市场的衔接效率，有利于推动经济开放吸引外资。

除了吸引外商直接投资之外，智慧城市建设同样有助于企业吸引风险投资。一方面，数字化对风险投资有强烈的积极影响（Khan等，2020）。开放的数据获取平台有利于访问和收集不同来源的数据（Yoo等，2010），降低投资前的信息获取难度。风险投资者高度依赖投资前的信息来避免逆向选择并高度依赖投资后的信息来规避道德风险（Wright和Robbie，1998），因此风险投资相较其他融资方式需要更为全面深入的调查和监测（Carey等，1994）。开放发达的信息通信技术有利于为交易发起、监控和退出过程的信息收集提供便利（Khan等，2021）进而降低信息不对称性，减少投资风险。另一方面，交通基础设施的完善与智能化会不断优化城市创业生态系统并通过风险投资降低初创企业经营成本，提高其创业存活率。风险投资对处在初创阶段，面临缺乏有形资产抵押、发展不确定性高等生存难题的创业企业有着重要作用。此外，风险投资也在一定程度上依赖于通过面对面交流所传递的财务数据以外的"软信息"，便利的交通基础设施对于城市对接风险投资市场至关重要（Duan等，2021）。通过吸引外来投资与风险投资，能够有效缓解初创企业的融资约束，并通过示范效应和衍生效应为创业者带来知识溢出的外部影响（Samila和Sorenson，2011），这一方面增加了创业者的创业信心、提高其创业意愿，另一方面为其进行创新创业活动提供了足够的资金支撑。

由此，本章提出假说H7-2。

H7-2：智慧城市可以通过吸引外商直接投资和风险投资提升城市创业活跃度。

（三）智慧城市建设通过技术创新驱动城市创业活跃度提升

智慧城市试点政策有助于促进技术创新提升城市创新水平在学界已经得到了广泛认同（Caragliu和Del Bo，2019；Xu等，2020；Wang和Deng，2021）。Schumpeter（1912）认为创业者是实施创新的人，将创新作为创业的先决条件。在中国经济发展新阶段中，以技术创新为核心的全面创新为创业提供了动力源泉，使其获得更为全面、持续、健康发展的新机遇。而以新兴技术开发或应用为基础的创新驱动型创业对中国实现创造性破坏驱动的熊彼特式经济增长的重要作用也得到证实，由创新驱动的创业活动正逐渐成为顺应时代发展与经济需要的创业方向（Yunis等，2018）。这都说明智慧城市建设可以通过促进技术创新提高创业活跃度。一方面，智慧城市建设能够有效提升城市信息化水平。其原因在于智慧城市建设体系中明确指出要进一步完善信息基础设施并建设公共数据平台。另一方面，智慧交通、智慧物流、智慧金融等智慧城市项目都依赖于现代信息技术。信息化水平的提高也有助于提升城市创新水平（Ke等，2017）。智慧城市政策可以充分调动政府和市场活力，实现对原有产业和市场结构的"破坏性创新"，从而为企业技术创新提供能量。

此外，现代信息技术是智慧城市发展的底层技术支持，智慧城市计划的推进也在促进信息技术的进一步创新与发展。智慧城市是通过使用数字解决方案提高传统网络和服务效率，从而造福居民和企业。在智慧城市建设过程中，随着信息基础设施建设的完善与信息化水平提高逐渐建立起资源与信息开放共享的创新平台，有助于加快创业信息传递与处理速度、形成技术外部性扩散（Storper和Venables，2004）、降低信息获取成本（Caragliu和Del Bo，2019）与传递壁垒，实现城市资源的高效管理与协同创新，进而提升研发速度、降低研发成本（Paskaleva，2009），促进技术创新（Tiwana等，2010）。欧盟委员会创建了"智慧城市市场"，其由两个前平台合并而成，即"欧洲智慧城市和社区创新伙伴关系市场（EIP-SCC Marketplace）"和"智慧城市信息系统（SCIS）"。该平台的主要跨领域业务包括知识共享、开放数据治理、商业模式、采购和融资等。这是一项改变市场的重大举措，旨在将城市、行业、中小企业、投资者、银行、研究人员和许多其他智慧城市参与者聚集在一起。部分学者将创业定义为一种对机会进行识别、评估与利用的一系列机会开发行为（Davidsson和Wiklund ,2001；Eckhardt和Shane，2003；Aldrich和Cliff，2003），技术创新可以生成更多创业机会，技术创新的商业化是创业成功的关键（Datta等，2015），它可以提高机会开发的可能性，带来创业机会速率的提升、数量或范围的增加，最终使城市创业活跃度得到提升。

由此，本章提出假说H7-3。

H7-3：智慧城市试点政策可以通过技术创新效应提升城市创业活跃度。

（四）智慧城市试点政策对城市创业活跃度的影响具有异质性

研究发现，创业活跃度存在着区域差别（Andersson，2005；Nijkamp，2011；Song和Winkler，2014），智慧城市发展在空间上也存在着不同（Angelidou，2014）。因此，智慧城市试点政策对城市创业活跃度的作用也可能存在着异质性影响。一方面，地理区位因素对城市经济社会发展具有重要影响。相较于我国中西部地区靠近内陆，东部大多数城市沿海发展，具有先天的资源禀赋与开放的市场贸易条件和国际交流环境，更有利于新一代信息技术的发展与高端国际人才的储备，营商制度环境较中西部地区更为成熟，智慧城市发展水平更高。另一方面，城市规模与城市特征也是智慧城市建设绩效的影响因素。对于智慧城市而言，人、财、物（技术）是支撑其发展的三大支柱。从人的角度看，城市人口规模大一般而言意味着城市中存在的消费群体巨大，即市场规模大，则市场交易活动更为活跃，并且大规模城市人力资本水平一般较高，智慧城市建设的创新效应更为明显。从财的角度看，智慧城市的可持续发展离不开政府财政支出的支撑，不论是信息基础设施建设还是人力资本的教育投资、科技技术的政府投资，都需要大量财政支出的支持，财政资金资源越充足的城市智慧城市发展水平越高。从技术的角度看，不同城市的信息基础设施建设的完善程度不同导致其服务信息化水平有所差异。数字经济时代下服务的信息化水平决定着其服务质量、水平和效能，较高的服务信息化水平意味着较高的业务成交效率与资源利用效率。上述分析表明，智慧城市建设对创业活跃度的影响具有明显的城市异质性，由此，本章提出如下研究假说。

H7-4a：位于东部地区的城市，智慧城市建设对创业活跃度的促进作用更强。

H7-4b：人口规模更大的城市，智慧城市建设对创业活跃度的促进作用更强。

H7-4c：政府财政支出大或服务信息化水平高的城市，智慧城市建设对创业活跃度的促进作用更强。

三、研究设计

（一）模型设定

本章将中国的智慧城市试点政策视为一项准自然实验，将住建部2012—2014年度推出的智慧城市试点名单中的地级及以上城市作为实验组，将非试点城市作为对照组。由于智慧城市试点采取分年度逐步推进的方式，而传统DID方法仅适用于评估单一时点的政策效果。为此，本章借鉴Beck（2010）的做法，构建多期DID模型研究智慧城市试点政策的实施对创业活跃度的影响，公式如下：

$$Entrep_{it} = \alpha_0 + \alpha_1 Posttreat_{it} + \alpha_2 X_{it} + \mu_i + \delta_t + \varepsilon_{it} \quad （式7-1）$$

其中，i表示城市，t表示年份；$Entrep_{it}$为创业活跃度，$Posttreat_{it}$表

示t年城市i是否实施智慧城市试点政策的虚拟变量；X_{it}为一系列随时间变化的城市层面控制变量；μ_i为城市个体固定效应，δ_t为时间固定效应；ε_{it}为随机误差项。

（二）变量说明

1.被解释变量：城市创业活跃度

已有研究中对于创业活跃度的测量主要有劳动力市场法和生态学研究法，二者的基本逻辑都是通过观测时间段新创企业诞生数来衡量区域创业活跃度（谢绚丽等，2018），因此本章选取城市当年新注册企业数目取对数来表示各城市创业活跃度。

2.核心解释变量：智慧城市试点政策

住房城乡建设部于2012年宣布了首批国家智慧城市试点，包括37个地级市、50个区（县）、3个镇。为了进一步推动试点工作，于2013年经申报、初审、综合评审等程序确定了103个城市（区、县、镇）为第二批试点城市，随后又确定了2014年度84个城市（区、县、镇）为第三批智慧城市新增试点。本研究设置智慧城市试点政策为虚拟变量形式，构建两个虚拟变量：实施虚拟变量和政策时间虚拟变量，即实验组为智慧城市试点城市定义为1，控制组为非试点城市定义为0；对于试点城市，政策实施当年及其以后年份设定为1，其余年份则设定为0，对非试点城市则均设定为0。

3.中介变量

外来投资（FDI）、风险投资（VCI）和技术创新（Innovation）变量通过北京大学企业大数据研究中心编制的中国区域创新创业指数（IRIEC）中的数据得到。其中FDI与VCI由IRIEC中各城市吸引外来投资与吸引风险投资的得分衡量，城市技术创新水平由发明专利得分衡量。

4.控制变量

根据Domurat和Tyszka（2017）、Eberhart等（2017）、Cappoza等（2018）、Zhang等（2019）、Goel和Saunoris（2020）、Zygmunt（2020）等的研究，本章控制了其他影响城市创业活跃度的因素，具体包括：经济发展水平（Pergdp），采用真实人均GDP取对数表示；人口密度（Popden），采用城市总人口与行政区域面积比值测度；第三产业占比（Third），采用第三产业占GDP

比重表示；互联网水平（Inter），采用互联网宽带接入用户数表示；人力资本水平（Edu），采用普通高等学校在校生人数衡量，并取对数进行处理。考虑到样本极端值可能会对基准回归结果产生影响，本章将样本进行缩尾1%处理后再进行后续的实证检验。

（三）数据来源与描述性统计

本章的数据均来自各年度的《中国城市统计年鉴》、国家统计局、各城市的年度统计公报以及由北京大学企业大数据研究中心编制的中国区域创新创业指数（IRIEC）。为使样本数据具有代表性，本章进行了如下处理：首先，为避免低估智慧城市试点政策效应，只选取在整个城市范围内实行试点政策的城市作为实验组；其次，剔除数据明显缺失的城市；最后，通过线性插值法和平滑指数法对部分缺失数据进行合理填补。经过上述处理，本章以2002—2019年作为样本时期，最终确定265个地级市为实证研究的全样本，其中91个智慧城市试点城市为实验组，其余174个地级及以上城市为对照组。

表7-1报告了主要变量的基本统计特征。结果显示，新注册企业数目的对数值均值为9.8527，标准差为1.0631，最小值为7.2640，最大值为12.4271，说明不同城市之间的创业活跃度差别较大，与现有文献结论基本一致（Nijkamp，2011；Song和Winkler，2014）；中介变量与其他控制变量的取值范围也均处于合理范围内，个体差异比较明显，表明样本具有良好的区分度。

表7-1　变量描述性统计

变量类型	变量名称	样本量	均值	标准差	最小值	最大值
因变量	Entrep	4770	9.85268	1.0631	7.2640	12.4271
核心自变量	Posttreat	4770	0.1354	0.3422	0	1
中介变量	FDI	4770	67.1604	20.6004	19.8445	99.4240
	VCI	4770	73.4493	14.5884	57.0565	99.4624
	Innovation	4770	71.1385	18.2319	40.1402	99.4336
控制变量	Pergdp	4770	10.1623	0.8604	8.1645	11.9396
	Popden	4770	4.3357	2.9859	0.2790	15.5470
	Third	4770	38.9472	9.8123	8.5800	85.3400
	Inter	4770	0.6614	0.9325	0.0098	5.4200
	Edu	4689	-4.7534	1.1267	-7.2890	-2.1815

四、智慧城市影响城市创业活跃度的实证分析

（一）基准回归

首先运用双向固定的多期DID模型进行基准回归，回归结果如表7-2所示。其中，第（1）列仅将智慧城市试点政策虚拟变量纳入回归，其估计系数在1%显著水平下显著为正。第（2）～（6）列为逐步引入控制变量的回归结果，可以看到，智慧城市试点政策虚拟变量（Posttreat）的估计系数始终显著为正，说明智慧城市试点政策虚拟可以有效提升城市创业活跃度。从第（6）列的结果可以看出，智慧城市试点政策虚拟变量（Posttreat）的估计系数为0.0597，说明智慧城市试点政策显著提升了5.97%的创业活跃度。

在控制变量方面，城市经济发展水平（Pergdp）与创业活跃度在1%的显著水平下存在着显著正相关关系，说明提高经济发展水平有助于刺激创业活跃度，这与现有文献中的结论基本一致（Eberhart等，2017；Goel和Saunoris，2020）。第三产业占比（Third）的估计系数在5%的显著性水平下显著为正，说明城市产业结构的高级化会促进城市创业活跃度的提升。人力资本（Edu）的估计系数显著为正，可能原因是，高等教育的实施与普及提升了个人与地区的知识水平，有助于其掌握与创业相关的技能和经验，进而有利于提升城市创业活跃度。人口密度（Popden）对创业活跃度具有显著的正向影响，这可能是因为人口密度高的城市容易形成规模经济，其基础设施建设更为完善、人力资本的存量与质量较高，经济活动更为频繁，对企业的建立与发展更为友好。居民互联网水平（Inter）对创业活跃度的影响不显著，这可能是因为城市居民的互联网普及未能有效地将潜在消费群体引入创业企业目标消费群，过量的信息在一定程度上降低了有效信息的筛选效率，进而使得居民互联网水平不会对创业活跃度产生影响。

表7-2 基准回归结果

因变量	（1）	（2）	（3）	（4）	（5）	（6）
政策虚拟变量	0.0693*** （0.0179）	0.0578*** （0.0173）	0.0585*** （0.0173）	0.0571*** （0.0174）	0.0596*** （0.0174）	0.0597*** （0.01739）
城市经济发展水平		0.4306*** （0.0248）	0.4492*** （0.0260）	0.4415*** （0.0267）	0.4453*** （0.0267）	0.4463*** （0.0267）

续表

因变量	（1）	（2）	（3）	（4）	（5）	（6）
第三产业占比			0.0027***（0.0011）	0.0026**（0.0011）	0.0025***（0.0011）	0.0024**（0.0011）
人力资本				0.0286*（0.0151）	0.0310**（0.0150）	0.0332**（0.0151）
人口密度					0.0450***（0.0088）	0.0432***（0.0089）
居民互联网水平						0.0138（0.0100）
constant	8.5519***（0.0442）	4.5589***（0.2241）	4.2917***（0.2499）	4.5365***（0.2814）	4.3291***（0.2835）	4.3417***（0.2836）
个体固定	是	是	是	是	是	是
时间固定	是	是	是	是	是	是
N	4770	4770	4770	4689	4689	4689
R^2	0.4240	0.5639	0.5774	0.5782	0.6245	0.6309

注：括号内为标准误，*、**、***分别表示10%、5%、1%水平显著性。

（二）稳健性检验

1. 平行趋势检验

双重差分模型的使用前提是通过平行趋势检验，即未受到试点政策的冲击前，实验组和对照组城市创业活跃度水平具有相同的变化趋势，以保证双重差分估计量的一致性。对此，本章采用事件研究法来进一步检验平行趋势假设，建立如下模型：

$$Entrep_{it} = \alpha_0 + \sum_{k \geq -5}^{5} \beta D_{it}^k + \theta X_{it} + \mu_i + \delta_t + \varepsilon_{it} \qquad （式7-2）$$

其中，μ_i是城市个体固定效应，δ_t是年份固定效应，ε_{it}是随机扰动项。D_{it}^k是智慧城市建设实施年的虚拟变量，$k<0$表示政策实施前第k年，$k>0$表示政策实施后第k年。本章以智慧城市试点政策实施前的第6年为基准年，β表示政策实施前5年到政策实施后5年的一系列系数估计值，其他控制变量与模型（1）一致。图7-2绘制了90%置信区间下的估计结果，结果显示，智慧城市试点政策实施前各期系数估计值并不显著，其90%上下置信区间均包括了零点，由此可以认为智慧城市建设的多期DID模型满足平行趋势条件。而在政策发生以后，即当期及以后的年份中，系数值大多显著异于0，政策实施当期及实施后的第2、第3年估计系数显著为正，这说明智慧城市试点政策实施当期对城市创业活跃度有显著激励作用，而后一年可能由于政策衔接等问题导致效率下降，促进作用虽仍然为正但并不显著。在经历短暂调整与阵痛过后，政策实施后第二年激励作用显著增强，而后随时间推移，智慧城市试点政策的政策效用逐渐消退。

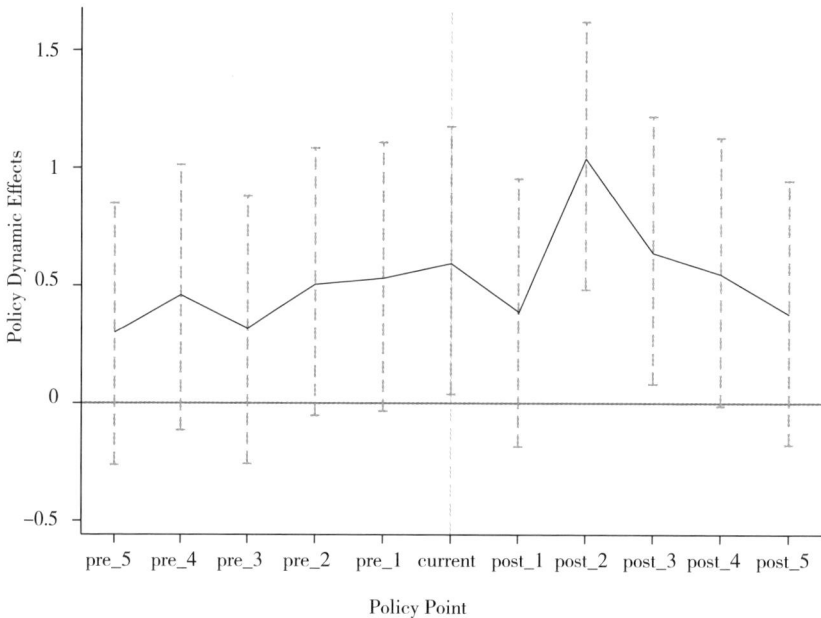

图7-2　平行趋势检验

2. 样本数据筛选

由于智慧城市试点的选择可能存在"挑选赢家"的行为动机，进而导致政策效应评估出现偏误。本章通过剔除处理组中的北京、上海、广州、深圳等一线与新一线城市子样本，在对样本数据进行筛选后重新估计智慧城市试点政策对城市创业活跃度的影响，结果如表7-3所示。由结果可知，一方面在剔除一线与新一线城市后智慧城市试点政策的估计系数依然显著为正，证明基准回归结果具有稳健性。另一方面，相较于全样本回归结果，剔除后剩余样本的政策估计系数有所下降，说明智慧城市试点政策对一线与新一线的发达城市创业活跃度的提高作用强于对普通城市。

表7-3 稳健性检验结果Ⅰ

因变量	剔除一线、新一线城市
政策虚拟变量	0.04610***（0.0177）
控制变量	是
个体固定	是
时间固定	是
N	4350
R^2	0.6296

注：*、**和***分别代表结果在10%、5%和1%水平下显著。

3. 安慰剂检验

为了排除某些随机因素的干扰，本章随机选择虚拟实验组与控制组进行安慰剂检验随机，具体而言，先将数据按照城市进行分组，然后在每个城市内的年份变量中随机抽取一个年份作为其政策时间，从而构造出政策虚拟变量对模型（式7-1）进行回归，将上述过程重复1000次，图2绘制了上述1000次随机化模拟回归系数核密度分布及显著性。图7-3结果显示，随机分配的估计值在0附近近似服从正态分布。具体来看，通过1000次模拟，核心解释变量回归系数的均值是0.007，接近于0且远小于基准回归的估计结果，并且根据图7-4所示大部分在10%的水平下不显著，表明本章的实证结果较为稳健，从反事实的角度证明智慧城市试点政策对城市创业活跃度的影响并非由其他随机因素导致。

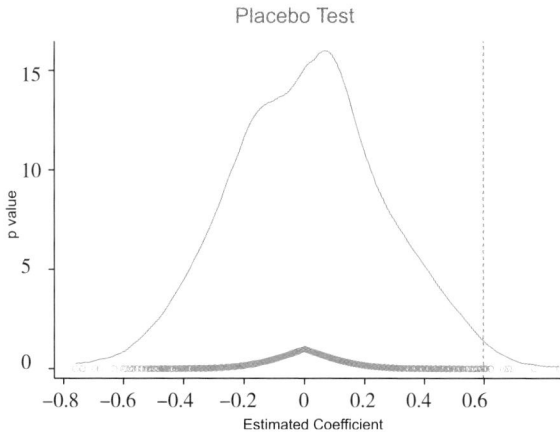

图7-3 安慰剂检验

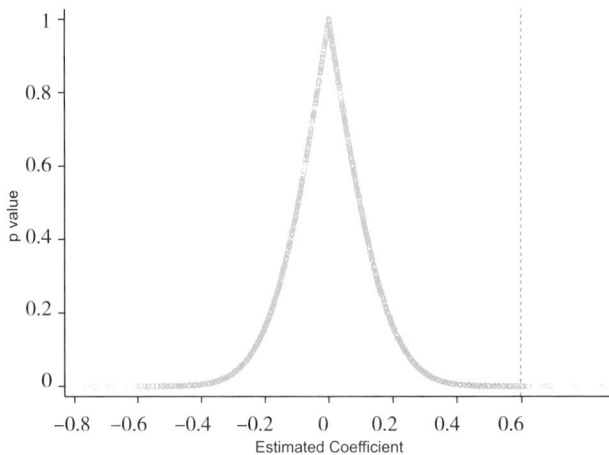

图7-4　安慰剂检验p值分布

4. 基于倾向得分匹配的双重差分估计PSM-DID

由于国家在对智慧城市试点城市的确定上可能并非完全随机的选择，可能会存在"选择性偏差"，即实验组和控制组在试点政策之前在经济发展水平、产业结构水平等特征上并不相似，尤其是在大样本情形下。为准确评估智慧城市的政策效应，本章借鉴石大千等（2018）的做法，使用PSM-DID来缓解选择性偏差问题。首先利用倾向得分匹配（PSM）方法对实验组和控制组以城市经济发展水平、人口密度、产业结构水平、互联网水平、人力资本水平为匹配变量进行逐年匹配，根据表7-4的适用性检验结果，半径匹配后所有匹配变量的标准化偏差减小且均在3%以下，并且T检验的结果不拒绝实验组与控制组无显著的差异，在此基础上进行多期双重差分估计，其结果如表7-5第（1）列所示。智慧城市试点政策的系数均显著为正，说明智慧城市试点政策的实施对城市创业活跃度有显著促进作用，佐证了基准回归结果的稳健性。此外，本章还分别采用了1∶2近邻匹配和核匹配方法对试点城市与非试点城市样本进行倾向得分匹配。由表5第（2）列和第（3）列结果可知，核心变量系数依旧显著为正，进一步证明了结果的稳健性。

表7-4 半径匹配适用性检验结果

变量	样本	平均值		标准化偏差	缩减率（%）	T检验		V（T）/V（C）
		实验组	对照组			t	p>|t|	
Pergdp	匹配前	10.235	10.137	11.5	96.6	3.74	0.000	1.05
	匹配后	10.229	10.233	−0.4		−0.11	0.910	1.16*
Popden	匹配前	4.468	4.3048	5.5	86.2	1.79	0.074	0.92
	匹配后	4.458	4.4806	−0.8		−0.22	0.825	0.99
Edu	匹配前	−4.572	−4.8487	24.9	98.1	8.05	0.000	0.92
	匹配后	−4.5823	−4.577	−0.5		−0.13	0.893	0.90*
Third	匹配前	38.58	39.161	−6.1	61.0	−1.99	0.047	0.98
	匹配后	38.607	38.834	−2.4		−0.67	0.501	0.96
Inter	匹配前	0.60209	0.6964	−10.6	98.1	−3.31	0.001	0.58*
	匹配后	0.60409	0.6059	−0.2		−0.07	0.946	1.03

表7-5 PSM-DID回归结果

因变量	（2）半径匹配	（1）1:2近邻匹配	（3）核匹配
政策虚拟变量	0.0584*** （0.0175）	0.0619*** （0.0175）	0.0597*** （0.0174）
控制变量	是	是	是
个体固定	是	是	是
时间固定	是	是	是
N	4671	4674	4689
R^2	0.6340	0.6336	0.6309

注：*、**和***分别代表结果在10%、5%和1%水平下显著。

5. 缩短窗期

在本章所研究的2002—2019年间，为了避免智慧城市试点政策实施前期各种重大事件（如金融危机等）给研究结果带来的干扰，将研究窗期缩短至2009—2019年，并重新估计基准模型，结果如表7-6所示，与基准回归结果相比在显著性与系数上无明显变化，进一步肯定了智慧城市能显著促进城市创业活跃度的结论。

表7-6　稳健性检验结果 Ⅱ

因变量	（1）	（2）
政策虚拟变量	0.0455*** （0.0153）	0.0377** （0.0148）
控制变量	是	是
个体固定	是	是
时间固定	是	是
N	2915	2886
R^2	0.2206	0.5155

注：*、**和***分别代表结果在10%、5%和1%水平下显著。

五、进一步分析

（一）机制检验

本章之前的研究结论表明，智慧城市试点政策提升了城市创业活跃度，基于理论分析可知具体可以通过吸引外来投资或风险投资形成的投资引聚效应以及技术创新效应实现，本章借鉴Baron和Kenny（1986）提出的逐步法来检验外来投资、风险投资和技术创新的中介效应。

$$Med_{it} = \beta_0 + \beta_1 posttreat_{it} + \beta_2 X_{it} + \mu_i + \delta_t + \varepsilon_{it} \qquad （式7-3）$$

$$Entrep_{it} = \gamma_0 + \gamma_1 posttreat_{it} + \gamma_2 Med_{it} + \gamma_3 X_{it} + \mu_i + \delta_t + \varepsilon_{it} \qquad （式7-4）$$

其中，Med_{it} 表示中介变量，为验证中介效应是否存在，按照如下程序进行检验：依次回归（式7-1）至（式7-4），系数 α_1 表示智慧城市试点政策对城市创业活跃度影响的总效应，系数 β_1 表示智慧城市试点政策对中介变量的影响，系数 γ_2 表示中介变量对被解释变量的影响，考察上述三个系数与系数 γ_1 是否显著，若四个系数全部显著则说明为部分中介效应，若三个系数中除若 γ_1 以外均显著，则说明为完全中介效应。

表7-7报告了中介效应检验的结果。表中第（1）列为基准回归结果，综合分析（2）（3）列、（4）（5）列、（6）（7）列可知，智慧城市试点政策对吸引外来投资、风险投资，提高城市技术创新能力有显著正效应，在将中介变量分别加入模型后，智慧城市试点政策估计系数依旧显著为正且相较基准回

归结果略有下降，这说明外来投资、风险投资与技术创新在智慧城市试点政策促进城市创业活跃度的增加中发挥了部分中介作用。

表7-7　机制检验

因变量	（1）创业活跃度	（2）外来投资	（3）创业活跃度	（4）风险投资	（5）创业活跃度	（6）技术创新	（7）创业活跃度
政策虚拟变量	0.0597***（0.0174）	0.9558**（0.3767）	0.0487***（0.0168）	1.6879***（0.4580）	0.0565***（0.0174）	1.7052***（0.3731）	0.0557***（0.0174）
外来投资			0.01158***（0.0007）				
风险投资					0.0019***（0.0006）		
技术创新							0.0024***（0.0007）
控制变量	控制	控制	控制	控制	控制	控制	控制
个体固定	是	是	是	是	是	是	是
时间固定	是	是	是	是	是	是	是
N	4689	4689	4689	4689	4689	4689	4689
R^2	0.6309	0.5471	0.7381	0.5373	0.6404	0.5630	0.6475

注：*、**和***分别代表结果在10%、5%和1%水平下显著。

（二）异质性分析

本章从城市所处区域、城市规模和城市特征三个方面进行异质性分析，其中城市特征包括服务信息化水平和政府财政规模。为了避免分组回归因样本变化带来的估计偏差，本章除分组回归之外还采用了交互项的方式讨论异质性问题。首先，根据城市所处区位将城市划分为东部地区和中西部地区，东部城市赋值为1，中西部城市赋值为0。然后，参考国发（2014）51号文件《关于调整城市规模划分标准的通知》，依据城市人口数将特大及以上城市划分为大规模城市，其他城市划分为一般规模城市。为了方便我们的研究，本章将中小规模城市和一般规模城市赋值为1，大规模城市赋值为0。

1.区域异质性

表7-8报告了不同地区智慧城市试点政策对城市创业活跃度影响的估计结

果。将样本按照城市所属省份、直辖市分为东部地区城市和中西部地区城市。回归结果表明，智慧城市建设能显著提升东部地区城市创业活跃度，但对中西部地区无显著影响。这可能是因为东部地区城市经济发展水平较高，2017年中国各省市人均GDP排名前八位北京、上海、天津、江苏、浙江、福建、广东、山东均为东部地区省市，经济发展远超其他地区，经济活动更为频繁，使得生产要素有向东部地区发达城市流入的大趋势。同时，东部地区城市大多沿海发展，贸易通商口岸使得东部地区城市对外开放水平较高，有助于其对外交流与对外贸易，从而开拓海外市场提升企业利润。

表7-8　基于城市区位的异质性检验

变量	（1）东部地区	（2）中西部地区	（3）全样本
政策虚拟变量*地区			0.1104*** （0.0328）
政策虚拟变量	0.1965*** （0.0279）	−0.0114 （0.0211）	0.0312 （0.0197）
控制变量	控制	控制	控制
个体固定	是	是	是
时间固定	是	是	是
N	1769	2920	4689
R^2	0.5945	0.6278	0.6306

注：*、**和***分别代表结果在10%、5%和1%水平下显著。

2. 城市规模异质性

与小城市相比，规模较大的城市往往更具有进行创业活动所需的各类资源且更易形成资源集聚优势。这些差异可能导致智慧城市对创业活跃度的促进效应存在异质性。回归结果显示，智慧城市试点政策在大规模城市中对创业活跃度的促进作用显著为正，强于在一般规模城市中的作用。同时与基准回归结果相比，在大规模城市中的试点政策估计系数高于全样本中的估计系数，存在"锦上添花"的现象。

表7-9　基于城市规模的异质性检验

变量	（1）大规模	（2）一般规模	（3）全样本
政策虚拟变量*城市规模			-0.3009*** （0.0306）
政策虚拟变量	0.1917*** （0.0305）	0.0008 （0.0204）	0.2563*** （0.0263）
控制变量	控制	控制	控制
个体固定	是	是	是
时间固定	是	是	是
N	1801	2888	4689
R^2	0.7858	0.6347	0.6327

注：*、**和***分别代表结果在10%、5%和1%水平下显著。

3. 城市特征异质性

不同资源禀赋的城市，智慧城市政策在发挥对城市创业活跃度的促进效应时可能会存在差异，本章从城市政府财政规模与服务信息化水平两方面进行分析。政府财政规模使用城市财政支出的对数值作为衡量变量，服务信息化水平采用城市邮政电信业务总量的对数值衡量。具体方法如下：将政府财政规模与服务信息化水平这两个变量分别与政策虚拟变量相乘得到交乘项，其系数反映的是不同城市特征下，智慧城市建设对城市创业活跃度的影响。估计结果如表7-10所示

服务信息化水平交乘项的系数显著为正，即服务信息化水平高的城市，智慧城市建设对城市创业活跃度的促进作用为6.26%；政府财政规模交乘项的系数显著为正，即政府财政支持规模较大的城市，智慧城市建设促进城市创业活跃度提升了11.028%。一方面，服务信息化水平的提高意味着企业为消费者提供产品和服务的效率提升，有助于加快企业回收资金的速度。另一方面，大规模的政府财政支出意味着政府对基础设施、教育等公共产品的供给力度较大，对科技的财政支持力度较大，有利于完善该城市社会保障体系，提升城市人力资本存量与质量，促进城市进行科技创新，进而有利于城市创业活跃度的提升。

表7-10　基于城市特征的异质性检验

变量	（1）服务信息化水平	（2）政府财政支持
政策虚拟变量*服务信息化水平	0.0626*** （0.0019）	
政策虚拟变量*政府财政支持		0.1103*** （0.0249）
政策虚拟变量	−0.7381*** （0.2106）	−1.5912*** （0.3737）
控制变量	控制	控制
个体固定	是	是
时间固定	是	是
N	4676	4689
R^2	0.6313	0.6328

注：*、**和***分别代表结果在10%、5%和1%水平下显著。

六、结论

智慧城市建设以科技手段赋能城市发展，是对城市发展模式、资源配置模式和公共服务方式进行的一次重大革新。已有研究大多探讨了智慧城市试点政策的实施路径、评价体系（Sharifi，2020；Shamsuzzoha等，2021；Sharif和Pokharel，2022）并主要从宏观经济角度探讨智慧城市的政策效应（Qian等，2021；Jiang等，2021；Wang等，2022；Xu等，2022）。不同于以往研究，本章聚焦于创业活跃度这一变量，基于创业角度探讨智慧城市的政策效应。利用2002—2019年期间265个地级及以上城市的面板数据，以新注册企业数目衡量创业活跃度，本章通过双重差分模型探究智慧城市试点政策对城市创业活跃度的影响。在基准回归的基础上，本章还进一步分析了智慧城市试点政策对创业活跃度的中介效应与异质性作用，依次丰富对智慧城市试点政策实施效果的了解，促进其进一步深入推进。

结果表明，第一，智慧城市试点政策的实施总体上会提升城市创业活跃度，可能原因是智慧城市试点政策的实施对创业所需的经济环境、文化环境、制度环境均有所改善，通过降低创业者感知风险与企业进入门槛并为企业提供创业所需的人、财、技术的支持来提高其创业的可能性。第二，机制分析表明，智慧城市试点政策可以通过吸引外来投资、风险投资形成投资引聚效应以及激励企业技术创新形成创新驱动效应两个渠道来提升城市创业活跃度。第三，本章通过对城市区位、城市规模和城市特征等的异质性分析得出，东部地区城市、大规模城市、服务信息化水平高、政府财政支出规模大的城市中智慧城市试点政策对创业活跃度的提升作用更突出。第四，本章在通过平行趋势检验、安慰剂检验、PSM-DID检验、筛选样本等一系列稳健性检验后得到的回归结果与基准回归结果一致，说明本章的结论较为可靠。

　　本章的研究结论对于进一步开展智慧城市试点政策、激发城市创业活力具有一定指导意义。首先，我们的结果揭示了智慧城市将在数字化赋能的助推下成为创业型城市。政府应当充分利用智慧城市这一政策工具，在落实智慧城市发展策略的过程中着重注意对城市营商环境等创业有利因素的完善。其次，政府要加强对创新创业行为的政策指引与财政支持。异质性分析显示政府财政支出规模大、服务信息化水平高的城市中智慧城市的创业激励效果更强，因此政府应加大当地产业数字化改革力度，尤其是要加深物流、交通等服务领域与数字技术的融合程度。同时，各地政府要提升财政支出效率，充分利用市场机制引导财政支出分配并对战略性新兴产业给予一定财政支持。再次，根据机制检验结果，政府在进行智慧城市建设过程中要重视投资与创新对当地创业活跃度提升的重要意义。政府可以通过推动金融科技发展、加强对外开放合作等方式拓展城市内企业融资渠道。此外，政府可以从有利于推动城市创新水平提高的人、财、技术角度出发，通过提高人力资本水平、给予技术密集型产业财政资金扶持、加强行业内技术交流等方式促进城市创新，进而充分释放智慧城市政策的政策效应以提高城市创业活跃度。最后，异质性检验结果表明，智慧城市的创业激励效应在不同的城市有所区别。政府在引入数字技术推进智慧城市发展战略时要因地制宜考虑城市自身特点，有针对性、有重点地开发智慧项目，充分利用政策带来的红利，实现各地区均衡发展。

　　然而，本章的研究仍存在一定的不足：第一，本章仅从地级及以上城市层面展开研究。由于城市中各区、县、镇分层治理，同一城市内不同区、县、镇与不同城市间的区、县、镇的政策实施情况均有所不同，且智慧城市试点政策在个别城市内的实施精确到了其中具体的某一个区，因此，对于更细致的区县层面的调研有助于更进一步了解智慧城市试点政策的实施对区域创业活跃度的影响。第二，本章以新注册企业数目作为衡量创业活跃度的指标，这在一定程度上遗漏了部分未注册企业的个体创业案例。因此，未来可以从个体微观层面进行探讨，以创业者角度为切入点通过城市创业者人数衡量创业活跃度。第三，智慧城市建设涉及智慧交通、智慧金融等城市多维建设内容，具体在哪个维度上采取改进措施更有助于促进城市创业活跃度的提升有待进一步考察。第四，由于创业活动可能存在示范效应，且影响创业活跃度的因素在各城市并非孤立的，因此未来还需从空间角度入手探讨智慧城市政策等因素对创业活跃度的空间影响。对上述不足的完善将会使我们对智慧城市试点政策影响城市创业活跃度的具体效果及机制产生更为全面、深入、系统的理解。

参考文献：

[1] Al Sharif R, Pokharel S. Smart city dimensions and associated risks：Review of literature[J]. Sustainable cities and society, 2022, 77：103542.

[2] Aldrich H E, Cliff J E. The pervasive effects of family on entrepreneurship：Toward a family embeddedness perspective[J]. Journal of business venturing, 2003, 18（5）：573–596.

[3] Aldrich H E. The democratization of entrepreneurship? Hackers, makerspaces, and crowdfunding[C]//Annual meeting of the academy of management. 2014, 10：1–7.

[4] Almodóvar-González M, Fernández-Portillo A, Díaz-Casero J C. Entrepreneurial activity and economic growth. A multi-country analysis[J]. European research on management and business economics, 2020, 26（1）：9–17.

[5] Almodóvar-González M, Fernández-Portillo A, Díaz-Casero J C. Entrepreneurial activity and economic growth. A multi-country analysis[J]. European research on management and business economics, 2020, 26（1）：9–17.

[6] ALMODOVAR-GONZALEZ M, SANCHEZ-ESCOBEDO M C, FERNANDEZ-PORTILLO A. Linking demographics, entrepreneurial activity, and economic growth[J]. Revista Espacios, 2019, 40（28）.

[7] Andersson D E. The spatial nature of entrepreneurship[J]. The Quarterly Journal of Austrian Economics, 2005, 8（2）：21–34.

[8] Angelidou M. Smart city policies：A spatial approach[J]. Cities, 2014, 41：S3–S11.

[9] Anton S G, Bostan I. The role of access to finance in explaining cross-national variation in entrepreneurial activity：A panel data approach[J]. Sustainability, 2017, 9（11）：1947.

[10] Aslan H, Kumar P. Globalization and entrepreneurial entry and exit：Evidence from US

households[J]. Journal of Monetary Economics, 2021, 120：83–100.

[11] Autor D H. Outsourcing at will：The contribution of unjust dismissal doctrine to the growth of employment outsourcing[J]. Journal of labor economics, 2003, 21（1）：1–42.

[12] Ayyoob Sharifi. A typology of smart city assessment tools and indicator sets[J]. Sustainable Cities and Society,2020,53（C）.

[13] Ayyoob Sharifi. A typology of smart city assessment tools and indicator sets[J]. Sustainable Cities and Society,2020,53（C）.

[14] Baron R M, Kenny D A. The moderator‑mediator variable distinction in social psychological research：Conceptual, strategic, and statistical considerations[J]. Journal of personality and social psychology, 1986, 51（6）：1173.

[15] Benzarti Y, Harju J, Matikka T. Does mandating social insurance affect entrepreneurial activity?[J]. American Economic Review：Insights, 2020, 2（2）：255–268.

[16] Bruton G D, Ahlstrom D, Li H L. Institutional theory and entrepreneurship：where are we now and where do we need to move in the future?[J]. Entrepreneurship theory and practice, 2010, 34（3）：421–440.

[17] Capozza C, Salomone S, Somma E. Local industrial structure, agglomeration economies and the creation of innovative start‑ups：evidence from the Italian case[J]. Entrepreneurship & Regional Development, 2018, 30（7–8）：749–775.

[18] Caragliu A, Del Bo C F. Smart innovative cities：The impact of Smart City policies on urban innovation[J]. Technological Forecasting and Social Change, 2019, 142：373–383.

[19] Caragliu A, Del Bo C F. Smart innovative cities：The impact of Smart City policies on urban innovation[J]. Technological Forecasting and Social Change, 2019, 142：373–383.

[20] Caragliu A, Del Bo C F. Smart innovative cities：The impact of Smart City policies on urban innovation[J]. Technological Forecasting and Social Change, 2019, 142：373–383.

[21] Carey M, Prowse S, Rea J, et al. The economics of the private placement market[J]. Fed. Res. Bull., 1994, 80：5.

[22] Castaño M S, Méndez M T, Galindo M Á. The effect of public policies on entrepreneurial activity and economic growth[J]. Journal of Business Research, 2016, 69（11）：5280–5285.

[23] Castaño M S, Méndez M T, Galindo M Á. The effect of public policies on entrepreneurial activity and economic growth[J]. Journal of Business Research, 2016, 69（11）：5280–5285.

[24] Chalmers D, MacKenzie N G, Carter S. Artificial intelligence and entrepreneurship：Implications for venture creation in the fourth industrial revolution[J]. Entrepreneurship Theory and Practice, 2021, 45（5）：1028–1053.

[25] Content J, Bosma N, Jordaan J, et al. Entrepreneurial ecosystems, entrepreneurial activity and economic growth：new evidence from European regions[J]. Regional Studies, 2020, 54（8）：1007–1019.

[26] Cullen J B, Johnson J L, Parboteeah K P. National rates of opportunity entrepreneurship activity：Insights from institutional anomie theory[J]. Entrepreneurship Theory and Practice, 2014, 38（4）：775–806.

[27] Cumming D, Johan S. The differential impact of the internet on spurring regional entrepreneurship[J]. Entrepreneurship Theory and Practice, 2010, 34（5）：857–884.

[28] Dahlander L. Penguin in a new suit：a tale of how de novo entrants emerged to harness free and open source software communities[J]. Industrial and corporate change, 2007, 16（5）：913–943.

[29] Datta A, Mukherjee D, Jessup L. Understanding commercialization of technological innovation：taking stock and moving forward[J]. R&D Management, 2015, 45（3）：215–249.

[30] Davidsson P, Wicklund J. Levels of Analysis in Entrepreneurship Research：Current Research Practice and Suggestions for the Future[J]. Entrepreneurship Theory and Practice, 2001, 25（4）：81–100.

[31] Domurat A, Tyszka T. Entrepreneurial Activity[J]. Economic Psychology, 2017：287–303.

[32] Domurat A, Tyszka T. Entrepreneurial Activity[J]. Economic Psychology, 2017：287–303.

[33] Dougherty K D, Neubert M J, Park J Z. Prosperity beliefs and value orientations：Fueling or suppressing entrepreneurial activity[J]. Journal for the Scientific Study of Religion, 2019, 58（2）：475–493.

[34] Duan L, Niu D, Sun W, et al. Transportation infrastructure and capital mobility：Evidence from China's high-speed railways[J]. The Annals of Regional Science, 2021, 67：617–648.

[35] Eberhart R N, Eesley C E, Eisenhardt K M. Failure is an option：Institutional change, entrepreneurial risk, and new firm growth[J]. Organization Science, 2017, 28（1）：93–112.

[36] Eberhart R N, Eesley C E, Eisenhardt K M. Failure is an option：Institutional change, entrepreneurial risk, and new firm growth[J]. Organization Science, 2017, 28（1）：93–112.

[37] Eberhart R N, Eesley C E, Eisenhardt K M. Failure is an option：Institutional change, entrepreneurial risk, and new firm growth[J]. Organization Science, 2017, 28（1）：93–112.

[38] Eckhardt J T, Shane S A. Opportunities and entrepreneurship[J]. Journal of management, 2003, 29（3）：333–349.

[39] Eesley C E, Eberhart R N, Skousen B R, et al. Institutions and entrepreneurial activity：The interactive influence of misaligned formal and informal institutions[J]. Strategy Science, 2018, 3（2）：393–407.

[40] Escandón-Barbosa D M, Urbano D, Hurtado-Ayala A, et al. Formal institutions, informal institutions and entrepreneurial activity：A comparative relationship between rural and urban areas in Colombia[J]. Journal of Urban Management, 2019, 8（3）：458–471.

[41] Fritsch M, Storey D J. Entrepreneurship in a regional context：Historical roots, recent developments and future challenges[J]. Regional studies, 2014, 48（6）：939–954.

[42] George G, Merrill R K, Schillebeeckx S J D. Digital sustainability and entrepreneurship：

How digital innovations are helping tackle climate change and sustainable development[J]. Entrepreneurship theory and practice, 2021, 45（5）：999–1027.

[43] Giannetti M, Simonov A. Social interactions and entrepreneurial activity[J]. Journal of Economics & Management Strategy, 2009, 18（3）：665–709.

[44] Giffinger R, Gudrun H. Smart cities ranking：an effective instrument for the positioning of the cities?[J]. ACE：architecture, city and environment, 2010, 4（12）：7–26.

[45] Goel R K, Saunoris J W. Does income inequality sand or grease the wheels of entrepreneurial activity? International evidence[J]. Australian Economic Papers, 2020, 59（2）：138–160.

[46] Goel R K, Saunoris J W. Does income inequality sand or grease the wheels of entrepreneurial activity? International evidence[J]. Australian Economic Papers, 2020, 59（2）：138–160.

[47] Goel R K, Saunoris J W. Does income inequality sand or grease the wheels of entrepreneurial activity? International evidence[J]. Australian Economic Papers, 2020, 59（2）：138–160.

[48] Goel R K, Saunoris J W. Does income inequality sand or grease the wheels of entrepreneurial activity? International evidence[J]. Australian Economic Papers, 2020, 59（2）：138–160.

[49] Gozman D, Liebenau J, Mangan J. The innovation mechanisms of fintech start–ups：insights from SWIFT's innotribe competition[J]. Journal of Management Information Systems, 2018, 35（1）：145–179.

[50] Gregori P, Holzmann P. Digital sustainable entrepreneurship：A business model perspective on embedding digital technologies for social and environmental value creation[J]. Journal of Cleaner Production, 2020, 272：122817.

[51] Greul A, West J, Bock S. Open at birth? Why new firms do （or don't）use open innovation[J]. Strategic Entrepreneurship Journal, 2018, 12（3）：392–420.

[52] Gruber M, Henkel J. New ventures based on open innovation – an empirical analysis of start–up firms in embedded Linux[J]. International Journal of Technology Management, 2006, 33（4）：356–372.

[53] Gruber M, MacMillan I C, Thompson J D. Escaping the prior knowledge corridor：What shapes the number and variety of market opportunities identified before market entry of technology start–ups?[J]. Organization science, 2013, 24（1）：280–300.

[54] Guerrero M, Marozau R. Assessing the influence of institutions on students' entrepreneurial dynamics：evidence from European post–socialist and market–oriented economies[J]. Small Business Economics, 2023, 60（2）：503–519.

[55] Haarstad H, Wathne M W. Are smart city projects catalyzing urban energy sustainability?[J]. Energy policy, 2019, 129：918–925.

[56] Harms R, Groen A. Loosen up? Cultural tightness and national entrepreneurial activity[J]. Technological forecasting and social change, 2017, 121：196–204.

[57] Heckman J J, Ichimura H, Todd P E. Matching as an econometric evaluation estimator：Evidence

from evaluating a job training programme[J]. The review of economic studies, 1997, 64（4）：605–654.

[58] Hombert J, Schoar A, Sraer D, et al. Can unemployment insurance spur entrepreneurial activity? Evidence from France[J]. The Journal of Finance, 2020, 75（3）：1247–1285.

[59] Hoppmann J, Vermeer B. The double impact of institutions： Institutional spillovers and entrepreneurial activity in the solar photovoltaic industry[J]. Journal of Business Venturing, 2020, 35（3）：105960.

[60] Jiang H, Jiang P, Wang D, et al. Can smart city construction facilitate green total factor productivity? A quasi–natural experiment based on China's pilot smart city[J]. Sustainable Cities and Society, 2021, 69：102809.

[61] Jiang H, Jiang P, Wang D, et al. Can smart city construction facilitate green total factor productivity? A quasi–natural experiment based on China's pilot smart city[J]. Sustainable Cities and Society, 2021, 69：102809.

[62] Ke X, Chen H, Hong Y, et al. Do China's high–speed–rail projects promote local economy?— New evidence from a panel data approach[J]. China Economic Review, 2017, 44：203–226.

[63] Khan M Z, Khan Z U, Hameed A, et al. On the upside or flipside： Where is venture capital positioned in the era of digital disruptions?[J]. Technology in Society, 2021, 65：101555.

[64] Khan M Z, Khan Z U, Hameed A, et al. On the upside or flipside： Where is venture capital positioned in the era of digital disruptions?[J]. Technology in Society, 2021, 65：101555.

[65] Khan M Z, Khan Z U, Hameed A. Institutions, digitization, innovation and venture capital： evidence from Europe and the Asia–pacific[J]. Journal of Applied Economics and Business Studies, 2020, 4（2）：41–74.

[66] Kim K, Hann I H. Does crowdfunding democratize access to capital[C]//A Geographical Analysis. INFORMS Conference on Information Systems and Technology（CIST）. 2013.

[67] Kim P H, Li M. Injecting demand through spillovers： Foreign direct investment, domestic socio–political conditions, and host–country entrepreneurial activity[J]. Journal of Business Venturing, 2014, 29（2）：210–231.

[68] Kollmann T, Kleine–Stegemann L, de Cruppe K, et al. Eras of digital entrepreneurship： connecting the past, present, and future[M]//Handbook of Digital Entrepreneurship. Edward Elgar Publishing, 2022：49–73..

[69] Leitão J, Capucho J. Institutional, Economic, and Socio–Economic Determinants of the Entrepreneurial Activity of Nations[J]. Administrative Sciences, 2021, 11（1）：26.

[70] Link A N. Firm size and efficient entrepreneurial activity： A reformulation of the Schumpeter hypothesis[J]. Journal of political Economy, 1980, 88（4）：771–782.

[71] Lu J, Tao Z. Determinants of entrepreneurial activities in China[J]. Journal of Business Venturing, 2010, 25（3）：261–273.

[72] Mainela T, Puhakka V, Servais P. The concept of international opportunity in international entrepreneurship： a review and a research agenda[J]. International journal of management reviews, 2014, 16（1）： 105-129.

[73] Maurer J D, Creek S A, Bendickson J S, et al. The three pillars' impact on entrepreneurial activity and funding： A country-level examination[J]. Journal of business research, 2022, 142： 808-818.

[74] Meek W R, Pacheco D F, York J G. The impact of social norms on entrepreneurial action： Evidence from the environmental entrepreneurship context[J]. Journal of business venturing, 2010, 25（5）： 493-509.

[75] Miao C, Gast J, Laouiti R, et al. Institutional factors, religiosity, and entrepreneurial activity： A quantitative examination across 85 countries[J]. World Development, 2022, 149： 105695.

[76] Naffziger D W, Hornsby J S, Kuratko D F. A proposed research model of entrepreneurial motivation[J]. Entrepreneurship theory and practice, 1994, 18（3）： 29-42.

[77] Nambisan S, Siegel D, Kenney M. On open innovation, platforms, and entrepreneurship[J]. Strategic Entrepreneurship Journal, 2018, 12（3）： 354-368.

[78] Nicolaou N, Shane S. Can genetic factors influence the likelihood of engaging in entrepreneurial activity?[J]. Journal of Business Venturing, 2009, 24（1）： 1-22.

[79] Nijkamp P. Entrepreneurship, Development, and the Spatial Context： Retrospect and Prospect[R]. World Institute for Development Economic Research （UNU-WIDER）, 2009.

[80] Nijkamp P. Entrepreneurship, Development, and the Spatial Context： Retrospect and Prospect[R]. World Institute for Development Economic Research （UNU-WIDER）, 2009.

[81] Nissan E, Galindo Martín M Á, Méndez Picazo M T. Relationship between organizations, institutions, entrepreneurship and economic growth process[J]. International Entrepreneurship and Management Journal, 2011, 7（3）： 311-324.

[82] Paskaleva K A. Enabling the smart city： The progress of city e-governance in Europe[J]. International Journal of Innovation and regional development, 2009, 1（4）： 405-422.

[83] Paskaleva K. Smart cities： a nexus for open innovation?[J]. Smart Cities, 2013： 111-133.

[84] Porter M E, Heppelmann J E. How smart, connected products are transforming competition[J]. Harvard business review, 2014, 92（11）： 64-88.

[85] Qian Y, Liu J, Cheng Z, et al. Does the smart city policy promote the green growth of the urban economy? Evidence from China[J]. Environmental Science and Pollution Research, 2021, 28： 66709-66723.

[86] Qian Yu, Liu Jun, Cheng Zhonghua, Forrest Jeffrey YiLin. Does the smart city policy promote the green growth of the urban economy? Evidence from China.[J]. Environmental science and pollution research international,2021,28（47）.

[87] Rehman F U, Khan M A, Khan M A, et al. The causal, linear and nonlinear nexus between sectoral

FDI and infrastructure in Pakistan：Using a new global infrastructure index[J]. Research in International Business and Finance, 2020, 52：101129.

[88] Reynolds P, Bosma N, Autio E, et al. Global entrepreneurship monitor：Data collection design and implementation 1998 - 2003[J]. Small business economics, 2005, 24（3）：205-231.

[89] Samila S, Sorenson O. Venture capital, entrepreneurship, and economic growth[J]. The Review of Economics and Statistics, 2011, 93（1）：338-349.

[90] Schaffers H, Komninos N, Pallot M. Smart cities as innovation ecosystems sustained by the future internet[J]. 2012.

[91] Schumpeter J A. Theorie der wirtschaftlichen entwicklung. leipzig：Dunker & humblot[J]. The theory of economic development, 1912.

[92] Shahbaz M, Mateev M, Abosedra S, et al. Determinants of FDI in France：Role of transport infrastructure, education, financial development and energy consumption[J]. International Journal of Finance & Economics, 2021, 26（1）：1351-1374.

[93] Shamsuzzoha A, Nieminen J, Piya S, et al. Smart city for sustainable environment：A comparison of participatory strategies from Helsinki, Singapore and London[J]. Cities, 2021, 114：103194.

[94] Shamsuzzoha A, Nieminen J, Piya S, et al. Smart city for sustainable environment：A comparison of participatory strategies from Helsinki, Singapore and London[J]. Cities, 2021, 114：103194.

[95] Sharif Reem Al, Pokharel Shaligram. Smart City Dimensions and Associated Risks：Review of literature[J]. Sustainable Cities and Society,2022,77.

[96] Smith C, Smith J B, Shaw E. Embracing digital networks：Entrepreneurs' social capital online[J]. Journal of Business Venturing, 2017, 32（1）：18-34.

[97] Sobel R S. Testing Baumol：Institutional quality and the productivity of entrepreneurship[J]. Journal of Business Venturing, 2008, 23（6）：641-655.

[98] Song C, Park K M, Kim Y. Socio-cultural factors explaining technology-based entrepreneurial activity：Direct and indirect role of social security[J]. Technology in Society, 2020, 61：101246.

[99] Song L, Winkler C. China's trans-regional entrepreneurship：A panel data analysis of 31 provinces[J]. Journal of Entrepreneurship in Emerging Economies, 2014.

[100] Song L, Winkler C. China's trans-regional entrepreneurship：A panel data analysis of 31 provinces[J]. Journal of Entrepreneurship in Emerging Economies, 2014.

[101] Sorenson O, Assenova V, Li G C, et al. Expand innovation finance via crowdfunding[J]. Science, 2016, 354（6319）：1526-1528.

[102] Storper M, Venables A J. Buzz：face-to-face contact and the urban economy[J]. Journal of economic geography, 2004, 4（4）：351-370.

[103] Tan Yigitcanlar, Md. Kamruzzaman. Does smart city policy lead to sustainability of cities?[J]. Land Use Policy,2018,73.

[104] Tiwana A, Konsynski B, Bush A A. Platform evolution：Coevolution of platform architecture,

governance, and environmental dynamics（research commentary）[J]. Information Systems Research, 2010, 21（4）：675-687.

[105] Urbano D, Audretsch D, Aparicio S, et al. Does entrepreneurial activity matter for economic growth in developing countries? The role of the institutional environment[J]. International Entrepreneurship and Management Journal, 2020, 16（3）：1065-1099.

[106] Von Briel F, Davidsson P, Recker J. Digital technologies as external enablers of new venture creation in the IT hardware sector[J]. Entrepreneurship Theory and Practice, 2018, 42（1）：47-69.

[107] Von Briel F, Davidsson P, Recker J. Digital technologies as external enablers of new venture creation in the IT hardware sector[J]. Entrepreneurship Theory and Practice, 2018, 42（1）：47-69.

[108] Wang J, Deng K. Impact and mechanism analysis of smart city policy on urban innovation：Evidence from China[J]. Economic Analysis and Policy, 2022, 73：574-587.

[109] Wang K L, Pang S Q, Zhang F Q, et al. The impact assessment of smart city policy on urban green total-factor productivity：Evidence from China[J]. Environmental Impact Assessment Review, 2022, 94：106756.

[110] Wang K L, Pang S Q, Zhang F Q, et al. The impact assessment of smart city policy on urban green total-factor productivity：Evidence from China[J]. Environmental Impact Assessment Review, 2022, 94：106756.

[111] Wright M, Robbie K. Venture capital and private equity：A review and synthesis[J]. Journal of Business Finance & Accounting, 1998, 25（5-6）：521-570.

[112] Xu L, Wang D, Du J. Spatial-temporal evolution and influencing factors of urban green and smart development level in China：Evidence from 232 prefecture-level cities[J]. International Journal of Environmental Research and Public Health, 2022, 19（7）：3939.

[113] Xu L, Wang D, Du J. Spatial-temporal evolution and influencing factors of urban green and smart development level in China：Evidence from 232 prefecture-level cities[J]. International Journal of Environmental Research and Public Health, 2022, 19（7）：3939.

[114] Xu N, Ding Y, Guo J. Do Smart City policies make cities more innovative：evidence from China[J]. Journal of Asian Public Policy, 2022, 15（1）：1-17.

[115] Yigitcanlar T, Kamruzzaman M, Buys L, et al. Understanding 'smart cities'：Intertwining development drivers with desired outcomes in a multidimensional framework[J]. Cities, 2018, 81：145-160.

[116] Yoo Y, Henfridsson O, Lyytinen K. Research commentary—the new organizing logic of digital innovation：an agenda for information systems research[J]. Information systems research, 2010, 21（4）：724-735.

[117] Yunis M, Tarhini A, Kassar A. The role of ICT and innovation in enhancing organizational

performance: The catalysing effect of corporate entrepreneurship[J]. Journal of Business Research, 2018, 88: 344–356.

[118] Zahra S A, Nambisan S. Entrepreneurship in global innovation ecosystems[J]. AMS review, 2011, 1: 4–17.

[119] Zhang L, Jiang W, Tang Z. Study on the promotion effect of informationization on entrepreneurship: an empirical evidence from China[J]. Journal of Global Entrepreneurship Research, 2019, 9（1）: 45.

[120] Zhou Q, Zhu M, Qiao Y, et al. Achieving resilience through smart cities? Evidence from China[J]. Habitat International, 2021, 111: 102348.

[121] Zygmunt J. The effect of changes in the economic structure on entrepreneurial activity in a transition economy: the case of Poland[J]. Equilibrium. Quarterly Journal of Economics and Economic Policy, 2020, 15（1）: 49–62.

第八章 居民就业：城市智能化、居民劳动供给与包容性就业

一、引言

随着人工智能等新一代信息通信技术的发展，数字化、网络化、智能化已成为经济社会发展的重要趋势。多国政府纷纷就数字经济等前沿领域进行总体布局，党的二十大报告中也进一步将加快建设网络强国、数字中国作为下一个阶段的发展目标。智慧城市作为数字技术与城市融合发展的产物，是实现网络强国和数字中国的重要方面，也是加快人工智能等数字技术赋能、推动城市智能化转型的实践路径。因此，在全球范围内，各国正加快推进智慧城市建设，我国也于2012年开始在部分城市开展"智慧城市"建设试点，通过应用人工智能等新一代信息通信技术使城市工业化、信息化和城镇化加速融合发展，带来了政务、产业、交通等经济社会各个领域的智能化变革。以城市为基础单元进行智能化转型意在通过人工智能、5G等新一代信息通信技术对传统城市发展模式中城市基础设施建设、管理与服务等多系统、多阶段过程进行解构并依托其中的数据进行智能化建构，促进城市社会运行、经济发展、民生保障等多维度提质增效。城市智能化转型深刻改变了居民的工作和生活模式，也影响着居民的劳动参与，在"数字中国"和"就业战略"双重背景下，从劳动参与视角研究城市智能化的就业效应具有重要的理论和现实意义。

当前，较多文献关注以智慧城市建设为代表的城市智能化转型对经济社会的影响，已有学者基于我国智慧城市建设试点开展研究，发现智慧城市项目对我国环境污染治理（石大千等，2018）、产业结构转型升级（张营营和高煜，2019；张阿城等，2022；）、经济高质量发展（张治栋和赵必武，2021）等新时代经济发展重点问题有着至关重要的作用。与传统城市发展模式相比，

智慧城市依托数据要素与数字技术为城市生产生活过程赋能，不仅提高了城市生产生活效率，而且促进了技术进步与科技创新（Caragliu等，2019；Xu等，2019；Wang和Deng，2022）。在这一过程中，以人工智能为代表的智慧城市建设底层技术发展也将对传统生产方式产生深刻影响，进而影响经济增长（陈彦斌，2019；林晨，2020）、产业结构调整（王瑞瑜和王森，2020）和可持续发展（Bag，2021；Kar，2022）等问题，这也会深度冲击城市的劳动力市场与就业（王文，2020）。而且，当前就业已成为一项事关民生的国家大事。党的二十大报告中也着重强调了关注就业问题的重要意义，报告中要求"强化就业优先政策，健全就业促进机制，促进高质量充分就业"。在数字化、网络化、智能化背景下，城市智能化具有怎样的就业效应？如何影响居民劳动参与？其内在机制是什么？这一影响具有怎样的群体特征？对这些问题的回答在理论上有助于明晰城市智能化对居民劳动供给影响的内在逻辑，在实践上也有助于探索一条促进高质量充分就业的智能化路径。

因而，本章基于2012—2014年国家智慧城市试点建设的准自然实验，利用2010—2018年CFPS数据库，借助多时点双重差分模型（DID）研究了城市智能化对居民劳动参与率的影响。研究发现，城市智能化提高了居民的劳动参与率，该结论在经过平行趋势检验、安慰剂检验、替换估计模型、不同样本选择范围等多重稳健性检验后依旧成立。机制分析发现，城市智能化提升了居民对互联网信息的应用程度，产生了信息约束放松效应，这更加激励居民参与劳动力市场；而且，城市智能化也加快了产业结构转型，改变劳动力供给结构，提升第三产业居民劳动参与程度。进一步，异质性分析结果显示，城市智能化对年龄较大、多个孩子、收入较低、技能较低、农业户籍居民的劳动参与率影响较大，其就业效应更具包容性。我们同时发现，城市智能化不仅提高了居民的劳动参与率，而且增加了居民的工资性收入。相较于已有研究，本章可能的边际贡献如下。

第一，本章从微观个体角度出发，基于智慧城市试点政策研究了城市智能化对劳动参与率的影响，丰富了智慧城市试点政策的效应研究。已有关于智慧城市试点政策的研究主要针对智慧城市建设评价体系以及智慧城市建设的效应作用两个方面（崔璐，杨凯瑞，2018）。大量文献关注并验证了智慧城市政策的实施对环境污染的改善（石大千，2018；Yigitcanlar和Kamruzzaman，

2018）、绿色全要素生产率（湛泳和李珊，2022）、创新行为（Paskaleva，2011；Schaffers 等，2012）以及城市韧性与可持续性（武永超，2021；Haarstad 和 Wathne，2019）产生的积极影响。然而，综合已有文献研究可以发现，目前研究智慧城市试点政策对劳动参与率影响关系的文章极为稀缺。为此，本章将智慧城市建设与微观数据结合，为研究智慧城市试点政策效应提供了新思路、新视角。

第二，本章在探究影响劳动参与率与就业的因素方面有所创新，将代表着城市智能化转型的智慧城市政策与居民劳动参与相关联。现有文献主要从劳动者个体内在因素与外部环境因素两个角度出发展开关于劳动参与及就业影响因素的研究。具体来看，内部因素主要包括户籍身份（曲玥，2022）、认知能力（张抗私和史策，2022）、留学情况（柳芸芸和叶映华，2021）、性别和年龄等个体特征（毕红霞和杨晓彤，2022）。外部环境方面则主要研究了如减税降费（王贝贝等，2022）、贸易开放（史青等，2022）、环境规制（余东华和孙婷，2017；Liu 等，2021）等政策对就业的影响。基于此，本章将宏观区域政策与微观个体就业相结合，研究了城市智能化对劳动参与率的影响并探究了二者间可能存在的影响机制与异质性影响。

除此之外，学界关于人工智能驱动下的智能化变革影响就业的研究较少聚焦于城市层面的智能化，更多从数字经济整体出发探究地区与行业内数字化转型对就业的影响（胡拥军和关乐宁，2022；郭东杰等，2022），或具体研究数字普惠金融等数字技术应用项目对就业的影响（郭晴等，2022），也有较多文献从企业层面研究机器人和人工智能对就业和劳动参与的影响（谢萌萌等，2020；李磊等，2021）。从已有文献来看，人工智能作为新时代信息技术的代表与支撑城市智能化转型的底层技术代表，对地区就业是一把"双刃剑"（胡拥军和关乐宁，2022）。一方面，人工智能发展将对地区就业产生显著的负向影响，在降低劳动力市场就业需求（张美莎等，2021）、造成就业难问题（Karabarbounis 和 Neiman，2014）的同时加大收入分配的不平等，扩大收入差距（江永红和张本秀，2021）。另一方面，人工智能作为一种智能化技术能够与传统产业相融合进而促进新业态与新模式的形成，创造大量新岗位（Acemoglu 和 Restrepo，2018）。关于人工智能技术应用可能对就业产生的影响，学界尚未达成共识。因此，本章以智慧城市建设为切入口，从城市智能化视角研究了人工智能应用对劳动参与的影响，弥补了现有文献的不足。

本章的结构如下：第二节为理论分析与研究假设；第三节为研究设计；第四节为实证结果与分析，包括基准回归、稳健性检验；第五节包括机制分析和城市智能化影响劳动参与的进一步讨论；第六节为结论。

二、理论分析和研究假设

（一）城市智能化降低就业市场摩擦：基于居民信息约束视角

城市智能化过程中，互联网基础设施建设普及与服务提供会加大居民对互联网的应用，这将深刻影响居民的劳动参与决策。国家智慧城市（区、镇）试点指标体系将保障体系与基础设施作为首要的一级指标，网络基础设施作为重要二级指标被纳入其中。伴随城市智能化转型，居民将更重视通过联网智能设备与外界进行信息交互，从而促进了居民的联网智能设备使用，而联网智能设备的使用将会从劳动力服务传递、信息获取成本和劳动力需求三个方面影响劳动力市场。

首先，居民使用联网智能设备能够使劳动力服务跨越地理限制进行传递。数字经济时代下数字技术的飞速发展催生出平台经济、共享经济等新业态新模式，进而衍生出众多基于数字经济的新职业（杨伟国等，2018）。居民经由互联网获得更多关于新职业新岗位的资讯，从传统经济业态中线下办公的求职方向转为更多元的线上办公（张世虎和顾海英，2020）。这无形中增加了居民多重就业的可能，使得数字经济时代下多重就业由低概率、小范围现象转为高频率、大规模现象（杜敏，2017）。劳动者不再受线下办公固定工作地点与工作时间的约束，能够借助线上互联网方式进行弹性工作，合理配置自身资源（詹婧等，2018）。

就居民就业决策而言，就业与否与职业搜寻的难易程度及自身能力有关（张卫东等，2021）。以联网智能设备为媒介进行的信息传播本质上是一场信息渠道变革。从"降低信息成本论"来看，信息功能是互联网的固有属性，互联网平台依托数据进行信息传播，有效扩大了信息传播半径（陈瑛等，2021）。而且，有别于过去通过传统纸媒、熟人介绍等方式进行就业信息搜集（Autor，2001），劳动者通过网络方式获取信息的方式更为高效、快捷，超越时间、空间约束后其交易费用与搜寻成本大幅度降低，极大缓解了传统劳动力市场中信息不对称性和不充分性。更进一步，对于有用工需求的企业而言，劳动者与企业双方借助互联网达成的高效沟通有助于劳动供需双方快速了解对方信息，更为精准高效地完成人岗匹配，减少结构性失业（Kuhn和Mansour，2014），进而提高就业概率与劳动参与率。数字化时代下，互联网深刻影响着当代社会权力结构的变迁（王文彬和吴海琳，2014），智能化进一步推动了信息的精准推送和供需的精准对接，进一步降低了劳动力市场摩擦。

当前，联网智能设备不仅是一种信息搜集工具，更是一种强大的交流工具。社会资本是获取就业信息的重要渠道（Granovetter，1973），从"扩大社会网络论"来看，提高个人社会资本不仅有助于提升劳动者就业可能性（刘斌，2020），同时也会提升劳动者与岗位的匹配程度（邓睿，2020）。微信、微博等网络社交平台为劳动者提供了多样的社交工具，有利于其跨越空间限制进行维系人脉、交友等社交活动，不仅能维系甚至加强已有社会关系，还能拓展新的社会联系（王子敏，2019）。城市智能化会加快地区信息基础设施建设，进一步提高互联网传播能力，进而促进其范围内覆盖的劳动者增加社会资本（曾凡斌，2014），进而通过积累社会资本获取更多社会资源与就业渠道，从而提升劳动参与程度（DiMaggio和Bonikowski，2008）。

最后，居民使用联网智能设备也有助于提升个人能力。数字经济时代下，以智慧城市建设为代表的城市智能化转型催生众多包含了丰富资源的开放信息平台。从"知识信息载体论"来看，劳动者可以通过互联网平台以较低的成本接触到海量的多元化信息。一方面，大量的信息输入能够刺激劳动者认知能力的提升，使劳动者在感知、学习、记忆与理解上具有相对优势，直接影响劳动者的生产率，促使劳动者从事更多的非常规型工作任务、接受更多在职培训、获得更多的职称晋升机会，提升不可替代性进而获得更多的就业机会（张抗和史策，2022）。另一方面，劳动者能够通过智能设备快速、有效地掌握数字技能，进而提升其数字人力资本，提高其数字经济时代下的就业竞争力，获得更多就业机会。由此，本章提出如下假说。

H8-1：城市智能化能够通过提升居民对互联网应用程度提高劳动参与率。

（二）城市智能化改变劳动供给结构：基于产业结构升级视角

城市智能化能够促进数字经济的发展，提升第三产业劳动参与率。一方面是服务业在整体经济中所占比例逐渐攀升，另一方面是人工智能等数字技术在服务业中创造出大量岗位需求。

罗斯托的主导产业理论认为，依靠科技进步与创新实现较高增长率的主导产业能够通过扩散效应将自身生产力辐射至各上下游关联产业，从而加速产业结构转型升级。2013年，我国第三产业增加值超越第二产业成为第一大产业，标志着我国已经迈入以服务业为主导的后工业化时代（王小艳，2020）。数字时代下，人工智能等数字技术的应用进一步推动了第三产业的发展。数字经济发展包括产业数字化与数字产业化两大方面。从数字产业化角度看，现代服务业中的信息传输、计算机服务和软件业在GDP中所占比例不断攀升，逐渐成为新时代中国经济高质量发展的中坚支柱力量。城市智能化可以促进以软件和信息技术服务业为代表的数字产业形成规模效应、产业效应，使得第三产业增加值的增速不断加快，进而推动就业岗位结构性转型（戚聿东等，2020）。从产业数字化的角度看，城市智能化转型催生的互联网技术进步对第三产业的发展带动效果最强（陈瑛等，2021）。在城市智能化转型过程中，人工智能等数字技术与现代服务业进行创新性融合创造出如智慧金融等新兴产业，对于经济社会发展具有重要意义（Luo等，2019）。人工智能技术作为新型通用性技术，具有广泛渗透性、数据驱动性、系统智能化等特征优势，未来将与服务业进一步融合，使传统的生产方式和产业发展模式发生深刻变革，进而推动产业转型升级（胡俊和杜传忠，2020）。多思等（Dauth等，2018）的研究发现，在德国劳动力市场中人工智能应用减少了制造业相关劳动岗位的需求，但同时增加了对服务业相关劳动力岗位的需求。由此可见，发展迅猛的第三产业将进一步借数字技术的"东风"广泛地吸纳劳动力、资本等生产要素进行生产活动，推动劳动力市场供给结构性发生变化。由此，本章提出如下假说。

H8-2：城市智能化能够促进第三产业劳动参与，推动劳动力供给结构性变化。

（三）城市智能化对劳动参与率的促进作用具有包容性

智慧城市建设作为城市智能化转型的重要实践，是数字经济发展在城市层面的一种体现。自动化与人工智能技术在各行业的广泛应用是智慧城市项目建设区别于其他城市发展模式的突出特征。人工智能等数字技术的应用对就业有着多方面的影响，大体可分为带来消极影响的替代作用与带来积极影响的互补作用和创造性作用（Aghion和Howitt，2994）。李力行和周广肃（2022）认为大部分研究结果支持数字经济对就业的正向促进作用（互补作用与创造性作用）超过了负向替代作用。现有文献普遍认为人工智能等新一代数字技术发展带来的技术进步对不同特征的劳动者具有异质性作用（张美莎等，2021）。在IT技术等数字技术与高教育程度劳动力呈现互补关系的同时，低教育程度劳动力并非被完全替代，而是被重新分配至服务部门，由于消费者更偏好多样化的产品与服务，低教育程度劳动力的就业与工资水平反而因此得到了提升（Autor和Dorn，2013）。同样地，在研究智能化引起的就业极化现象时，许多研究发现企业对低技能劳动力或低学历劳动力的需求有所提升（孙早和侯玉琳，2019；王永钦和董雯，2020）。其可能原因是中等技能劳动者一般从事的是程序化、常规性的工作，随着人工智能、自动化技术在制造业、服务业等行业的广泛应用，这些工作往往更容易被程序所代替。相比较而言，从事非常规复杂劳动的高技能劳动者和从事非常规简单劳动或非常规手工劳动的低技能劳动者则较不容易被机器替代（Autor等，2003）。除受教育程度与技能禀赋之外，劳动者个体的其他特征也会影响城市智能化对其劳动参与的作用。埃万杰利斯塔等（Evangelista等，2014）发现智能化有利于将"弱势"群体纳入劳动力市场从而促进就业。一方面，随着互联网发展形成的新就业形态在直接创造新岗位的同时也在依托原有传统职业的基础上衍生出相关岗位（如网约车司机等）。平台经济、零工经济等低门槛、高效率的新经济模式的出现大大增加并解放了原本受时间、空间制约的空闲劳动力。另一方面，数字普惠金融作为城市智能化转型过程中智慧金融不可或缺的组成部分，其数字普惠性质使其较传统普惠金融而言中介成本更低，将原先被排斥在金融服务机构受众范围外的弱势群体（贫困人群）涵盖其中，提高了弱势群体借助金融服务进行创业就业的可能（张碧琼和吴琬婷，2021）。因而，城市智能化对"弱势"群体劳动参与的促进作用更大，具有包容性就业效应。由此，本章提出如下假说。

H8-3：城市智能化对劳动参与率的提高具有包容性。

三、研究设计

（一）模型设定

为规范和推动智慧城市的健康发展，加快城市智能化转型，构筑创新2.0时代的城市新形态，住房和城乡建设部于2012年12月发布了《关于开展国家智慧城市试点工作的通知》，设立首批智慧城市试点，在2013年和2014年分别设立第二批和第三批试点城市。由于家庭无法预知所在城市是否会被列为智慧城市试点，也无法在短时间内干预政府决策，因此智慧城市试点政策就成为良好的准自然实验，本章分别以2012年、2013年、2014年先后开展的三批"国家智慧城市试点"政策作为准自然实验，构造双重差分（DID）模型以研究城市智能化对个体劳动参与的影响。

因为智慧城市试点时间不是发生在同一年份，因此本章的模型为时点不一致的渐进性DID，当且仅当该城市实施智慧城市试点后才被赋值为1。由于劳动参与为二值变量，本章采用Probit模型进行回归：

$$\Pr\left(Lavorin_{ijt} = 1|Z\right) = \varphi\left(\alpha + \beta DID_{jt} + \boldsymbol{X}_{ijt}\boldsymbol{\gamma} + \mu_j + \delta_t\right) \qquad （式8-1）$$

其中，Z 表示 $\left\{DID_{jt}, \boldsymbol{X}_{ijt}, \mu_j, \delta_t\right\}$，$\varphi(\cdot)$ 为标准正态分布的累计分布函数。$Lavorin_{ijt}$ 为虚拟变量，表示城市 j 的个体 i 在 t 年是否参与劳动决策。DID_{jt} 表示城市 j 在 t 年是否实施了智慧城市试点。β 即为我们关心的系数，但需注意这并不表示边际效应，本章最终汇报的是平均的边际效应。X_{ijt} 为一系列控制变量，包括个人特征变量、家庭特征变量和所在城市地区变量。γ 为控制变量估计系数的列向量。μ_j 和 δ_t 分别表示城市（区县）[①] 和时间固定效应。下文所有估计都使用聚类稳健标准误。

（二）变量说明

本章的核心被解释变量为个体的劳动参与率。中国家庭追踪调查首先对

[①] CFPS 保密数据中，一个城市仅调查一个区县，因此控制城市固定效应和区县固定效应效果等同。

个体是否有工作进行询问，对没有工作的个体再询问没有工作的具体原因，包括上学/培训、照料家庭如生育/照顾小孩/做家务、不需要/不想工作、因残障/疾病而没有劳动能力、离休或退休以及其他。参照马双等（2017），本章严格定义个体是否参与劳动，将2012—2018年CFPS问卷中"当前工作状态"为"有工作"和"失业"的个体定义为劳动参与，赋值为1，否则赋值为0。在2010年问卷中首先将"您现在有工作吗"中回答"有工作"的样本赋值为1，将"过去的 1 个月，您是否积极努力地去找工作了？"中回答问题的样本定义为失业。根据"现在在上学吗"选项剔除全日制上学的样本。与赵婷（2019）类似，后文根据"没有工作的原因"选项剔除离休、退休、丧失劳动能力的样本，进行稳健性检验。

本章的核心解释变量为DID变量，本章将智慧城市试点在这个地级市所有区县全部实施的样本作为处理组，当且仅当该城市实施智慧城市试点后才被赋值为1。借鉴相关经典文献，本章的主要控制变量有以下内容：个人层面为性别、年龄、受教育年限、居住地类型、户口类型、是否已婚；家庭层面包括全部家庭纯收入对数、家庭人口规模、房屋数量、孩子数量、是否与老人同住、最小孩子年龄是否小于6岁；城市层面包括人均GDP对数、三产比二产、房价对数、人口规模对数。

（三）数据来源与描述性统计

本章使用中国家庭追踪调查（CFPS）数据，该调查覆盖了中国内地除新疆、西藏、青海、宁夏、内蒙古以外的25个省/市/自治区，涵盖了工作状态、受教育水平、认知能力、人格特征等个人信息和家庭关系信息。本章根据研究目的选取2010—2018年的数据，具有较好的时效性，为全面了解个体劳动供给提供了夯实的数据基础。同时，本章匹配各年度数据库合并成面板数据进行研究，能够保证结果的稳健性。由于智慧城市试点政策实施在地级市层面，本章进一步将CFPS数据库匹配地级市的宏观经济变量[①]。本章使用的宏观经济数据来自环亚经济数据有限公司（CEIC）中国经济数据库，智慧城市建设试点名单来自住房和城乡建设部等，为作者手动搜集整理。

---

① CFPS 中地级市信息属于限制性数据，作者前往北京大学保密机室进行离线数据处理。

数字经济、结构转型与包容性增长

为研究城市智能化对个体劳动参与的影响，本章保留20～55岁的女性样本和20～60岁的男性样本，剔除在校学生的样本（后文也对离退休、在校学生、丧失劳动能力等不同样本进行了稳健性检验），通过去除异常值和缺失值等数据清洗，最终得到有效样本43538个。

表8-1汇报了各变量的描述性统计。其中，样本期内个体劳动参与率均值为0.799，男性与女性群体分别为0.855和0.742，与马双等（2017）文献测算结果相近。

表8-1　变量的描述性统计

	变量名	（1）样本量	（2）均值	（3）标准差	（4）最小值	（5）最大值
个人特征	是否参与劳动	43,538	0.799	0.401	0	1
	是否男性	43,538	0.507	0.500	0	1
	年龄	43,538	43.91	9.310	20	60
	受教育年限	43,538	7.562	4.447	0	19
	是否在婚	43,538	0.921	0.269	0	1
	是否农业户口	43,538	0.742	0.437	0	1
	居住地是否在城镇	43,538	0.437	0.496	0	1
家庭特征	家庭人口规模	43,538	4.343	1.723	1	21
	家庭房产数量	43,538	1.122	0.551	0	12
	家庭收入对数	43,538	10.30	1.300	0	15.22
	孩子数量	43,538	1.641	0.915	0	9
	是否与老人同住	43,538	0.202	0.401	0	1
	最小孩子年龄是否小于6岁	43,538	0.157	0.364	0	1
城市特征	是否是智慧城市试点	613	0.299	0.458	0	1
	试点政策是否发生	613	0.196	0.397	0	1
	城市三产比二产	618	0.974	0.545	0.175	4.894
	城市人均GDP对数	617	10.44	0.611	8.372	11.91
	城市人口规模对数	609	15.27	0.613	12.99	17.34
	城市房价对数	604	8.356	0.477	6.796	10.08

四、城市智能化影响包容性就业的实证分析

（一）基准回归

城市智能化促进人工智能技术的拓展应用，其融合现代产业发展和技术创新，从广度、速度、深度等多方面对微观个体劳动参与和就业选择产生巨大影响。表8-2汇报了城市智能化对个体劳动参与率的基准结果。第（1）到（3）列为使用Probit模型并依次加入个人和家庭控制变量、宏观经济变量的结果，所有回归均控制区县和时间双向固定效应，采用聚类稳健标准误估计，并汇报平均的边际效应。无论是否加入控制变量，核心解释变量DID交互项的系数都稳定在0.025的水平，且在1%的水平上显著。本章将第（3）列的结果作为基准模型的结果，表明城市智能化转型使得个体劳动参与率平均提升2.5个百分点。

表8-2中其他控制变量的结果与之前文献相似，基本符合预期。个体年龄对劳动参与存在负向作用，男性群体的劳动参与率显著高于女性群体。最小孩子年龄越低的个体参与劳动力市场的概率越低，家庭人口规模越大的个体劳动参与率更低。已婚个体和受教育年限、家庭收入、房产数量①等越高的个体，其劳动参与的可能性更高。农业户籍的个体整体比城市户口的个体劳动参与率高，一方面，从事农业生产劳动属于劳动参与，农业户籍人口参与劳动的门槛更低；另一方面，以挣钱为目的的农民工前往大城市打工，本身劳动参与率较高，同时滞留在家的农村妇女不得不参与农业生产，从而提高农村女性群体的劳动参与率。与老人同住对个体劳动参与率没有显著影响，可能是老人帮忙看护孩子从而释放劳动力的正向促进作用与需要照料老人的负面影响相互抵消（宋月萍，2019）。从宏观层面看，经济水平越发达的地方，就业机会越丰富，个体的劳动参与率越高。

---

① 作者们进一步探讨了房产数量二次项的影响，结果表明房产数量与劳动参与程度呈现倒U型关系，拐点在3～4套房之间。在拐点以前，家庭房产数量越多的个体参与劳动的可能性越高，而拐点过后，房产数量对个体劳动参与转为消极影响，财富效应使得个体参与劳动的积极性降低。

表8-2 城市智能化对个体劳动参与率的影响

	（1）	（2）	（3）
因变量	Probit	Probit	Probit
DID交互项	0.026***	0.029***	0.025***
	（3.29）	（3.57）	（3.04）
年龄		−0.005***	−0.005***
		（−15.84）	（−15.68）
是否男性		0.121***	0.122***
		（25.84）	（25.61）
孩子数量		0.024***	0.025***
		（8.16）	（8.06）
是否与老人同住		−0.001	0.000
		（−0.18）	（0.06）
最小孩子年龄是否小于6岁		−0.088***	−0.089***
		（−13.78）	（−13.49）
受教育年限		0.006***	0.006***
		（10.19）	（10.30）
是否在婚		0.053***	0.053***
		（5.88）	（5.72）
是否农业户口		0.028***	0.025***
		（3.87）	（3.43）
居住地是否在城镇		−0.017***	−0.021***
		（−3.11）	（−3.66）
家庭收入对数		0.009***	0.010***
		（5.94）	（6.18）
家庭人口规模		−0.012***	−0.012***
		（−8.12）	（−8.04）
家庭房产数量		0.013***	0.013***
		（3.33）	（3.16）
城市人均GDP对数			0.104***
			（5.26）

续表

	（1）	（2）	（3）
城市房价对数			0.015
			（0.87）
城市人口规模对数			−0.075
			（−1.00）
城市三产比二产			0.016
			（1.47）
时间固定效应	是	是	是
区县固定效应	是	是	是
观测值数量	47,249	45,397	43,538

注：回归中所有估计采用聚类稳健标准误，括号内为t值；回归方程控制区县固定效应、年份固定效应、个体和家庭层面控制变量、城市控制变量；宏观变量统一为滞后一期；城市所有区都实施才被视为政策发生；Probit回归报告的是平均边际效应；*，**，***分别表示10%、5%、1%的显著性水平，下文同。

（二）稳健性检验

1. 平行趋势检验

由于满足平行趋势假设是双重差分估计量一致性的基础，因而本节基于错层的准自然实验，利用事件分析法（Beck等，2010）进行更为严谨的检验。具体为将智慧城市建设的作用分解到各个年度，观察其对个体劳动参与率的动态影响。回归方程如下：

$$pr\left(Lavorin_{ijt} = 1|Z\right) = \varphi\left(\alpha + \sum_{k=-4,\neq-1}^{5} \beta^k DID_{jt}^k + X_{ijt}\gamma + \mu_j + \delta_t\right) \quad （式8-2）$$

其中，当城市j距离试点政策发生还有k年时，DID_{jt}^k取值为1，β^k为我们关心的系数（以距离政策发生前1年为基期），其他假设与基准回归相同。

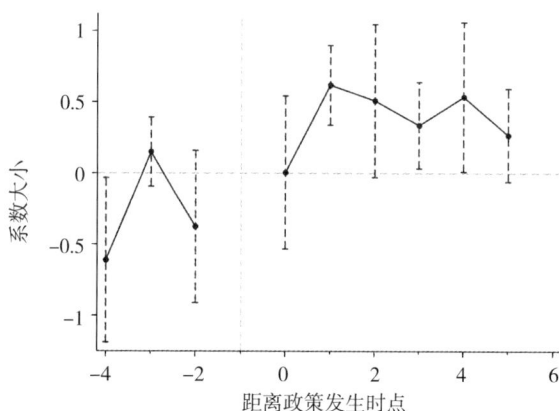

图8-1 稳健性检验：平行趋势检验

平行趋势检验结果显示，在智慧城市试点政策发生的前4年系数均不显著，这说明在智慧城市建设试点前，处理组和对照组中的个体参与劳动的状态没有显著差异，本章采用的双重差分法满足平行趋势假设，所估计的政策效应是有效的。而智慧城市试点政策实施当期系数较小，但随后的系数显著为正，表明政策影响存在一定的滞后和长期效应。在智慧城市试点前，实验组和对照组的个体劳动参与率具有相似运行趋势，但是在智慧城市试点后，处理组和对照组的劳动参与率呈现分化运行的趋势，城市智能化对居民劳动参与的正向促进作用显著。

2. 替换估计模型和样本范围

本章首先采取替换估计模型、改变样本选择范围等方法以验证实证结果的稳健性。表8-3第（1）列将基准回归中控制的区县固定效应换成省固定效应，系数大小和显著性没有较大改变。第（2）列采取滞后一期的DID交互项，系数大小略有下降，但符号和显著性仍与基准回归一致。第（3）列更改了城市被视为处理组的定义，假设城市内部分区县实施智慧城市试点就可以被视为政策发生，扩大了处理组的范围。结果显示系数相对基准回归下降，表明更严格的定义下以智慧城市试点为代表的城市智能化转型对个体劳动参与率的影响效应更强，而放松后的情况下处理组城市的某些区县可能未实施智慧城市试点政策，削弱了对劳动参与率的提升效应，从而进一步验证了本章的结果。

劳动参与率的定义为工作或失业的人员比上劳动年龄人口，但劳动参与率波动并非全部由外部环境导致，个体特殊的学习或身体状况也会干扰政策效应的估计。在基准回归中，本章保留20～55岁的女性样本和20～60岁的男性样本，并剔除在校学生的样本。在稳健性检验中，本章区分不同样本范围以考察城市智能化对劳动参与率的影响，回归结果见表8-3的第（4）列到第（6）列。其中，第（4）列为全部适龄样本，即保留20～55岁的女性样本和20～60岁的男性样本；第（5）列为剔除在校学生和丧失劳动能力的样本；第（6）列为进一步剔除离退休、在校学生、丧失劳动能力的样本。上述回归结果中DID交互项的系数符号和显著性没有发生变化，都至少在5%的水平上显著大于零，城市智能化对个体劳动参与率的影响仍然显著为正，结果保持稳健。这进一步说明，城市智能化对居民劳动参与率存在明显的正向促进作用，具有明显的就业促进效应。

表8-3　稳健性检验：替换估计模型和样本范围

因变量	（1）省固定效应	（2）滞后DID	（3）部分实施	（4）样本范围	（5）样本范围	（6）样本范围
DID交互项	0.017**			0.023***	0.019**	0.016**
	（2.45）			（2.68）	（2.36）	（2.04）
滞后DID交互项		0.016*				
		（1.88）				
部分实施DID交互项			0.020***			
			（2.88）			
个体控制变量	是	是	是	是	是	是
家庭控制变量	是	是	是	是	是	是
宏观控制变量	是	是	是	是	是	是
时间固定效应	是	是	是	是	是	是
区县固定效应	否	是	是	是	是	是
省份固定效应	是	否	否	否	否	否
样本范围	剔除在校生	剔除在校生	剔除在校生	全部样本	剔除在校生和丧失劳动能力样本	剔除离退休、在校生、丧失劳动能力样本
观测值数量	43,538	43,538	43,538	44,077	42,539	41,889

3.安慰剂检验

为进一步验证本章的结果，本章使用安慰剂检验以排除该政策效应是否是由其他不可观察或随机因素造成的，从而得到更加可信的结论。在保证数据分布不变的情况下，本章的安慰剂检验基于实际的试点时间，从样本相应试点年份随机抽取对应的智慧城市作为实验组，其他城市为对照组，进行循环500次的自抽样回归，观察系数分布是否符合正态分布，以及系数均值是否趋近于零，若系数均值趋近于零则表明本章估计结果稳健。图8-2报告了全样本下500次自抽样回归的系数核密度分布，结果表明虚拟政策的估计系数均值非常接近零且近似服从正态分布，从而表明本章估计结果是稳健的。

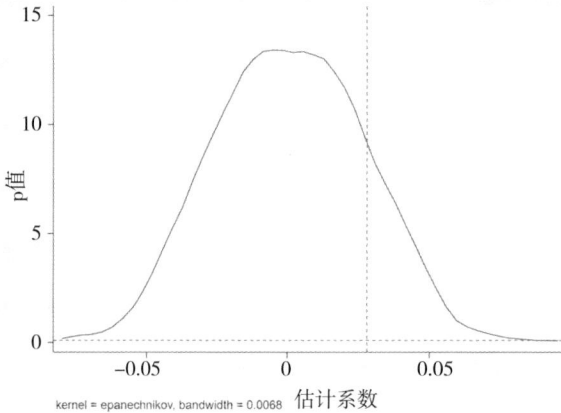

图8-2 安慰剂检验

4.政策外生性检验

政策外生性检验是使用双重差分方法的前提假设条件。如果政策不是外生的，那么居民在政策冲击之前就可能形成预期，提前采取相应措施，从而产生内生性问题，导致估计结果产生偏误。为了排除智慧城市建设试点对居民产生的预期效应，需要对智慧城市试点设立的外生性进行检验。为此，参照李志远和曹哲正（2021），本章在基准回归中加入试点城市设立前一期的虚拟变量 Pre_1_{jt}，该变量表示城市 j 在智慧城市试点设立前一年为1，否则都为0。

$$\Pr\left(Lavorin_{ijt}=1|Z\right)=\varphi\left(\alpha+\theta Pre_{1jt}+\beta DID_{jt}+\boldsymbol{X}_{ijt}\boldsymbol{\gamma}+\mu_j+\delta_t\right) \qquad （式8-3）$$

此时我们相当于将在智慧城市试点设立前小于等于两年的样本作为基准组。如果虚拟变量 Pre_1_{jt} 的系数不显著，则说明智慧城市试点前一期所在城市居民劳动参与与试点前小于等于两期的情况下并没有显著差异，因此所在地居民没有形成预期，从而保证了政策冲击的外生性。回归结果如表8-4第（1）列所示，设立前一期的虚拟变量并不显著，表明智慧城市试点政策不存在预期效应。并且在控制了预期效应后，DID交互项仍然显著，以智慧城市试点为代表的城市智能化显著提高了居民劳动参与。

5.反事实检验

为了进一步验证结论的稳健性，剔除其他冲击对试点城市居民劳动参与率的影响，本章进行反事实检验。首先将智慧城市试点之后的样本区间剔除，然后在没有进行智慧城市试点的这段时间里，将那些原本设立智慧城市试点的城市的试点时间提前2至3年，构造出"伪智慧城市试点冲击"虚拟变量（Pre_2和Pre_3），并以此代替基准回归中的DID交互项。如果"伪智慧城市试点冲击"虚拟变量的系数是显著的，则说明一些不可观测的因素也会导致处理组和控制组居民劳动参与的变化，本章估计的政策效应存在其他干扰因素。如果回归系数并不显著，则表明回归结果是稳健的。如表8-4的第（2）列和（3）列所示，提前2或3期虚拟变量的系数均不显著，通过了反事实检验，从而验证了处理组城市居民劳动参与率的提升确实是由智慧城市试点政策导致的。

表8-4　稳健性检验：政策外生性和反事实检验

因变量	（1）外生性检验	（2）提前两期	（3）提前三期
DID交互项	0.029***		
	（2.90）		
Pre_1	0.008		
	（0.72）		
Pre_2		−0.009	
		（−0.49）	
Pre_3			0.022
			（1.61）
个体控制变量	是	是	是

	（1）	（2）	（3）
家庭控制变量	是	是	是
宏观控制变量	是	是	是
时间固定效应	是	是	是
区县固定效应	是	是	是
观测值数量	43,538	34,791	34,791

五、进一步分析

（一）机制检验

1.城市智能化降低就业市场摩擦：基于居民信息约束视角

智慧城市建设提升了城市智能化水平，也可能会对家庭智慧化和信息化起到提升作用，从信息渠道增加了个体参与劳动力市场的可能性。智慧城市试点提升了个体对互联网信息的应用程度，产生了信息约束放松效应，更激励个体参与劳动力市场，进而提升劳动参与率。为了验证这一机制，本章选择个体对从互联网获取信息的重要程度作为信息渠道的代理变量，并设定如下模型：

$$Information_{ijt} = \alpha + \beta DID_{jt} + \boldsymbol{X}_{ijt}\boldsymbol{\gamma} + \mu_j + \delta_t + \varepsilon_{ijt} \qquad （式8-4）$$

$$\Pr\left(Lavorin_{ijt} = 1|Z\right) = \varphi\left(\alpha + \beta DID_{jt} + \theta Information_{ijt} + \boldsymbol{X}_{ijt}\boldsymbol{\gamma} + \mu_j + \delta_t\right)$$
$$（式8-5）$$

其中，$Information_{ijt}$ 代表个体对互联网信息的应用程度。CFPS问卷中调查了户主对从互联网获取信息这一渠道的重要程度，评价分数从1到5，代表从"非常不重要"到"非常重要"。评价分数越高，表明个体越依赖于从互联网上获取信息。

表8-5验证了智慧城市试点对家庭产生的信息约束放松机制。如第（1）列所示，对互联网信息的应用程度成为中介变量，DID交互项对中介变量有正向促进作用，且在1%的水平上显著。这说明智慧城市试点政策提高了居民对互联网的应用程度。第（2）列在基准回归的基础上加入了中介变量作为控制变量，中介变量的系数显著为正，表明互联网应用程度能够提高居民的劳动

参与率。此外，在控制了中介变量后，DID系数较基准回归有所下降，说明中介变量在一定程度上吸收了智慧城市试点对劳动参与率的影响。这意味着对互联网应用程度在智慧城市建设对个体劳动参与的促进效应中充当了传导渠道，起到了部分中介的作用，验证了假设H8-1。

表8-5　城市智能化的信息约束放松机制

因变量	（1）互联网应用	（2）劳动参与率
DID交互项	0.077***	0.023***
	（8.90）	（2.70）
互联网应用程度		0.023***
		（4.06）
个体控制变量	是	是
家庭控制变量	是	是
宏观控制变量	是	是
时间固定效应	是	是
区县固定效应	是	是
观测值数量	43,538	43,538

注：回归中所有估计采用聚类稳健标准误，括号内为t值；*，**，***分别表示10%、5%、1%的显著性水平，下文同。

2. 城市智能化改变劳动供给结构：基于产业结构升级视角

本章进一步探究城市智能化对居民劳动供给的结构影响。如表8-6所示，城市智能化转型使得服务业的劳动参与率平均提升2.4个百分点，且在1%的水平上显著。城市智能化对服务业劳动参与的影响最大，对第二产业及其中的制造业影响较小。其可能原因是第三产业，特别是出行平台、电商平台等产生了大量的新兴岗位，第三产业就业吸纳能力增强，为被替代的低技术的劳动者提供了就业机会（杨伟国、吴邦正，2022）。例如，智慧城市中的智慧物流建设将增加对快递员、运输员的需求，从而扩张了交通运输、仓储和邮政业的就业。从产业升级角度看，城市智能化改变了各行业间的生产结构，在促进产业结构升级的同时也推动第三产业劳动参与率相较其他产业的提高，

数字经济、结构转型与包容性增长

从而改变劳动供给结构。

表8-6 城市智能化对各行业劳动参与率的影响

因变量	（1）是否从事服务业	（2）是否从事第二产业	（3）是否从事制造业
DID交互项	0.024***	0.006	−0.004
	(4.18)	(1.04)	(−0.86)
个体控制变量	是	是	是
家庭控制变量	是	是	是
宏观控制变量	是	是	是
时间固定效应	是	是	是
区县固定效应	是	是	是
观测值数量	43,538	43,538	43,538

注：此处汇报的是基于Probit估计的平均边际效应。

（二）异质性分析

1.城市智能化促进包容性就业了吗？

考虑到居民是否参与劳动会受异质性特征影响，本章进一步区分样本探究城市智能化对不同年龄、不同孩子数量、不同家庭收入水平、不同受教育年限、不同户籍类型的居民劳动参与的异质性影响，这将为政府有针对性地制定促进不同群体劳动参与率的政策提供分析依据，表8-7展示了异质性检验结果。

第一，表8-7的A部分将居民按年龄进行分组，考察城市智能化对不同年龄段居民劳动参与率影响的回归结果。从回归系数看，城市智能化使得大于45岁居民的劳动参与率平均提升3.3个百分点，且在1%的水平上显著；对30～45岁居民的影响次之，平均提升2.8个百分点，且在5%的水平上显著；对小于30岁居民的劳动参与没有影响。城市智能化提高了信息化水平，放松了家庭信息获取和智能参与的约束，更容易帮助中老年人进入或重返劳动力市场，体现出城市智能化更具包容性。而对小于30岁的年轻人而言，其本身获取就业信息能力强，且正处于就业的黄金时期，受城市智能化的影响较小。

第二，拥有多个孩子的居民受城市智能化影响更大。根据表8-7中B部分的回归结果，城市智能化对拥有多个孩子居民的劳动参与率影响最显著。城市智能化使得多孩家庭居民的劳动参与率平均提升3.5个百分点，且在1%的水平上显著。相反，对于没有孩子和一个孩子的居民，城市智能化没有显著性影响。多孩家庭的居民因照料孩子的责任更重，本身劳动参与的可能性较低，而城市智能化提供了线上就业等更多便捷、对地点依赖性低的工作机会，从而对其劳动参与的带动作用更明显。

第三，从家庭收入水平看，城市智能化对家庭收入较低的居民的劳动参与率影响最显著。如表8-7中C部分的回归结果显示，城市智能化使得家庭收入最低的30%的居民劳动参与率平均提升6.1个百分点，且在1%的水平上显著；对中等收入和高收入家庭居民的劳动参与率影响不显著。低收入家庭劳动参与的可能性更低，而城市智能化畅通了信息获取的渠道，降低了就业市场摩擦，同时为低收入家庭提供了更多就业机会，从而对低收入家庭劳动参与率影响较深。这一结果符合城市智能化兼具包容性的分析，城市智能化催生新的就业形态，帮助低收入群体参与劳动力市场、找到满意工作。

第四，相比受过更高教育的居民，城市智能化对刚完成义务教育的居民劳动参与率的影响最大。根据表8-7中D部分的回归结果，城市智能化对完成小学与初中教育居民的劳动参与率影响最显著。城市智能化使得低教育年限的居民劳动参与率平均提升3.5个百分点，且在1%的水平上显著。相反，对完成高中及以上的居民，城市智能化没有显著性影响。由于受教育程度与家庭收入存在正相关关系，这与前面结果相呼应。

第五，相比非农户籍的居民，城市智能化将更多地增加农业户籍居民的劳动参与率。表8-7中E部分是按居民户籍类型划分后的回归结果。从结果来看，城市智能化使得农业户籍居民的劳动参与率平均提升1.8个百分点，且在10%的水平上显著；相反，对非农户籍居民劳动参与率的影响并不显著。这表明，城市智能化为农业户籍居民提供了更多就业机会。

根据上述异质性结果，城市智能化对年龄较大、多个孩子、家庭收入较低、受教育程度较低、农业户籍的居民的劳动参与率影响较大。而这部分群体往往处于劳动力市场的劣势端，从而体现出城市智能化的包容性。

表8-7　城市智能化对居民劳动参与率的异质性考察

Panel A 年龄			
	小于30岁	30-45岁	大于45岁
DID交互项	−0.044	0.028**	0.033***
	（−1.61）	（2.16）	（2.80）
观测值数量	3,889	16,530	22,942
Panel B 孩子数量			
	没有孩子	一个孩子	多个孩子
DID交互项	−0.050	0.006	0.035***
	（−1.57）	（0.42）	（3.15）
观测值数量	3,108	16,533	23,612
Panel C 家庭收入类型			
	最穷30%	中间40%	最富30%
DID交互项	0.061***	0.005	−0.016
	（3.80）	（0.40）	（−1.03）
观测值数量	13,062	17,475	12,979
Panel D 受教育年限			
	<=9年	>9年	
DID交互项	0.035***	−0.001	
	（3.63）	（−0.08）	
观测值数量	33,512	9,878	
Panel E 户籍类型			
	农业户籍	非农户籍	
DID交互项	0.018*	0.027	
	（1.94）	（1.51）	
观测值数量	32,319	11,092	

注：以上均控制个人层面、家庭层面、宏观层面控制变量，以及时间固定效应和区县固定效应。

2. 城市智能化提高居民工资性收入

本章进一步研究城市智能化对居民收入的潜在影响。如表8-8结果所示，城市智能化对居民收入存在一定的拉动作用，但促进效果并不明显。城市智能化显著增加了居民工资性收入，使得居民的工资性收入平均提升4.2%，且在1%的水平上显著。而城市智能化并没有显著增加居民的经营性收入。表8-8的第（4）列采用宏观数据进行回归，将被解释变量替换成城市在岗职工平均工资后，城市智能化对工资的提升作用仍然存在，城市智能化使得所在城市在岗职工平均工资提升5.2个百分点。城市智能化不仅提高了居民劳动参与率，也增加了居民工资性收入，这有利于扎实推动共同富裕，实现人民对幸福美好生活的向往。

表8-8　城市智能化对居民收入的影响

因变量	（1）	（2）	（3）	（4）
	全部收入	工资性收入	经营性收入	所在城市职工平均工资
DID交互项	0.021	0.042***	0.039	0.052***
	（0.85）	（3.32）	（1.47）	（2.75）
个体控制变量	是	是	是	否
家庭控制变量	是	是	是	否
宏观控制变量	是	是	是	是
时间固定效应	是	是	是	是
区县固定效应	是	是	是	是
观测值数量	45,381	35,854	22,541	586

注：居民收入的回归方程均采用区县和时间双向固定效应模型。被解释变量均取对数值。

六、结论

以智慧城市为代表的城市智能化转型举措为数字经济时代下应对城市发展挑战提供了新的解决方案。本章基于2012—2014年国家智慧城市试点建设的准自然实验，通过与2010—2018年CFPS微观数据库进行匹配，借助多时点双重差分模型（DID）研究了城市智能化对居民劳动供给的影响。主要结论如下：第一，城市智能化提高了居民劳动参与率。该结论在经过平行趋势检验、安慰剂检验、替换估计模型、不同样本选择范围等多重稳健性检验后依旧成立。第二，城市智能化对居民劳动参与具有"推拉效应"。一方面，城市智能化提升了居民对互联网信息的应用程度，产生了信息约束放松效应，推动居民劳动参与；另一方面，城市智能化促进了产业智能化转型，拉动第三产业居民劳动参与。第三，城市智能化对年龄较大、多个孩子、收入较低、技能较低、农业户籍个体的劳动参与率影响较大，城市智能化驱动下就业更具包容性。进一步研究发现，城市智能化显著提高了个体的工资性收入，在推动就业的同时有利于实现人民对幸福美好生活的向往。

　　基于本章的发现得到了以下政策启示。第一，基准回归结果揭示了城市智能化将依靠人工智能等数字技术的赋能刺激居民劳动参与率的提升，具有就业促进作用。基于此，各地政府应当以智慧城市建设为契机，进一步完善城市智能化转型相关配套基础设施建设与管理体系创新，加快转型进程。具体而言，政府应当加大对新一代信息通信技术创新的投入与扶持力度，在激励技术创新的同时深入挖掘人工智能等新一代信息通信技术在社会生产生活中的创新性应用，开发多元应用场景，全面释放技术发展带来的科技红利。从人力资源角度看，城市智能化对劳动力市场的供给与需求都将产生深刻影响，政府应当着重加强对高科技技术人才及相关专业人才的培养，从创建校－企－研究所三方合作平台到优化科研创新氛围全面发力，向社会持续输送高质量人才。第二，政府在将城市智能化视为一项有助于就业战略落实的政策工具时要注意对数字平台等数字工具进行规范化监督，在坚持市场化为发展主线的前提下对其经营运作做到常态化、标准化监督把控，防止出现平台垄断等不利于就业导向的事件发生，关注如灵活就业者社会保障问题等伴随新经济业态发展而出现的新社会问题。第三，政府要进一步完善互联网等信息基础设施建设，做到"家家通网，家家有网，家家用网"。同时，要加强对居民正确、高效、健康使用互联网的引导与教育工作，通过结合现代信息技术手段建立官方就业信息服务平台等举措进一步扩大互联网使用对就业的带动作用。第四，异质性分析显示，城市智能化对就业的促进作用具有包容性，政府不应当忽略或轻视当前仍存在于社会中的"数字鸿沟"现象，应当通过广泛开设数字技能培训进社区、进学校等项目，进一步使老年人、低收入人群等弱势群体接触到数字知识，并通过建立长期帮扶与追踪机制保证数字经济发展的红利在弱势群体范围内的持续释放。政府也应当通过线上线下开设免费就业培训课程等方法，进一步提高弱势群体个人劳动能力并为弱势群体进入劳动力市场提供必要的帮助与托底保障。对多孩家庭而言，养育孩子所需的直接经济成本和间接时间成本将加大多孩家庭的负担并在很大程度上将需要照顾多个孩子的妇女排除在劳动市场之外。因此，政府对于多孩家庭应在教育、住房等方面根据实际情况给予一定补贴与帮扶，同时建立健全公共托育机构等基础设施服务，帮助多孩家庭中的女性劳动力重新进入劳动力市场。此外，城市智能化转型将会大幅度提高城市居民的生活水平，从而带来一定的人口流动，居民为追求更高的收入水平与生活质量会向经济发达地区与基础设施完善的地区迁移，率先实行城市智能化转型的城市将是优选目标。因此，政府应当进一步完善人才引进政策与户籍制度，在吸纳高水平人才的同时鼓励农村居民向城市转移，推动新型城镇化道路稳步向好。第五，政府应当进一步鼓励数字技术与服务业的深度融合，丰富智慧城市辖区内的互联网应用场景，在创造更多就业岗位的同时为消费者提供更为多元化的产品与服务，增加其使用互联网的意愿。第六，长期稳定的劳动参与率离不开良好就业氛围和工作环境的构建，政府应着力构建新时代依托于互联网大环境的就业鼓励氛围，维护企业和劳动力各自的合法权利，在倡导男女平等、同工同酬等方面下苦功，消除各类隐形及潜在就业歧视，营造良好的社会就业环境。

然而，本章的研究仍存在一定的不足。第一，就业作为事关民生与经济高质量发展的大事，高质量就业与高匹配度就业是对就业问题理解的更高层次，未来对于城市智能化如何影响就业问题的探讨应当从上述两个角度出发进行更细致的研究。第二，由于各城市并非独立存在的孤岛，劳动力在不同城市地区间存在短期或长期的劳动力迁移。因此，未来对于就业与劳动参与受智慧城市建设影响的空间结构也有待进一步研究探讨。对上述不足的完善将会使学界对于以智慧城市试点为代表的城市智能化转型效应及其与就业之间的关系产生更为全面的理解。

参考文献：

[1]　毕红霞,杨晓彤.农村老年人劳动参与率提升的主导因素研究——基于CHARLS数据的研判[J].中国农业资源与区划,2022,43（6）：173-184.

[2]　曾凡斌.互联网使用方式与社会资本的关系研究——兼析互联网传播能力在其间的作用[J].湖南师范大学社会科学学报,2014,43（4）：152-160.

[3]　陈彦斌,林晨,陈小亮.人工智能、老龄化与经济增长[J].经济研究,2019,54（7）：47-63.

[4] 陈瑛,梁雅爽,向晶.互联网接入与劳动者多重就业——基于CFPS数据的实证研究[J].劳动经济研究,2021,9（6）：72-97.

[5] 崔璐,杨凯瑞.智慧城市评价指标体系构建[J].统计与决策,2018,34（6）：33-38.

[6] 邓睿.社会资本动员中的关系资源如何影响农民工就业质量?[J].经济学动态,2020（1）：52-68.

[7] 杜敏.职业发展中的"斜杠青年"现象论析[J].当代青年研究,2017（5）：78-83+114.

[8] 郭东杰,周立宏,陈林.数字经济对产业升级与就业调整的影响[J].中国人口科学,2022（3）：99-110+128.

[9] 郭晴,孟世超,毛宇飞.数字普惠金融发展能促进就业质量提升吗？[J].上海财经大学学报,2022,24（1）：61-75+152.

[10] 胡俊,杜传忠.人工智能推动产业转型升级的机制、路径及对策[J].经济纵横,2020（3）：94-101.

[11] 胡拥军,关乐宁.数字经济的就业创造效应与就业替代效应探究[J].改革,2022（4）：42-54.

[12] 江永红,张本秀.人工智能影响收入分配的机制与对策研究[J].人文杂志,2021（7）：58-68.

[13] 李磊,王小霞,包群.机器人的就业效应：机制与中国经验[J].管理世界,2021,37（9）：104-119.

[14] 李力行,周广肃.平台经济下的劳动就业和收入分配：变化趋势与政策应对[J].国际经济评论,2022（2）：46-59+5.

[15] 李志远,曹哲正.综合保税区的设立对制造业就业水平的影响分析[J].国际贸易问题,2021（08）：104-118.

[16] 林晨,陈小亮,陈伟泽,陈彦斌.人工智能、经济增长与居民消费改善：资本结构优化的视角[J].中国工业经济,2020（2）：61-83.

[17] 刘斌.同群效应对创业及创业路径的影响——来自中国劳动力动态调查的经验证据[J].中国经济问题,2020（3）：43-58.

[18] 柳芸芸,叶映华."新生代海归"就业质量的影响因素研究——基于有序Logistic—ISM模型的实证分析[J].华东师范大学学报（教育科学版）,2021,39（12）：42-58.

[19] 马双,李雪莲,蔡栋梁.最低工资与已婚女性劳动参与[J].经济研究,2017,52（6）：153-168.

[20] 戚聿东,刘翠花,丁述磊.数字经济发展、就业结构优化与就业质量提升[J].经济学动态,2020（11）：17-35.

[21] 曲玥.户籍身份对工作转换及就业状况的影响[J].经济与管理评论,2022,38（2）：5-17.

[22] 石大千,丁海,卫平,刘建江.智慧城市建设能否降低环境污染[J].中国工业经济,2018（6）：117-135.

[23] 石大千,丁海,卫平,刘建江.智慧城市建设能否降低环境污染[J].中国工业经济,2018（6）：117-135.

[24] 史青,赵鑫,万山,汪伟.贸易开放、异质性企业与就业波动[J].世界经济文汇,2022（3）：17-33.

[25] 宋月萍.照料责任的家庭内化和代际分担：父母同住对女性劳动参与的影响[J].人口研究, 2019,43（03）：78-89.

[26] 孙早,侯玉琳.工业智能化如何重塑劳动力就业结构[J].中国工业经济,2019（5）：61-79.

[27] 王贝贝,陈勇兵,李震.减税的稳就业效应：基于区域劳动力市场的视角[J].世界经济,2022,45 （7）：98-125.

[28] 王瑞瑜,王森.老龄化、人工智能与产业结构调整[J].财经科学,2020（1）：80-92.

[29] 王文.数字经济时代下工业智能化促进了高质量就业吗[J].经济学家,2020（4）：89-98.

[30] 王文彬,吴海琳.互联网使用及其对社会认同的影响——基于CGSS2010数据的实证分析[J]. 江海学刊,2014（5）：92-100.

[31] 王小艳.人工智能赋能服务业高质量发展：理论逻辑、现实基础与实践路径[J].湖湘论坛, 2020,33（5）：136-144.

[32] 王永钦,董雯.机器人的兴起如何影响中国劳动力市场?——来自制造业上市公司的证据[J]. 经济研究,2020,55（10）：159-175.

[33] 王子敏.互联网、社会网络与农村流动人口就业收入[J].大连理工大学学报（社会科学版）, 2019,40（3）：15-23.

[34] 武永超.智慧城市建设能够提升城市韧性吗?——一项准自然实验[J].公共行政评论,2021,14 （4）：25-44+196.

[35] 谢萌萌,夏炎,潘教峰,郭剑锋.人工智能、技术进步与低技能就业——基于中国制造业企业 的实证研究[J].中国管理科学,2020,28（12）：54-66.

[36] 杨伟国,邱子童,吴清军.人工智能应用的就业效应研究综述[J].中国人口科学,2018（5）： 109-119+128.

[37] 余东华,孙婷.环境规制、技能溢价与制造业国际竞争力[J].中国工业经济,2017（5）： 35-53.

[38] 詹婧,王艺,孟续铎.互联网平台使灵活就业者产生了分化吗?——传统与新兴灵活就业者的 异质性[J].中国人力资源开发,2018,35（1）：134-146.

[39] 湛泳,李珊.智慧城市建设、创业活力与经济高质量发展——基于绿色全要素生产率视角的 分析[J].财经研究,2022,48（1）：4-18.

[40] 张阿城,王巧,温永林.智慧城市试点、技术进步与产业结构转型升级[J].经济问题探索,2022 （3）：158-175.

[41] 张碧琼,吴琬婷.数字普惠金融、创业与收入分配——基于中国城乡差异视角的实证研究[J]. 金融评论,2021,13（2）：31-44+124.

[42] 张抗私,史策.认知能力、技术进步与就业极化[J].现代财经（天津财经大学学报）,2022,42 （05）：95-113.

[43] 张美莎,曾钰桐,冯涛.人工智能对就业需求的影响：基于劳动力结构视角[J].中国科技论坛, 2021（12）：125-133.

[44] 张世虎,顾海英.信息渠道变革引致乡村居民多样化高质量就业的逻辑[J].劳动经济研究,

2020,8（4）：121-144.

[45]　张卫东,卜偲琦,彭旭辉.互联网技能、信息优势与农民工非农就业[J].财经科学,2021（1）：118-132.

[46]　张营营,高煜.智慧城市建设对地区制造业升级的影响研究[J].软科学,2019,33（9）：46-52.

[47]　张治栋,赵必武.智慧城市建设对城市经济高质量发展的影响——基于双重差分法的实证分析[J].软科学,2021,35（11）：65-70+129.

[48]　赵婷.配偶收入对女性劳动参与的影响[J].经济与管理研究,2019,40（4）：65-75.

[49]　Acemoglu D, Restrepo P. The race between man and machine： Implications of technology for growth, factor shares, and employment[J]. American economic review, 2018, 108（6）： 1488-1542.

[50]　Aghion P, Howitt P. Growth and unemployment[J]. The Review of Economic Studies, 1994, 61（3）： 477-494.

[51]　Autor D H, Dorn D. The growth of low-skill service jobs and the polarization of the US labor market[J]. American economic review, 2013, 103（5）： 1553-1597.

[52]　Autor D H, Levy F, Murnane R J. The skill content of recent technological change： An empirical exploration[J]. The Quarterly journal of economics, 2003, 118（4）： 1279-1333.

[53]　Autor D H. Wiring the labor market[J]. Journal of Economic Perspectives, 2001, 15（1）： 25-40.

[54]　Bag S, Pretorius J H C, Gupta S, et al. Role of institutional pressures and resources in the adoption of big data analytics powered artificial intelligence, sustainable manufacturing practices and circular economy capabilities[J]. Technological Forecasting and Social Change, 2021, 163： 120420.

[55]　Beck T, Levine R, Levkov A. Big bad banks? The winners and losers from bank deregulation in the United States[J]. The journal of finance, 2010, 65（5）： 1637-1667.

[56]　Caragliu A, Del Bo C F. Smart innovative cities： The impact of Smart City policies on urban innovation[J]. Technological Forecasting and Social Change, 2019, 142： 373-383.

[57]　Dauth W, Findeisen S, Suedekum J, et al. Adjusting to robots： Worker-level evidence[J]. Opportunity and Inclusive Growth Institute Working Papers, 2018, 13.

[58]　DiMaggio P, Bonikowski B. Make money surfing the web? The impact of Internet use on the earnings of US workers[J]. American sociological review, 2008, 73（2）： 227-250.

[59]　Evangelista R, Guerrieri P, Meliciani V. The economic impact of digital technologies in Europe[J]. Economics of Innovation and new technology, 2014, 23（8）： 802-824.

[60]　Granovetter M S. The strength of weak ties[J]. American journal of sociology, 1973, 78（6）： 1360-1380.

[61]　Haarstad H, Wathne M W. Are smart city projects catalyzing urban energy sustainability?[J]. Energy policy, 2019, 129： 918-925.

[62]　Kar A K, Choudhary S K, Singh V K. How can artificial intelligence impact sustainability： A

systematic literature review[J]. Journal of Cleaner Production, 2022, 376： 134120.

[63] Karabarbounis L, Neiman B. The global decline of the labor share[J]. The Quarterly journal of economics, 2014, 129（1）： 61-103.

[64] Kuhn P, Mansour H. Is internet job search still ineffective?[J]. The Economic Journal, 2014, 124（581）： 1213-1233.

[65] Liu M, Tan R, Zhang B. The costs of "blue sky"： Environmental regulation, technology upgrading, and labor demand in China[J]. Journal of Development Economics, 2021, 150： 102610.

[66] Luo Q, Miao C, Sun L, et al. Efficiency evaluation of green technology innovation of China's strategic emerging industries： An empirical analysis based on Malmquist-data envelopment analysis index[J]. Journal of Cleaner Production, 2019, 238： 117782.

[67] Paskaleva K A. The smart city： A nexus for open innovation?[J]. Intelligent Buildings International, 2011, 3（3）： 153-171.

[68] Schaffers H, Komninos N, Pallot M. Smart cities as innovation ecosystems sustained by the future internet[J]. 2012.

[69] Wang J, Deng K. Impact and mechanism analysis of smart city policy on urban innovation： Evidence from China[J]. Economic Analysis and Policy, 2022, 73： 574-587.

[70] Xu N, Ding Y, Guo J. Do Smart City policies make cities more innovative： evidence from China[J]. Journal of Asian Public Policy, 2022, 15（1）： 1-17.

[71] Yigitcanlar T, Kamruzzaman M. Does smart city policy lead to sustainability of cities?[J]. Land use policy, 2018, 73： 49-58.

第九章 城市转型：数字基础设施建设能打破"资源诅咒"吗？

一、引言

自然资源一直被视为人类生存和经济增长的重要物质基础。许多国家依赖丰富的资源储备，实现经济的快速增长。然而，有些国家遭遇了经济停滞甚至是倒退的问题，被后来崛起的工业化国家逐渐超越。这表明过度依赖丰裕的自然资源并未对经济持续增长产生积极的推动作用，反而让这些国家和地区陷入资源丰富的陷阱。这种现象被称为"资源诅咒"，即经济发展速度和资源丰富度之间出现负相关性（Papyrakis和Gerlagh，2004）。以中国西部地区为例，西部地区占地面积约是整个国土面积的71.4%，西部地区是中国重要的传统能源生产基地，2020年西部地区的原煤、原油、天然气产量分别占全国产量的60.57%、40.25%和80.02%，但是与中国东部地区的经济发展水平相比，西部地区相对滞后（赵培雅等，2023）。根据国家发展和改革委员会公布的数据，2020年东部地区生产总值占全国51.75%，西部地区只有17.10%，远低于东部地区。这一组数据也暗示着资源丰富地区与经济发展之间可能存在负相关关系。

为了应对"资源诅咒"的挑战，越来越多的学者从理论和实证方面研究如何破除"资源诅咒"。从理论方面分析破解"资源诅咒"的学者主要是分析"资源诅咒"的传导途径并且提出切实可行的方案。Orteg和Gregorio（2007）运用内生增长模型研究发现资源禀赋会阻碍经济的增长，但是较高的人力资本水平可以缓解资源禀赋给经济带来的负面影响。在实证分析层面，Shao和Yang（2014）从人力资本的角度出发，并且构建了内生增长模型，研究发现，由于人力资本的流出，资源型地区更容易受到"资源诅咒"带来的负面影响。所以要想实现资源型地区的经济可持续增长，就必须提高边际效用弹性，提高人力资本水平。Yang和Song（2019）结合理论模型和实证分析发现环境管制和"资源诅咒"系数之间的倒U型关系，只有当环境管制强度越过转折点时，环境管制才能打破"资源诅咒"；Tian和Feng（2023）建立了空间计量模型进行实证分析，结果发现中国各城市存在"资源诅咒"，但绿色技术创新可以有效地打破它；Ji等人（2023）通过实证研究发现交通基础设施能够有效地缓解"资源诅咒"。上述研究中从多个方面考察了打破"资源诅咒"的途径，但是没有考虑数字基础设施打破"资源诅咒"的可能性。

随着数字技术的迅猛发展及其在各个产业的广泛渗透，我们逐渐摆脱传统经济时代的束缚，迈入数字经济时代。作为数字经济发展的核心和机制，数字基础设施成为经济社会全面转型升级的关键要素之一。数字基础设施是指一种新型的基础设施系统，包括信息和通信技术的应用（Autio等，2018）、电信和网络基础设施、计算和数据基础设施以及数字集成基础设施（工信部，2021）。数字基础设施的快速发展和广泛应用为资源丰富的国家和地区带来了巨大的变革，有望调整传统经济模式，并摆脱由"资源诅咒"所带来的发展困境。当前，学者们对数字基础设施的研究主要有微观和宏观两个层面。在微观层面，董媛香和张国珍（2023）选取2015年至2020年沪深A股上市公司为样本进行实证分析，发现数字基础设施可以通过增强组织创新能力、提高管理团队环境注意力和深化绿色金融来促进企业降碳绿色转型。在宏观层面，Tang和Yang（2023）选用2011年至2019年中国215个城市数据为样本进行实证研究，得出数字基础设施可以通过提升人均能源消耗和总能源投入来抑制城市碳排放。针对数字基础设施在宏观层面的研究还集中于数字基础设施对就业结构（Ndubuisi等，2021）、创新水平（Antonucci等，2022）、产业结构升级（Cen等，2022）以及贸易（Park和Heo，2020；Zhou等，2022）的影响，少有文献针对数字基础设施与"资源诅咒"的关系进行研究。

基于此，本章以2010—2021年中国地级市面板数据为研究样本，利用2012年推出的"宽带中国"战略这一准自然实验，实证考察数字基础设施对"资源诅咒"的影响机制。根据城市是否是"宽带中国"示范城市，本章将样本分为实验组和控制组。利用双重差分法（DID）研究数字基础设施对"资源诅咒"的影响。研究发现，第一，数字基础设施可以有效破除"资源诅咒"。本章还使用倾向得分匹配法和安慰剂检验来缓解内生性问题，利用变更估计方法、剔除特大城市和省会城市、剔除样本极端值等方式进行稳健性检验，本章的核心结论没有变化，结果依旧稳健可靠。第二，机制分析表明，数字基础设施可以通过提升绿色创新技术、提升制造业发展水平和提高创业水平等方式，对"资源诅咒"产生抑制效果。第三，数字基础设施对"资源诅咒"的影响具有异质性。在中西部地区和"资源诅咒"区数字基础设施破除"资源诅咒"的效果更显著；当市场化水平提高时，数字基础设施破除"资源诅咒"的效果更佳。

相较于以往的研究，本章的边际贡献在于：

第一，本章利用"宽带中国"战略构造准自然实验，丰富了数字基础设施带来的效应研究。学者们从宏观和微观两个层面分析数字基础设施建设带来的影响效应。在宏观层面，学者们分析了数字基础设施建设对就业结构（Ndubuisi等，2021）、创新水平（Antonucci等，2022）、城市治理（Barns等，2017）以及产业结构升级（Cen等，2022）的影响。在微观层面，良好的数字基础设施不仅能提升企业全要素生产率（Tian和Liu，2021）、也能加大企业创新力度（Zhou等，2021）。综上可知，目前关于数字基础设施宏微观经济效应的实证研究较为零散，鲜有文献研究数字基础设施与"资源诅咒"的因果关系，也鲜有研究进一步深入考察数字基础设施通过何种路径影响"资源诅咒"等科学问题。

第二，本章丰富了"资源诅咒"的影响因素研究。本章着重研究了数字基础设施对"资源诅咒"的影响。现有的研究中，学者们针对"资源诅咒"的影响因素已经做出了充分的讨论。在基础设施和技术发展方面，学者们分析了交通基础设施（Ji等，2023）、绿色技术创新（Tian和Feng，2023）以及信息和通信技术（Chang等，2023）对"资源诅咒"的的影响。在社会与政治层面，现有研究基于环境管制（Yang和Song，2019）、数字金融（Huang和Meng，2023）、宪法（Andersen和Aslaksen，2008）、发展中国家妇女的政治赋权（Awoa等，2022）、人力资本和腐败（Zallé，2019）等视角分析了"资源诅咒"的影响因素。现有研究的重点是传统金融部门在"资源诅咒"现象中的作用。由于信息技术的进步，数字化已成为现代发展的中心主题。然而很少有研究考虑数字经济背景下数字基础设施在克服"资源诅咒"方面可以发挥的作用。

第三，本章为打破"资源诅咒"提供了数字化路径。对城市而言，研究数字基础设施对"资源诅咒"的影响可以帮助城市认识到过度依赖自然资源可能导致经济停滞和倒退的风险，从而引起警觉并采取相应措施，帮助其优化资源配置，提高经济效率，推动可持续发展。同时，数字基础设施的发展能够促进经济多样化，提升城市的竞争力和发展潜力。对政策制定者来说，通过深入研究数字基础设施在资源丰富国家中的应用和效果，政策制定者可以更准确地评估和利用数字技术在资源配置、经济多样化和社会转型方面的潜力，帮助政策制定者制定针对性的政策和战略，推动数字基础设施的发展，并促使资源丰富国家和地区摆脱"资源诅咒"的困境，实现经济的可持续增长和社会的全面进步。

本章的结构如下：第二节是理论分析和研究假设，第三节提供了模型建构、相关变量与数据说明，第四节展示了数字基础设施影响"资源诅咒"的实证结果和稳健性检验，第五节分析了数字基础设施建设对"资源诅咒"的作用机制并进一步分析了其异质性影响，第六节对全文进行概括总结并阐述启示。

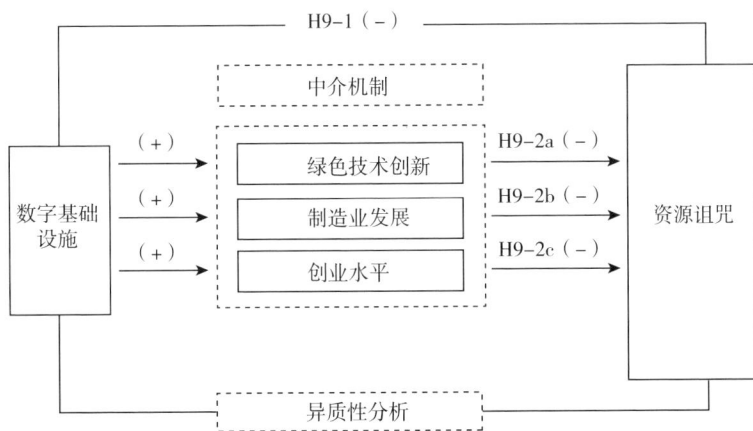

图9-1　机制分析图

二、理论分析和研究假说

（一）数字基础设施对"资源诅咒"的影响

数字基础设施的应用为城市带来了新的发展机遇，能够有效地破除"资源诅咒"的困扰。首先，通过数字化的平台和工具，城市能够推动科技创新、数字经济和文化创意产业发展，从而实现经济结构的多元化和韧性的增强，减少对单一资源的依赖。其次，数字化技术的运用提高了资源管理的效率和精确度。借助远程监测、传感器网络和大数据分析，城市可以实时监测和管理自然资源的开采、利用和保护。这样可以更好地管理资源的供需平衡，避免过度开采和浪费。最后，数字基础设施促进了信息共享和透明度，有助于改善资源分配的公正性和效率。通过数字化的数据平台和电子化的政务系统，城市实现了政府部门之间、政府与公民之间的信息互通，增强治理的透明度和问责制，减少腐败和不当行为的发生。综上所述，数字基础设施为城市带来了经济多元化，提升了资源管理效率，促进信息透明度提升，有效地破解了"资源诅咒"的困扰。

H9-1：数字基础设施能打破"资源诅咒"。

（二）数字基础设施对"资源诅咒"影响的机制分析

自然资源丰裕的地区主要依赖资源型产业来实现经济发展，从而导致该地区大部分的资本、劳动、技术等生产要素流向该产业。长期依赖于自然资源会挤出技术创新、人力资本、物质资本和对外贸易，影响制造业发展。数字基础设施作为经济增长的重要引擎，可以通过以下途径打破"资源诅咒"。

1. 数字基础设施、绿色技术创新和"资源诅咒"

数字基础设施能够推动绿色技术创新。在技术支持方面，数字基础设施为绿色技术创新提供了先进的数字化平台和工具，通过互联网和在线平台，研究人员、创业者和技术专家可以跨越地域限制，共享最新的科研成果、技术经验和市场洞察。这种跨界合作和知识交流可以促进创新思维的碰撞和交叉，激发绿色技术创新的新理念和解决方案。在数据和信息支持方面，数字基础设施提供了大数据分析和人工智能等技术支持，可以挖掘和分析大规模的环境数据和市场需求。通过数据驱动的方法，可以识别潜在的绿色技术需求和机会，评估技术可行性和市场前景。数字基础设施的数据分析能力可以帮助绿色技术创新者更好地了解用户需求和市场趋势，指导技术研发和商业化决策。同时，数据分析还可以加强技术评估和监测，提供实时的性能反馈和改进建议，加速绿色技术创新的周期和质量提升。

绿色技术创新水平大幅提升会影响城市的经济结构和资源利用效率。在经济结构方面，绿色技术创新能够推动经济结构多元化，减少对资源依赖的程度。引入环保技术和可再生能源可以有效降低对传统资源的需求。这样不仅可以缓解能源供需压力，还能减少对资源市场价格的波动敏感性，提高经济的稳定性，实现经济的可持续发展。在资源利用方面，绿色技术创新提供了资源高效利用的解决方案。通过智能化的能源管理系统，绿色技术创新可以实现对能源资源的精细监控和优化调度，提高能源利用效率。此外，循环经济模式是绿色技术创新的重要组成部分，它通过资源的再利用、再循环和再生产，实现资源的循环利用，最大程度减少资源的消耗和浪费。这种资源高效利用可以减轻对资源的压力，避免资源过度开采和浪费，从而打破"资源诅咒"的困境。

基于上述分析，提出假说H9-2a。

H9-2a：数字基础设施通过提高绿色技术创新水平打破"资源诅咒"。

2. 数字基础设施、制造业发展和"资源诅咒"

数字基础设施通过提高制造业发展水平的方式破解"资源诅咒"。首先资源型产业往往涉及自然资源，其开采和加工过程可以带来较高的边际利润。这使得资源型产业成为一些国家或地区的重要经济支柱，为经济增长和财政收入提供了可观的贡献。其次，资源型产业通常需要大量的劳动力参与资源的开采、加工和运输等环节，因此可以创造大量就业机会。如果长期持续依赖资源开发部门，可能会导致当地形成对自然资源的路径依赖现象（Kim和Lin，2017），由此会出现对制造业发展的挤压效应。而制造业的发展对于一个国家的经济发展有着巨大的推动作用，具体作用体现在，此类行业的发展能够推动相关行业的优化升级（Frankel和Romer，1999），为该地区的经济增添活力。首先，数字基础设施可以实现生产线的自动化和智能化，通过使用先进的机器人、传感器和控制系统，实现生产过程的高度自动化和精确控制。这可以提高生产效率、减少人力成本。其次，数字基础设施可以通过互联网平台和在线金融服务，为制造业提供更加便捷和快速的融资渠道，降低融资的时间和成本，促使部分产业要素由资源型产业向制造业产业转移。最后，数字基础设施可以实现供应链各环节的数据共享和协同，提高供应链的可见性、准确性和响应速度。通过数字化的供应链管理和协同平台，制造企业能够更好地与供应商、合作伙伴和客户进行信息交流和协作，提高整个供应链的效率和竞争力。

基于上述分析，提出假说H9-2b。

H9-2b：数字基础设施通过促进制造业发展的方式打破"资源诅咒"。

3. 数字基础设施、创业水平和"资源诅咒"

数字基础设施通过提升创业水平的方式破解"资源诅咒"。资源丰富的国家或地区常常依赖某一种或几种资源，导致经济结构单一和僵化。这种依赖性使得创业者在资源诅咒的环境下难以找到多元化和创新性的商机，限制了创业的发展空间。但是数字基础设施可以为创业者提供更为广阔的市场。通过数字化的平台和技术支持，创业者可以开拓新的市场，而不再局限于传统资源相关的行业。数字基础设施的现代化数字信息技术还为"资源诅咒"地区的创业者提供了更低成本的融资机会。例如，通过数字基础设施，创业者可以更方便地获取融资所需的信息和资源。网络平台和在线社交媒体的广泛应用使得创业者可以更容易地与投资者、风险投资公司和商业伙伴进行联系和沟通。这种便利程度降低了创业者寻找融资的成本，提高了他们与潜在投资者之间的连接率。这会进一步激发地方创业的热情，从而有助于改变资源型产业主导的局面，减少对资源的依赖，并最终打破"资源诅咒"。

基于上述分析，提出假说H9-2c。

H9-2c：数字基础设施通过提升创业水平的方式打破"资源诅咒"。

（三）数字基础设施对"资源诅咒"的异质性影响

不同数字基础设施在不同类型的城市中，作用效果存在一定的差异，本章从三个角度分析其异质性，发掘各类城市数字基础设施缓解"资源诅咒"的潜力。

第一，区域差异。相比于东部地区，西部地区的资源分布更为集中和丰富。中西部地区通常富集有矿产资源和能源资源，但其经济发展水平相对较低，资源开发和利用程度相对较高。因此，中西部地区更容易受到"资源诅咒"现象的困扰。数字基础设施的建设可以提高资源开发和利用的效率，推动产业转型升级，减轻对有限资源的依赖。此外，东部地区由于历史和地理等因素，在基础设施建设方面相对较先进和完善。相比之下，中西部地区的基础设施建设相对滞后，存在较大的发展差距。因此，数字基础设施的引入可以填补中西部地区与东部地区在基础设施建设方面的差距，提高中西部地区的资源开发和利用效率，推动经济发展和产业升级。

基于上述分析，提出假说H9-3a。

H9-3a：处于中西部地区的城市，数字基础设施对"资源诅咒"现象的缓解效用更显著。

第二，市场化水平差异。首先，高市场化地区的经济更加发达，市场需求更加旺盛。这意味着高市场化地区对资源的需求更大，对资源的开发和利用压力更高。数字基础设施的引入可以提高资源开发和利用的效率，满足市场需求，减轻资源的过度开采和浪费，缓解"资源诅咒"的现象。其次，高市场化地区通常拥有更为完善的创新生态系统和科技创新能力。数字基础设施的建设可以促进技术创新和知识传播，推动绿色技术的发展和应用。高市场化地区更有能力吸引创新企业和研发机构，推动绿色技术的创新和转化，降低对传统资源的依赖。一般来说，相较市场化程度低的地区，市场化程度较高的地区通常拥有更为健全的资源管理机制和政策体系。数字基础设施的引入可以支持资源数据的收集、监测和分析，提供决策者更准确的资源管理信息。高市场化地区更能够充分利用数字技术，制定和执行有效的资源管理政策，促进资源的可持续利用。

基于上述分析，提出假说H9-3b。

H9-3b：在市场化水平高的城市，数字基础设施对"资源诅咒"现象的缓解效用更显著。

第三，受"资源诅咒"程度差异。受"资源诅咒"地区的经济高度依赖有限的自然资源，这使得其经济发展容易受到资源供应波动的影响。数字基础设施的引入可以提高资源开发和利用的效率，降低对有限资源的依赖程度。数字化技术的应用，可以推动资源的精细管理和优化配置，减少资源的浪费和损耗，从而缓解"资源诅咒"的现象。此外，数字基础设施为受"资源诅咒"地区提供了创新和技术进步的机会。数字化技术的应用可以促进绿色技术的创新和采纳，提高资源利用效率和环境友好性。通过数字化平台和数据分析，实现资源的智能管理和优化，推动绿色生产方式的发展。这种技术进步和创新为受"资源诅咒"地区提供了摆脱传统资源依赖的途径，实现可持续发展。

基于上述分析，提出假说H9-3c。

H9-3c：在"资源诅咒"地区的城市，数字基础设施对"资源诅咒"现象的缓解效用更显著。

三、研究设计

（一）模型设定

为了识别数字基础设施对"资源诅咒"的平均影响效应，本章以"宽带中国"试点政策为准自然实验，鉴于传统双重差分模型中政策实施时点比较单一的限制，为了克服这一问题，本章采用多期双重差分模型进行检验，具体如下：

$$RC_{it} = \alpha_0 + \alpha_1 Dig_{it} + \alpha_i controls_{it} + \mu_i + \upsilon_t + \varepsilon_{it} \qquad （式9-1）$$

其中，下标i表示特定的城市，下标t表示特定时间段。RC_{it}表示城市i在t年遭受的"资源诅咒"程度。Dig_{it}表示城市i在第t年是否为"宽带中国"示范城市。α_0表示截距项。$controls_{it}$表示控制变量组。μ_i和υ_t分别表示城市固定效应和时间固定效应。ε_{it}为随机扰动项。α_1表示数字基础设施建设对城市遭受"资源诅咒"程度的平均影响效应；若α_1大于0，则表示数字基础设施能够加深城市遭受的"资源诅咒"程度；若α_1小于0，则表示数字基础设施能抑制城市遭受的"资源诅咒"程度。

（二）变量说明

1. 被解释变量

目前很多的研究大多数估计省级的"资源诅咒"系数，很少有研究估计中国不同城市的"资源诅咒"系数。参考Yang和Song（2019）的方法，本章用采矿业和工业的主营业务收入代替企业的总产值，对城市"资源诅咒"系数进行测算。本章使用2010年到2022年国泰安数据库的数据来估计中国242个地级市的"资源诅咒"系数。考虑到城市数据的可获取性，本章中"资源诅咒"系数具体可以表示为各个城市采矿企业的产出占所有城市采矿企业总产出的比重与各个城市工业企业产出占所有城市工业企业总产出的比重的比值。可以用公式表示为：

$$RC_{it} = \frac{R_{it} / \sum_{n=1}^{242} R_{it}}{V_{it} / \sum_{n=1}^{242} V_{it}}$$

（式9-2）

其中，RC_{it} 代表 t 年城市 i 的"资源诅咒"系数；R_{it} 是 t 年城市 i 的采矿业企业的主营业务收入，V_{it} 是 t 年的工业企业在 t 年的主营业务收入；n 表示城市数（$n=242$）。如果 $RC_{it}>1$，表示该城市采矿业总产出大于工业总产出，说明已经存在"资源诅咒"现象，并且 RC_{it} 越大，代表该城市存在的"资源诅咒"现象越严重；若 $RC_{it}<1$，表示该城市不存在"资源诅咒"。

2.解释变量

参考Feng等（2018）的研究，对于自变量的设置，为了更好地进行因果推断，本章没有选取省级层面的指标去直接衡量数字基础设施建设，而是根据各个城市不同时间入选"宽带中国"示范城市这一事件，设置了虚拟变量Dig。如果城市样本期间被评选为"宽带中国"示范城市（处理组），并且观测时间在入选年份之后，Dig变量取值为1，否则为0。

3.控制变量

根据以往关于"资源诅咒"的研究（Tian和Feng，2023；Yang和Song，2019），本章选用城市规模（*Urbansize*）、地区生产总值（*GDP*）、对外开放程度（*Fdipro*）、物质资本投资（*Pc*）、政府干预程度（*Gov*）、产业结构升级（*Stru*）等变量为控制变量。

表9-1 主要变量定义

	变量名称	变量符号	计算方式
被解释变量	"资源诅咒"	RC	各个城市采矿企业的产出占所有城市采矿企业总产出的比重与各个城市工业企业产出占所有城市工业企业总产出的比重的比值
解释变量	数字基础设施建设	Dig	如果城市样本期间被评选为"宽带中国"示范城市（处理组），并且观测时间在入选年份之后，变量取值为1，否则为0
控制变量	城市规模	Urbansize	城市当年常住人口数量（万人）的自然对数
	地区生产总值	GDP	地区生产总值的自然对数
	对外开放程度	Fdipro	外商投资金额占地区生产总值的比重
	物质资本投资	Pc	全社会固定资产投资占GDP比重
	政府干预程度	Gov	扣除教育科学事业支出后的财政支出占GDP的比重
	产业结构升级	Stru	地区第三产业产值与地区GDP的比值

（三）数据来源与描述性统计

本章选取2010—2021年中国242个城市的数据为研究样本，数据主要来源于国泰安数据库（CSMAR）和万得数据库（WIND），部分数据（如制造业发展等）系手工收集整理而成；"宽带中国"战略试点城市数据来源于2014年、2015年和2016年的《工业和信息化部办公厅　发展改革委办公厅关于开展创建"宽带中国"示范城市（城市群）工作的通知》。

表9-2中报告了本章主要变量的描述性统计结果。关键解释变量数字基础设施最大值是1，最小值是0，标准差为0.434。被解释变量"资源诅咒"的均值为0.240，最小值和最大值分别为0和8.263，标准差为0.822，这表明中国部分城市的确存在"资源诅咒"，而且各个城市之间"资源诅咒"存在较大差异。

表9-2　描述性统计

变量名称	样本量	均值	中位数	标准差	最小值	最大值
资源诅咒	3042	0.240	0	0.822	0	8.263
数字基础设施建设	3042	0.252	0	0.434	0	1
城市规模	3042	5.881	5.950	0.752	2.946	8.222
地区生产总值	3042	7.495	7.409	0.979	4.206	10.78
产业结构升级	2827	43.13	42.80	10.73	−23.96	83.80
物质资本投资	3042	7.949	7.814	4.447	−40.06	32.98
政府干预程度	2992	1.613	1.373	0.983	0.0140	12.05
对外开放程度	2956	0.220	0.148	0.323	−0.507	5.285

四、数字基础设施影响"资源诅咒"的实证分析

（一）基准回归

为了验证数字基础设施能否破除"资源诅咒"，本章采用模型（式9-1）进行回归，并将控制变量逐步加入模型进行分析，如表9-3所示。表9-3（1）列的结果表明，当仅研究数字基础设施对"资源诅咒"系数的影响时，数字基础设施（Dig）的估计系数为负。在这之后逐步将控制变量纳入回归时，其系数仍为负，并且显著性不变。在将所有的控制变量都纳入回归模型进行回

归后，数字基础设施（Dig）的估计系数为-0.062，并且在1%的水平上显著。这表明数字基础设施可以有效抑制"资源诅咒"现象，验证了假说H9-1。

表9-3 基准回归

	（1）	（2）	（3）	（4）	（5）	（6）	（7）
	资源诅咒	资源诅咒	资源诅咒	资源诅咒	资源诅咒	资源诅咒	资源诅咒
数字基础设施建设	-0.038***	-0.039***	-0.039***	-0.057***	-0.046***	-0.046***	-0.062***
	（-2.687）	（-2.743）	（-2.759）	（-3.545）	（-2.867）	（-2.823）	（-3.157）
城市规模		0.035	0.034	0.129***	0.124***	0.121***	0.130***
		（1.539）	（1.491）	（3.256）	（3.147）	（3.045）	（3.054）
地区生产总值			0.010	0.006	-0.036	-0.044	-0.059
			（0.366）	（0.227）	（-1.251）	（-1.354）	（-1.611）
产业结构升级				-0.008	-0.049	-0.048	-0.069
				（-0.175）	（-1.100）	（-1.048）	（-0.905）
物质资本投资					0.009***	0.009***	0.009***
					（6.242）	（6.345）	（6.250）
政府干预程度						-0.004	-0.015
						（-0.318）	（-0.910）
对外开放程度							-0.010
							（-0.519）
_cons	0.247***	0.042	-0.030	-0.515	-0.063	0.017	0.193
	（45.452）	（0.316）	（-0.125）	（-1.460）	（-0.177）	（0.044）	（0.370）
N	3046	3046	3046	2827	2827	2777	2686
时间固定效应	是	是	是	是	是	是	是
地区固定效应	是	是	是	是	是	是	是
R^2	0.919	0.919	0.919	0.924	0.925	0.925	0.925

（二）稳健性检验

为保证本章核心假设的稳定性，本节从平行趋势检验、安慰剂检验、PSM-DID、变更估计方法、剔除特大城市和省会城市、剔除样本极端值等几个方面展开稳健性检验。

1. 平行趋势检验

由于准自然实验成立的前提是实验组与对照组在政策实施前具有平行趋势，本章借鉴Bertrand和Mullainathan（2003）的研究，采用事件研究法评估平行趋势，结果如图9-2所示。在政策试点实施之前，所有系数均不显著。由此说明，在城市基础设施建设发展之前，实验组和对照组资源诅咒具有平行趋势。在政策实施之后的第2年，两组之间的"资源诅咒"现象呈现显著性差异。从动态效应的角度来说，城市数字基础设施建设对"资源诅咒"具有一定的时滞性和长期性。综上所述，政策实施前，实验组和对照组的发展趋势是平行的，本章设计的DID模型是有效的。

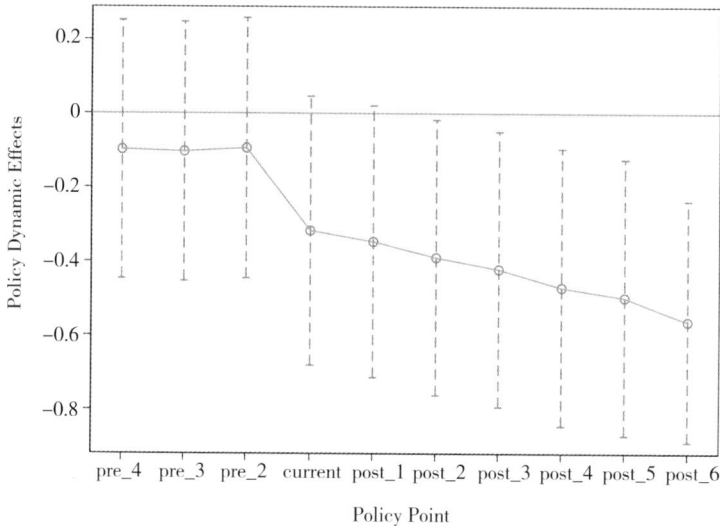

图9-2　平行趋势检验

2. 安慰剂检验

本章的基准回归中已经控制了多个可能对城市"资源诅咒"现象产生影响的变量，但是仍然无法判断是否还有其他重要的遗漏变量。因此，参照Beck等（2010）学者的研究，采用随机抽样的安慰剂检验就遗漏变量问题进行验证。具体而言，本章控制变量顺序不变，随机抽选试点城市和时间构建政策变量，在控制城市个体效应和时间效应的基础上进行500次回归检验，结果如图9-3所示。由图可知，回归系数等于-0.062为小概率事件，遗漏变量不会对本章的核心结论产生影响。

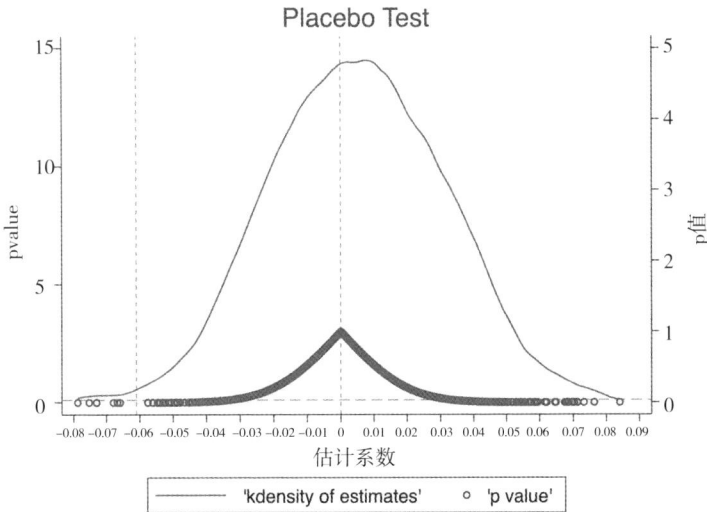

图9-3　安慰剂检验

3. PSM-DID

由于"宽带中国"示范城市名单是分批次公布的，同时考虑到模型估计过程中可能出现的样本选择偏误问题，本章选用PSM-DID方法。本章将样本区分为是"宽带中国"示范城市的实验组和不是"宽带中国"示范城市的控制组，并匹配两组中其他特征相似的个体，从而最大限度模拟"反事实"。具体地，参考Giannatti等（2015）的研究，以其他控制变量为标准，通过回归计算出倾向得分并进行匹配。为了保证匹配结果的稳健，本章分别选用了1：2近邻匹配，半径匹配（r=0.01）和核匹配三种方法，均通过了平行性检验。

表9-4报告了匹配后样本的重复回归结果，可以看出，数字基础设施建设对"资源诅咒"的回归系数均显著为负，证明在控制了样本选择偏误后，数字基础设施仍然对城市"资源诅咒"具有抑制效应。

表9-4　PSM-DID

	（1）	（1）	（1）
因变量	Nearest-Neighbor	Radius	Kernel
数字基础设施建设	−0.060***	−0.058**	−0.061***
	（−3.168）	（−2.147）	（−3.212）
控制变量	是	是	是

续表

	（1）	（1）	（1）
时间固定效应	是	是	是
地区固定效应	是	是	是
N	2686	1761	2463
R^2	0.929	0.944	0.937

注：***、**、*分别表示在 1%、5%和 10%的统计水平上显著。括号内为 t 值。

4. 变更估计方法

本章在基准回归中使用的高维固定效应模型得到了较为直观、更具经济含义的回归结果。为避免模型设定对结果的影响，本章将使用最小二乘法进行稳健性检验，结果显示，最小二乘法回归系数的符号与基准回归结果一致，且仍在1%的水平上显著，验证了本章研究结论的稳健性。

5. 剔除特大城市和省会城市

考虑到特大城市和省会城市的数字基础设施建设水平比其他的地级市高得多，本研究在排除这些城市后重新进行回归，以消除对总体估计的偏见。估计结果如表9-5列（2）所示。显然，数字基础设施建设可以显著抑制"资源诅咒"。

6. 剔除样本极端值

为了避免样本极端值的影响，对被解释变量（RC）进行1%的双边缩尾和1%双边截尾处理，结果分别见表9-5列（3）列（4）。剔除样本极端值后，试点政策变量的系数符号和显著性与基准回归结果一致，结果较为稳健。

表9-5 稳健性检验的结果

	（1）	（2）	（3）	（4）
因变量	资源诅咒	资源诅咒	资源诅咒	资源诅咒
数字基础设施建设	−0.068***	−0.062***	−0.067***	−0.055***
	（−3.117）	（−3.148）	（−4.287）	（−3.720）
控制变量	是	是	是	是
时间固定效应	是	是	是	是
地区固定效应	是	是	是	是

续表

	（1）	（2）	（3）	（4）
N	2218	2692	2686	2657
R^2	0.931	0.924	0.939	0.928

注：***、**、* 分别表示在 1%、5% 和 10% 的统计水平上显著。括号内为 t 值。

五、进一步分析

（一）机制检验

前面的基准回归结果表明，数字基础设施可以明显抑制"资源诅咒"现象，那么数字基础设施如何通过传导渠道及作用机理去影响"资源诅咒"，这一问题是接下来本章研究的重点。

本章借鉴温忠鳞和叶宝娟（2014）的研究思路，构建中介效应模型。首先，将"资源诅咒"系数（RC）作为被解释变量，将数字基础设施（Dig）作为解释变量进行基础回归。其次，以绿色技术创新（Green）为被解释变量，以数字基础设施（Dig）为解释变量进行回归。最后，将"资源诅咒"系数（RC）作为被解释变量，将数字基础设施（Dig）与绿色技术创新（Green）同时加入模型中进行回归。

$$RC_{it} = \alpha_0 + \alpha_1 Dig_{it} + \alpha_i controls_{it} + \mu_i + \upsilon_t + \varepsilon_{it} \qquad （式9-2）$$

$$Inmedia_{it} = \beta_0 + \beta_1 Dig_{it} + \beta_i controls_{it} + \mu_i + \upsilon_t + \varepsilon_{it} \qquad （式9-3）$$

$$RC_{it} = \rho_0 + \rho_1 Dig_{it} + \rho_2 Inmedia_{it} + \rho_i controls_{it} + \mu_i + \upsilon_t + \varepsilon_{it} \qquad （式9-4）$$

其中，模型（式9-3）和模型（式9-4）中 $Inmedia$ 表示中介机制变量（绿色技术创新）。参考石怀旺等（2023）的做法，绿色技术创新（Green）用当年每万人绿色专利申请总量来表示。模型（式9-3）中 Dig 的系数 β_1 表示数字基础设施建设对中介变量的影响效应，如果该模型（式9-3）中 Dig 系数 β_1 与模型（式9-4）中 Dig 的系数 ρ_2 均为显著结果，就表示 $Inmedia$ 变量是数字基础设施影响"资源诅咒"的传导路径。

以绿色技术创新（Green）作为中介变量进行回归，表9-6的（2）和（3）列展示了回归结果。由表9-6的（2）列数据可知，数字基础设施（Dig）的估计系数在1%的水平上显著，说明数字基础设施对各个城市的绿色技术创新有明显的促进效应。表9-6的（3）列汇报了将数字基础设施（Dig）和绿色技术创新（Green）同时纳入模型的回归结果，可以看出，数字基础设施可以通过提高绿色技术创新水平抑制"资源诅咒"。一个地区的经济如果长期依赖自然资源，在绿色创新方面的投入就会不足，而数字基础设施可以促进不同机构和企业之间资源的整合和共享。通过数据共享和协作平台，提高研发效率，从而更有效地推动绿色技术的创新，弥补资源开发对技术创新的挤出效应。因此，数字基础设施可以通过绿色技术创新打破我国"资源诅咒"，验证了假说H9-2a。

表9-6　中介效应分析回归结果

	（1）	（2）	（3）
因变量	资源诅咒	Green	资源诅咒
数字基础设施建设	−0.048***	0.336***	−0.049***
	（−2.728）	（5.823）	（−2.976）
绿色技术创新			−0.015***
			（−2.646）
控制变量	是	是	是
时间固定效应	是	是	是
地区固定效应	是	是	是
N	2625	2619	2619
R^2	0.928	0.786	0.938

注：***、**、*分别表示在1%、5%和10%的统计水平上显著。括号内为t值。

对于假说H9-2b和H9-2c，本章参考Balli和Sørensen（2013）的思路，通过引入数字基础设施与制造业发展交互项和引入数字基础设施与创业水平交互项的方法来验证数字基础设施能否通过促进制造业发展和创业水平来破除"资源诅咒"。模型设定如下：

$$RC_{it} = \theta_0 + \theta_1 Dig_{it} + \theta_2 Manu_{it} + \theta_3 Dig_{it} \times Manu_{it} + \theta_i controls_{it} + \mu_i + \upsilon_t + \mathring{a}_{it}$$

（式9-5）

$$RC_{it} = \gamma_0 + \gamma_1 Dig_{it} + \gamma_2 Entre_{it} + \gamma_3 Dig_{it} \times Entre_{it} + \gamma_i controls_{it} + \mu_i + \upsilon_t + \mathring{a}_{it}$$

（式9-6）

其中，$Manu$便是制造业发展，用各个地级市制造业的主营业务收入代替制造业的总产值，用各个地级市制造业的主营业务收入之和与地区生产总值的比值代表各个城市制造业发展水平。$Dig_{it} \times Manu_{it}$ 表示数字基础设施与制造业发展的交互项，交互项的系数 θ_3 是本章关注的重点；$Entre$ 代表地区创业，借鉴白俊红等（2022）的做法，用城市中每百人新创企业数来表示。$Dig_{it} \times Entre_{it}$ 表示数字基础设施与地区创业的交互项，本章重点关注交互项的系数 γ_3。表9-7为实证分析结果。

从表9-7的（3）列可以看出，数字基础设施与制造业发展水平的交互项显著为负，表明数字基础设施可以通过促进制造业发展打破"资源诅咒"。数字基础设施的快速发展加速了数字化进程，这不仅可以缓解制造业企业的融资约束，又可以高附加值的数字服务，推动部分制造业企业实现转型升级，并且削弱了资源型产业对制造业的挤出作用，从而打破"资源诅咒"，验证了假说H9-2b。

表9-7的（5）列结果展示了数字基础设施和创业水平的交互项对"资源诅咒"的影响效果。结果表明，数字基础设施和创业水平的交互项系数为-0.025并且在5%的水平下显著，表明数字基础设施可以通过提升创业水平来打破"资源诅咒"。数字基础设施提供现代化的数字信息技术，帮助"资源诅咒"地区的创业者以较低的成本进行融资，提升了地方创业的积极性，有助于扭转产业主要其中于资源型的局面，降低资源依赖，从而打破"资源诅咒"，验证了假说H9-2c。

表9-7 交互作用分析回归结果

	（1）	（2）	（3）	（4）	（5）
	资源诅咒	资源诅咒	资源诅咒	资源诅咒	资源诅咒
数字基础设施建设	-0.062***	-0.044***	0.013	-0.081***	-0.034
	（-3.148）	（-2.965）	（0.349）	（-4.293）	（-1.286）
制造业发展		-0.943***	-0.937***		
		（-14.682）	（-14.583）		
数字基础设施建设制造业发展			-0.348*		
			（-1.703）		
地区创业				0.031***	0.043***

	（1）	（2）	（3）	（4）	（5）
				（4.340）	（5.017）
数字基础设施建设 地区创业					−0.025**
					（−2.528）
控制变量	是	是	是	是	是
时间固定效应	是	是	是	是	是
地区固定效应	是	是	是	是	是
N	2686	2616	2616	2453	2453
R^2	0.925	0.942	0.942	0.931	0.932

注：***、**、* 分别表示在1%、5%和10%的统计水平上显著。括号内为 t 值。

（二）异质性分析

通过多重稳健性检验，本章验证了在全样本状态下数字基础设施对"资源诅咒"的影响和作用机制。但值得注意的是，在不同地区属性差异和制度下，数字基础设施对"资源诅咒"的效用可能存在差异。为了考察数字基础设施对"资源诅咒"缓解效应可能存在异质性，本章主要从地理位置、市场化水平和是否受"资源诅咒"这几个纬度进行检验。

1. 区域异质性

数字基础设施破除"资源诅咒"效应可能会由于地理位置不同而产生差异。根据调查发现，无论是从经济增长、自然资源丰裕度还是制造业发展水平来看，中国的东部和中西部均存在显著的差异。基于此，本章根据中国国家统计局关于东中西部地区的划分标准，将数据分为东部和中西部地区两个子样本进行检验。表9-8的（1）和（2）列报告了回归结果。可以看出，中西部的数字基础设施（Dig）在1%的水平上显著为负，而东部地区的数字基础设施（Dig）并没有通过显著性检验。原因可能是：东部地区在科技创新、技术研发和应用方面相对较先进，已经建立了较为完善的数字基础设施。相比之下，中西部地区的科技创新能力相对较弱，数字基础设施建设相对滞后。因此，中西部地区引入数字基础设施可以弥补技术创新的差距，为绿色技术创新提供支持，从而更有效地抑制"资源诅咒"现象。此外，东部地区拥有较为丰富的经济资源和市场机会，因此在资源利用和经济发展方面具有优势。而中西部地区的资源较为集中，资源开发和利用存在着诸多限制，容易导致"资源诅咒"现象。通过引入数字基础设施，中西部地区可以借助数字化技术的支持，实现资源的高效利用、优化配置和增加附加值，降低"资源诅咒"的风险。所以数字基础设施可以显著抑制中西部地区的"资源诅咒"现象。

2. 市场化水平异质性

市场化水平不同，经济增长模式和数字基础设施的建设会存在差异，这必将会影响城市所受"资源诅咒"的程度。为此，本章根据Zou和Lei（2023）所用的市场化指数，将数据样本分为高市场化水平区和低市场化水平区两个子样本进行检验，表9-8的（3）和（4）列展示了回归结果。可以看出，在强市场化的水平下，数字基础设施可以显著抑制"资源诅咒"，而在弱市场化水平下，数字基础设施破除"资源诅咒"的效应并不明显。原因可能是：相比较于市场化水平较低的地区，市场化程度较高的地区经济较为发达，市场需求量也较大。数字基础设施的引入为资源的开发和利用提供了更加高效的手段。通过应用数字化技术，资源的开发和利用效率得到提升，能够更好地满足市场需求，避免过度开采和浪费资源的问题。

3. "资源诅咒"区域异质性

根据"资源诅咒"系数可以看出并非所有的地区都存在"资源诅咒"现象，本章根据"资源诅咒"系数将各个地区分为"资源诅咒"区和非"资源诅咒"区。具体操作为：将"资源诅咒"系数大于1的地级市划分为"资源诅咒"区，其余为非"资源诅咒"区。表9-8的（5）和（6）列展示了回归结果。从（6）列可以看出，数字基础设施（Dig）的估计系数为−0.812，且在1%的水平上显著，表明当选择地区出现"资源诅咒"时，数字基础设施可以有效破除"资源诅咒"。这也与前面的研究结论一致。

表9-8 异质性分析回归结果

	区域异质性		市场化水平异质性		资源诅咒区域异质性	
	（1）	（2）	（3）	（4）	（5）	（6）
	东部	中西部	弱市场化	强市场化	非资源诅咒区	资源诅咒区

	区域异质性		市场化水平异质性		资源诅咒区域异质性	
	（1）	（2）	（3）	（4）	（5）	（6）
数字基础设施建设	−0.010	−0.114***	−0.018	−0.045**	0.011***	−0.812***
	（−0.680）	（−3.820）	（−1.121）	（−2.325）	（2.881）	（−3.940）
控制变量	是	是	是	是	是	是
时间固定效应	是	是	是	是	是	是
地区固定效应	是	是	是	是	是	是
N	1298	1171	1102	1274	2278	401
R^2	0.949	0.921	0.955	0.969	0.795	0.903

注：***、**、*分别表示在1%、5%和10%的统计水平上显著。括号内为t值。

六、结论

本章基于数字基础设施打破"资源诅咒"的作用机理，在构建各地区"资源诅咒"系数的基础上，以我国242个城市、自治区2010年至2021年的面板数据为样本进行实证研究，分析数字基础设施破除"资源诅咒"的效用及其作用路径。研究发现：数字基础设施可以有效抑制"资源诅咒"现象，而且在中西部地区和"资源诅咒"地区，数字基础设施打破"资源诅咒"的效果更加显著；另外，当市场化水平增强时，数字基础设施发挥的效果更佳。通过采用双重差分法处理内生性问题，利用安慰剂、PSM–DID、变更估计方法、剔除特大城市和省会城市、剔除样本极端值等方式进行稳健性检验，本章的核心结论没有变化，结果依旧稳健可靠。"资源诅咒"可以依靠提升绿色技术创新水平、促进制造业发展和提高创业水平被打破。进一步研究发现，数字基础设施在中西部地区和资源诅咒区数字基础设施破除"资源诅咒"的效果更显著；当市场化水平提高时，数字基础设施破除"资源诅咒"的效果更佳。

本章基于上述研究结果提供以下几点启示。

应加强数字经济的推进，提升城市数字基础设施的建设水平。政府应充分发挥数字基础设施的作用，助力制造业转型升级，实现产业多元化。数字基础设施的建设包括高速宽带网络、云计算平台和智能物流系统等，可以提升制造业的数字化水平和智能化程度。通过数字化生产和供应链管理，企业可以实现定制化生产、灵活响应市场需求，并降低生产成本。政府应加强政策支持，提供资金和技术支持，促进企业加快数字化转型，拓展新兴产业领域，提升产业的竞争力和抗风险能力。

加强自然资源管理，促进产业多元化发展。要抑制经济增长中"资源诅咒"现象的发生，首先需要加强自然资源管理，提升自然资源的利用效率。政府应鼓励和支持产业的多元化发展。通过制定优惠政策、提供财税支持和技术培训等措施，引导企业向具有较低资源消耗和环境友好性的产业转型。政府可以加大对绿色清洁产业的扶持力度，鼓励创新和技术引进，推动新兴产业的发展，降低对有限资源的依赖。

重视区域异质性，实施数字基础设施差异化发展。在中西部地区、高市场化水平地区和"资源诅咒"地区，应该进一步强化数字基础设施的建设，最大限度发挥数字基础设施对"资源诅咒"的缓解作用。在东部地区、弱市场化水平区和非"资源诅咒"区，应该注重数字基础设施的适度发展，防止资源依赖型产业因为数字基础设施超配而出现过度繁荣。

然而，本章的研究仍存在一定的不足。第一，由于数据获取的限制，"资源诅咒"的指标构建并不完美，只覆盖到了工业和采矿业。未来应该与时俱进，结合最新的研究对指标进行完善。第二，随着全球逐渐迈进数字经济时代，数字基础设施对我们的生产生活产生了巨大的影响。本章的研究以中国为例，分析数字基础设施对"资源诅咒"的影响。在未来的研究中，可以尝试放大研究范围，站在全球的视角上分析这一问题。通过数字基础设施去打破"资源诅咒"的桎梏实现可持续发展是一项需要长期规划和全面推进的战略。

参考文献：

[1] Autio E, Nambisan S, Thomas L D W, et al. Digital affordances, spatial affordances, and the genesis of entrepreneurial ecosystems[J]. Strategic Entrepreneurship Journal, 2018, 12（1）： 72–95.

[2] Auty R M. Industrial policy reform in six large newly industrializing countries： The resource curse thesis[J]. World development, 1994, 22（1）： 11–26.

[3] Awoa P A, Ondoa H A, Tabi H N. Women's political empowerment and natural resource curse in

developing countries[J]. Resources Policy, 2022, 75： 102442.

[4] Balli H O, Sørensen B E. Interaction effects in econometrics[J]. Empirical Economics, 2013, 45： 583–603.

[5] Barns S, Cosgrave E, Acuto M, et al. Digital infrastructures and urban governance[J]. Urban Policy and research, 2017, 35（1）： 20–31.

[6] Beck T, Levine R, Levkov A. Big bad banks? The winners and losers from bank deregulation in the United States[J]. The journal of finance, 2010, 65（5）： 1637–1667.

[7] Bertrand M, Mullainathan S. Enjoying the quiet life? Corporate governance and managerial preferences[J]. Journal of political Economy, 2003, 111（5）： 1043–1075.

[8] Bravo–Ortega C, De Gregorio J. The relative richness of the poor? Natural resources, human capital, and economic growth[J]. Lederman and Maloney, 2007： 71–103.

[9] Cen T, Lin S, Wu Q. How does digital economy affect rural revitalization? The mediating effect of industrial upgrading[J]. Sustainability, 2022, 14（24）： 16987.

[10] Chang L, Shi F, Taghizadeh–Hesary F, et al. Information and communication technologies development and the resource curse[J]. Resources Policy, 2023, 80： 103123.

[11] Chen C, Hu Y, Karuppiah M, et al. Artificial intelligence on economic evaluation of energy efficiency and renewable energy technologies[J]. Sustainable Energy Technologies and Assessments, 2021, 47： 101358.

[12] Frankel J, Romer D. Does trade cause growth? american Economic review, v. 89, n. 3[J]. 1999.

[13] Giannetti M, Liao G, Yu X. The brain gain of corporate boards： Evidence from China[J]. the Journal of Finance, 2015, 70（4）： 1629–1682.

[14] Hu H, Qi S, Chen Y. Using green technology for a better tomorrow： How enterprises and government utilize the carbon trading system and incentive policies[J]. China Economic Review, 2023, 78： 101933.

[15] Hu H, Xie N, Fang D, et al. The role of renewable energy consumption and commercial services trade in carbon dioxide reduction： Evidence from 25 developing countries[J]. Applied energy, 2018, 211： 1229–1244.

[16] Hu H, Xu J, Liu M, et al. Vaccine supply chain management： An intelligent system utilizing blockchain, IoT and machine learning[J]. Journal of business research, 2023, 156： 113480.

[17] Huang X, Meng F. Digital finance mitigation of'resource curse'effect： evidence from resource–based cities in China[J]. Resources Policy, 2023, 83： 103711.

[18] Ji X, Song T, Umar M, et al. How China is mitigating resource curse through infrastructural development?[J]. Resources Policy, 2023, 82： 103590.

[19] Kim D H, Lin S C. Human capital and natural resource dependence[J]. Structural Change and Economic Dynamics, 2017, 40： 92–102.

[20] Li C, Xu Y, Zheng H, et al. Artificial intelligence, resource reallocation, and corporate innovation

efficiency：Evidence from China's listed companies[J]. Resources Policy, 2023, 81：103324.

[21] Luo K, Wang Q, Liang C. The way to break the resource curse： new evidence from China[J]. Resources Policy, 2022, 79：102971.

[22] Ndubuisi G, Otioma C, Tetteh G K. Digital infrastructure and employment in services：Evidence from Sub-Saharan African countries[J]. Telecommunications Policy, 2021, 45（8）：102153.

[23] Papyrakis E, Gerlagh R. The resource curse hypothesis and its transmission channels[J]. Journal of Comparative Economics, 2004, 32（1）：181-193.

[24] Park C, Heo W G. Review of the changing electricity industry value chain in the ICT convergence era[J]. Journal of Cleaner Production, 2020, 258：120743.

[25] Sachs J D, Warner A. Natural resource abundance and economic growth[J]. 1995.

[26] Shao S, Yang L. Natural resource dependence, human capital accumulation, and economic growth：A combined explanation for the resource curse and the resource blessing[J]. Energy Policy, 2014, 74：632-642.

[27] Tang K, Yang G. Does digital infrastructure cut carbon emissions in Chinese cities?[J]. Sustainable Production and Consumption, 2023, 35：431-443.

[28] Tian J, Liu Y. Research on total factor productivity measurement and influencing factors of digital economy enterprises[J]. Procedia Computer Science, 2021, 187：390-395.

[29] Tian Y, Feng C. Breaking "resource curse" through green technological innovations：Evidence from 286 cities in China[J]. Resources Policy, 2023, 85：103816.

[30] Wang D, Liao H, Liu A, et al. Natural resource saving effects of data factor marketization：Implications for green recovery[J]. Resources Policy, 2023, 85：104019.

[31] Wang J, Wang K, Dong K, et al. Assessing the role of financial development in natural resource utilization efficiency： does artificial intelligence technology matter?[J]. Resources Policy, 2023, 85：103877.

[32] Wang Q, Hu A, Tian Z. Digital transformation and electricity consumption：Evidence from the Broadband China pilot policy[J]. Energy Economics, 2022, 115：106346.

[33] Wang Z, Deng Y, Zhou S, et al. Achieving sustainable development goal 9：A study of enterprise resource optimization based on artificial intelligence algorithms[J]. Resources Policy, 2023, 80：103212.

[34] Wang Z, Liang F, Li C, et al. Does China's low-carbon city pilot policy promote green development? Evidence from the digital industry[J]. Journal of Innovation & Knowledge, 2023, 8（2）：100339.

[35] Wen S, Jia Z. Resource curse or resource blessing：Perspective on the nonlinear and regional relationships in China[J]. Journal of Cleaner Production, 2022, 371：133491.

[36] Yang Q, Song D. How does environmental regulation break the resource curse：Theoretical and empirical study on China[J]. Resources Policy, 2019, 64：101480.

[37] Zallé O. Natural resources and economic growth in Africa： The role of institutional quality and human capital[J]. Resources Policy, 2019, 62： 616–624.

[38] Zhao X, Guo Y, Feng T. Towards green recovery： natural resources utilization efficiency under the impact of environmental information disclosure[J]. Resources Policy, 2023, 83： 103657.

[39] Zhou F, Wen H, Lee C C. Broadband infrastructure and export growth[J]. Telecommunications policy, 2022, 46（5）： 102347.

[40] Zhou J, Liu C, Xing X, et al. How can digital technology–related acquisitions affect a firm's innovation performance?[J]. International Journal of Technology Management, 2021, 87（2–4）： 254–283.

[41] Zou W, Lei H. Business environment and resource allocation based on the perspective of the national value chain[J]. Journal of Systems Science and Complexity, 2023, 36（1）： 294–327. value chain[J]. Journal of Systems Science and Complexity, 2023, 36（1）： 294–327.

[42] 温忠麟,叶宝娟.中介效应分析：方法和模型发展[J].心理科学进展,2014,22（05）：731–745.

第十章　绿色发展：数字基础设施建设是否促进城市绿色创新？

一、引言

绿色创新是推动绿色发展的重要动力，如何促进绿色创新已成为实现绿色发展和实现"双碳"目标的关键。与此同时，随着大数据、云计算、人工智能等数字技术的飞速发展，中国数字经济发展取得了长足进步与显著成效，能够有效支撑经济可持续发展（Ma和Zhu，2022）。数字基础设施建设作为推动数字经济高质量发展的重要基石，是实现经济、社会和科技发展融合的重要支撑，也将会影响绿色创新，但其内在机制尚不明晰。厘清数字基础设施建设对城市绿色创新的影响机制及其时空特征，在理论上有助于明晰数字基础设施建设赋能绿色发展的路径与机制，在实践上也为协同推进数字化绿色化提供经验启示。

当前，较多学者关注数字基础设施的经济效应，已形成较为丰富的研究成果。在微观层面，数字基础设施能够优化要素资源配置（Gong等，2023），通过数字化能力促进区域电子商务发展（Jiang等，2023），推动企业数字化转型（Wu等，2022），同时数字技术创新能够显著提升企业全要素生产率（Wang等，2023），推动中国企业高质量发展（Yang和Deng，2023）；在宏观层面，数字基础设施不仅提升了城市创业活跃度（Li等，2023），推动地区产业结构升级（Gong等，2023），而且能够消除数字鸿沟，增加农村居民收入，缩小城乡收入差距（Gao等，2018）。同时，也有学者关注到了数字基础设施的绿色效应。数字基础设施建设能够提高能源效率（Song等，2023），降低污染改善生态环境（Chu等，2021），促进低碳发展（Hu等，2023；Tang和Yang，2023）。虽然已有文献以"智慧城市""宽带中国"等试点政策作为准自然实验，来解析某一类数字基础设施对于绿色创新的影响（Yan等，2023；Filiou等，

2023；Feng等，2023），但少有研究从城市数字基础设施建设整体层面探究其绿色创新效应，更鲜有文献涉及其时空动态特征。

绿色创新是推动绿色发展，建设美丽中国的核心驱动力，也是经济高质量发展的重要支撑（Xue等，2022）。当前学界关于绿色创新开展了一系列的丰富研究，现有的关于绿色创新影响因素研究的文献，主要集中在环境规制（Xu等，2023）、贸易活动（Cao和Wang，2016）、低碳政策（Liu等，2023）、创新政策（Li等，2022）等方面。除此之外，也有文献考察了人力资本（Munawar等，2022；Singh等，2020）、数字技术（Yang和Zhang，2023）、数字化转型（Wu等，2023）对绿色创新的影响，但鲜有文献考察区域内数字基础设施建设对绿色创新的作用机制。随着新一代信息技术创新加速迭代，5G、互联网、区块链等新型基础设施建设热度高涨，更需要在数字基础设施建设的科学测度基础上系统研究其绿色创新效应。

本章利用CSMAR数据库中2020年中国30个省份的互联网普及率和绿色专利拥有量来反映数字基础设施与城市绿色创新水平的关系。利用ArcGIS软件的自然间断点分级法将数据划分为5个等级，生成数字基础设施与绿色创新分布图，如图10-1所示。东部地区与西部地区的绿色专利申请差异较大。与西部地区相比，东部地区拥有更多的绿色专利。沿海地区更甚，尤其是广东省和江苏省，占全国的30.6%。互联网普及率在胡焕庸线东侧明显较高，广东省互联网普及率也具有先发优势。绿色专利申请量较多的领域是以互联网快速扩张为特征的领域。城市绿色创新的分布特征与数字基础设施呈正相关关系，但是否存在因果关系尚不明确。因此，本章进一步探究数字基础设施如何影响城市绿色创新，以期为推动数字基础设施建设和城市绿色创新发展提供理论和实践帮助。

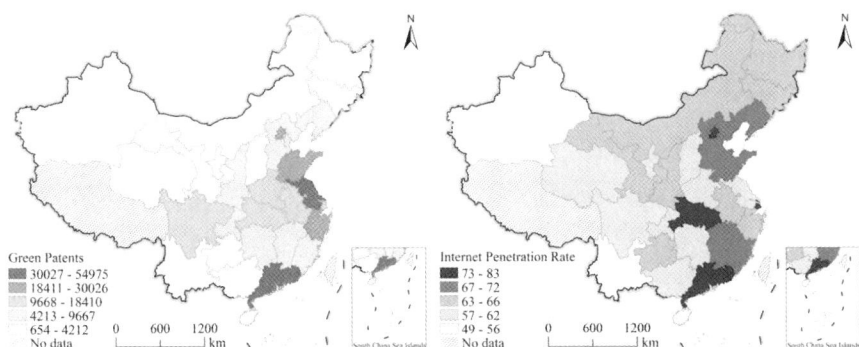

图10-1 数字基础设施与绿色创新分布图

基于此，本章利用2011年至2020年285个地级市的面板数据，从城市层面实证研究了数字基础设施建设对于绿色创新的影响机理与作用效果，得出了以下结论：第一，本章通过固定效应模型，发现数字基础设施建设能够显著地促进城市绿色创新；第二，机制分析表明，人才集聚效应、研发投入增加与产业结构升级是数字基础设施建设促进城市绿色创新的三种有效渠道；第三，异质性分析表明，对不同规模、不同人力资本水平、不同环境规制强度以及不同财政补贴力度的城市而言，数字基础设施建设对其绿色创新的影响存在异质性。在大规模城市和人力资本水平较高城市，数字基础设施对于城市绿色创新具有更显著的促进作用，城市的环境规制水平越强、财政补贴力度越大，数字基础设施建设的绿色效应越显著；第四，进一步分析表明，数字基础设施对于城市绿色创新存在时空上的动态效应。在空间维度，数字基础设施建设对城市绿色创新的促进作用具有正向的空间溢出效应；在时间维度，数字基础设施建设对城市绿色创新存在门槛效应，随着数字基础设施建设的不断完善，其对于城市绿色创新的赋能效果呈现出逐渐增强的非线性特征。本章的研究结论经过工具变量法、外生冲击检验、替换被解释变量、缩尾处理、改变样本范围等一系列内生性处理与稳健性检验后仍然成立。

相较于已有研究，本章的主要边际贡献在于：

第一，本章从城市层面实证分析了数字基础设施建设对于城市绿色创新的影响，丰富了数字基础设施的经济效应研究。目前关于数字基础设施建设的文献主要聚焦于两方面：一方面是关于数字基础设施对于经济社会发展的影响作用，另一方面是对于"智慧城市""宽带中国"等试点政策的实施效果的研究。大量文献关注并验证了数字基础设施对促进城市创业活动（Schade 和Schuhmacher，2022）、提高经济运行效率（Guo等，2023）、改善环境污染（Han等，2023）以及推动可持续发展（Popkova等，2022）的作用。然而，目前从城市整体层面研究数字基础设施建设与绿色创新之间的关系的文章较为稀缺，本章应用主成分分析法，创新性地构建了城市层面的数字基础设施建设水平的综合指标，基于绿色发展视角揭示了数字基础设施对于绿色创新产出的影响，为数字基础设施建设对于绿色创新的影响研究提供新思路和新视角。

第二，本章将数字基础设施建设与城市绿色创新联系起来，在城市绿色创新的影响因素方面有所创新。目前现有文献更多地强调互联网发展（Wang 等，2022）、数字金融（Lin和Ma，2022）、企业数字化转型（Liu等，2023）、环境规制（Yin等，2023）、财政分权（Wang等，2022）以及"创新性城市"试点政策（Zhang等，2022）等因素对于绿色创新的影响，但少有文献从数字基础设施建设角度来考察城市的绿色创新效应，因此，本章系统地分析了数字基础设施对于城市绿色创新的影响作用，较好地补充了绿色创新的相关研究，并有助于完善绿色发展体系建设。

第三，在机制识别方面，本章基于人、财、物角度，从人才集聚效应、研发投入增加与产业结构升级三方面深入探讨了数字基础设施建设影响城市绿色创新的潜在机制与作用路径，并进一步从城市内部资源禀赋与外部政策环境两个角度，讨论了城市规模、人力资本水平、环境规制强度和财政补贴力度对于数字基础设施建设影响绿色创新的异质性特征，为推动数字基础设施建设以及城市绿色创新提供理论参考。

第四，在拓展分析方面，本章探讨了数字基础设施建设影响城市绿色创新的时空特征。基于数字基础设施与绿色创新存在空间和时间上的依赖性，进一步引入空间因素，利用空间杜宾模型考察数字基础设施建设对于城市绿色创新的空间溢出效应，利用面板门槛模型揭示了数字基础设施对于城市绿色创新的非线性影响。

二、理论分析与研究假设

（一）数字基础设施建设促进了城市绿色创新

在数字化时代，数字基础设施成为推动数字经济稳定和长期发展的关键要素，为经济和社会提供了显著的赋能效应，为创新活动开辟新的发展路径和可行空间，会基于人、财、物路径激励绿色创新。

第一，数字基础设施建设可通过促进人才集聚来影响地区绿色创新发展。数字基础设施能够有效打破信息界限、知识界限、产业界限、空间界限等，促进了数据信息在生活中的传递更加便捷高效。其具备深度的纵向渗透能力和显著的信息资源整合能力，打破了知识技术传递的时空壁垒，实现了不同创新主体之间的知识传播和共享（Paunov和Rollo，2016），有效地提升了城市信息化水平，吸引科技人才集聚。人才是先进思想和文化的创造者和传播者，科学技术水平的进步需要先进思想来推动，归根到底是需要人才来实现。数字基础设施建设的网络集聚效应，有助于促进人才之间知识网络的建立，从而为城市绿色创新提供充足的人才和智力支持。

第二，数字基础设施建设能够促进研发投入增加从而推动绿色创新发展。数字基础设施建设为创新研发工作提供了更高效的工具和平台，拓宽了研发资源的获取途径，通过数字化平台和开放数据资源，研发机构能够获得大规模且多样化的数据，帮助其了解市场需求以及发展趋势，有效避免了投入资源的风险和浪费；同时，数字化技术的发展推动了科技创新与商业模式的结合，创造了更多的市场和商业化机会。数字基础设施的建设为科研人员提供了推广和应用研发成果的平台。研发人员可以将创新的科技成果转化为商业产品和服务，实现经济价值。这种商业化机会激励了研发投入的增加，推动了绿色创新的深入发展。

第三，数字基础设施建设可以通过推动产业结构升级来促进地区绿色创新。随着大数据、云计算、人工智能等数字技术的广泛应用，数字基础设施能够有效地对传统基础设施进行改造和赋能，促进传统产业数字化升级（Gong等，2023），推动了供给端与需求端的紧密连接，催生出新产业新业态新模式。同时，新兴技术与数字基础设施能够相互促进，形成了良性循环的合作模式，促进优秀数字技术的研发和应用，推动产业跨界融合，加速夕阳产业淘汰，培育新产业的发展和成长，持续优化产业布局、结构、功能和发展模式，从而进一步影响城市绿色创新发展。

基于此，本章提出假说H10-1。

H10-1：数字基础设施建设能够显著促进城市绿色创新。

（二）数字基础设施建设的绿色创新效应具有区域异质性

城市作为区域经济发展的核心载体和建设生态文明的重要媒介，承担着激发创新动能和聚焦绿色发展的双重使命，在绿色创新的赋能下能够实现经济和环境效益的共同提升（Dong等，2023）。数字基础设施通过数据要素、智能技术等能够显著地为城市绿色创新赋能。考虑到中国不同城市的资源禀赋、发展水平以及政策环境等方面存在明显差异，数字基础设施对于城市绿色创新的作用效果也可能受到异质性影响。

一方面，城市内部资源禀赋，如城市规模和人力资本水平等因素，对数字基础设施的发展和绿色创新的推动会产生重要影响。首先，城市规模的差异。不同规模的城市在经济水平、产业结构、科技与金融发展等方面存在差异。大城市具有经济资源、人才资源等要素禀赋的优势，对绿色创新的重视程度更高，可能会导致数字基础设施对绿色创新的促进作用更强。其次，人力资本水平的差异。人力资本是城市绿色创新的重要基础，人力资本水平较高的城市，往往绿色创新知识和技术基础更为夯实，对新兴数字技术吸收和利用能力相对更强，跨学科合作与知识共享更加便利，并且创新文化与创业环境更加友好，能够更好地推动绿色创新的发展。

另一方面，城市外部政策环境，如环境规制强度和财政补贴力度等，也会影响数字基础设施建设的绿色创新效应。首先，环境规制强度差异。环境规则强度高的地区通常采取更为严格的环境保护政策，为企业和创新主体施加外部政策压力，为城市绿色创新提供了明确的方向和标准，促使创新主体更积极地应用数字基础设施来推动城市绿色创新，进而推动城市向绿色可持续发展转型。其次，财政补贴力度差异。财政补贴为创新主体提供了资金支持等外部政策激励，降低企业进行科技创新活动的成本和风险，提高了绿色创新的可行性和吸引力。同时促进了数字基础设施的普及和发展，加速技术的不断升级和创新，推动城市实现更高水平的绿色发展。

　　基于此，本章提出研究假说H10-2。

　　H10-2：数字基础设施建设对城市绿色创新促进作用存在异质性，表现为对规模较大、人力资本水平较高、环境规制强度较高以及财政补贴力度较大的城市具有更显著的绿色创新提升效应。

（三）数字基础设施建设对城市绿色创新具有空间溢出效应

　　数字基础设施具有融合、协同、智能、开发、创新等方面的特点，不仅能够为本地的绿色创新赋能，而且能够打破要素流动的时空界限，促进资源跨区域流动，增强区域间的交流与合作，优化资源配置与产业空间布局等，实现资源的跨区域整合，对其他地区的绿色创新发展也具有一定的推动作用。一方面，数字技术的不断发展与广泛应用降低了知识学习的时间和成本，提高了绿色知识和绿色技术在区域间的传播与扩散速度，缩短了绿色创新资源在不同区域之间传递的时空距离（Forman和Zeebroeck，2018），增强区域间创新活动的关联广度与交流深度，强化了绿色知识和绿色技术对邻近地区的外溢效应（马茜等，2022），激发更多城市开展绿色创新的动力。另一方面，数字基础设施的发展，使得劳动力、资本、技术等生产要素的跨区域流动突破了地理上的限制，有利于提高资本和劳动生产率，促进产业转型升级，推动绿色创新产业的发展，形成产业优化和人才集聚的良性循环，并向相关联的上下游行业溢出并扩散，实现区域间的共享式发展，从而产生正向的空间溢出效应。同时，数字基础设施的发展能发挥良好的示范和警示效应，有利于促进各地区之间良性竞争与交流合作，形成跨地区的绿色创新生态系统。通过数字化平台和协作工具，不同城市的创新主体可以进行更加紧密和高效的合作，这种合作网络的形成和拓展进一步增强了城市绿色创新的规模效应和影响力，进一步推动了绿色创新的扩散效应。

　　基于此，本章提出研究假说H10-3。

　　H10-3：数字基础设施对绿色创新具有正向空间溢出效应，可以促进邻地绿色创新能力的提高。

（四）数字基础设施建设对城市绿色创新具有门槛效应

　　随着数字基础设施的不断完善和成熟，信息技术深入渗透到社会各个领域，推动产业数字化并积累大量数据资源，并通过网络数字平台实现传递、共享和汇聚，形成较强的网络效应，通过数据的开放、共享与流动，促进组织内各部门间、价值链上各企业间，甚至跨价值链跨行业的不同组织间开展大规模协作和跨界融合，实现价值链的优化与重组，弱化创新主体之间创新活动的边界性，降低参与创新研发活动的门槛以及边际成本，增加创新收益。因此，数字基础设施对于城市绿色创新的促进作用会随着数字基础设施建设水平的不断提高而不断增强。同时，数字基础设施自身会呈现出边际递增的特征，随着数字技术的不断迭代更新，具有明显的自增长效应，从而能够为城市绿色创新提供更好的技术支持、更多的数据和信息资源以及更广阔的协同创新平台和创新环境，营造更加良好创新的氛围，为城市绿色创新和可持续发展提供了新的发展空间和机遇，最终形成数字基础设施的绿色创新效应边际递增。

基于此，本章提出研究假说H10-4。

H10-4：数字基础设施建设对于城市绿色创新具有门槛效应，呈现边际效应递增的非线性特征。

三、研究设计

（一）模型设定

为了检验数字基础设施建设与城市绿色创新之间的关系，本章构建如下基准回归模型：

$$GI_{it} = \alpha_0 + \alpha_1 digital_{it} + \alpha_2 Control_{it} + \mu_i + \delta_t + \varepsilon_{it} \qquad （式10-1）$$

其中，i表示城市，t表示年份，GI为绿色创新变量，$digital$代表数字基础设施建设水平，$Control$为一系列控制变量，μ_i为城市固定效应，δ_t为时间固定效应，ε_{it}为随机误差项。

为了检验数字基础设施建设对于城市绿色创新影响的空间效应，本章构建如下空间回归模型：

$$GI_{it} = \beta_0 + \rho WCI_{it} + \beta_1 digital_{it} + \beta_2 Control_{it} + \beta_1' Wdigital_{it} + \beta_2' WControl_{it} + \mu_i + \delta_t + \varepsilon_{it}$$
$$（式10-2）$$

其中，W为空间权重矩阵，ρ为空间自回归系数，其他字母含义同上。

为了进一步分析数字基础设施建设对于城市绿色创新的促进作用是否随

着数字基础设施的发展存在非线性效应，本章参考Hansen（1999）提出的面板门槛模型理论，将数字基础设施建设作为门槛变量，构建如下模型：

$$GI = \gamma_0 + \gamma_1 digital_{it} \times I\left(th_{it} \leq \theta_1\right) + \gamma_2 digital_{it} \times I\left(\theta_1 < th_{it} \leq \theta_2\right) + \gamma_3 digital_{it}$$
$$\times I\left(th_{it} > \theta_3\right) + \sigma Control_{it} + \mu_i + \delta_t + \varepsilon_{it} \qquad （式10-3）$$

其中，I（.）为示性函数，th_{it} 为门槛变量，$digital_{it}$ 代表数字基础设施建设，θ 为待估计的门槛值，其他字母含义同上。

（二）变量说明

1.被解释变量

城市绿色创新。现有研究对于绿色创新的衡量主要是使用绿色专利数量（Zhang等，2019），相比于专利授权数量，专利申请数量更加稳定、可靠和及时，本章选择每万人的绿色发明专利与绿色新型实用专利的申请数量来衡量地区绿色创新。具体而言，通过汇集国家知识产权局公布的全部专利申报数据，并利用世界知识产权组织（WIPO）提供的绿色专利清单和国际分类编码，将城市层面的绿色专利申请数量加总，并除以城市年末常住总人口。

2.核心解释变量

数字基础设施建设。本章借鉴《中国区域数字化发展指数报告2021》，并参考范合君和吴婷（2022）、张恒硕和李绍萍（2022）等研究，结合数据可得性，选取互联网宽带接入端口、互联网域名数、互联网网页数、光缆线路长度、每百人互联网宽带接入用户数、每百人移动电话用户数、人均电信业务总量、计算机软件和软件业从业人员占比8个维度的指标，互联网宽带接入端口、互联网域名数、互联网网页数、光缆线路长度表征数字技术的应用范围，每百人互联网宽带接入用户数、每百人移动电话用户数、人均电信业务总量、计算机软件和软件业从业人员占比用于衡量数字设施的普及程度。运用主成分分析法来综合测度数字基础设施建设水平，能够较好地反映中国城市数字基础设施建设发展综合水平。

3.控制变量

参考李豫新等（2023）、蔡玲和汪萍（2022）、吕德胜等（2023）研究，本章选取如下控制变量：经济发展水平，以人均GDP的对数值来表示；人口规模，以城市年末总人口的对数值来表示；对外开放程度，以实际利用外资额占GDP的比重来表示；财政支出水平，以政府财政支出占GDP的比值来表示；财政科教支出强度，以政府财政科教支出占财政支出的比重来表示；环境污染程度，以单位GDP的工业烟（粉）尘排放量来表示。对各变量的测算说明见表10-1。

表10-1　各变量测算说明

变量类型	变量符号	变量名称	计算方式
被解释变量	GI	绿色创新	每万人的绿色专利的申请数量
核心解释变量	digital	数字基础设施建设	数字基础设施综合指数
控制变量	gdp	经济发展水平	城市人均国内生产总值对数值
	people	人口规模	城市年末总人口的对数值
	open	对外开放程度	实际利用外资额占GDP的比重
	fiscal	财政支出水平	政府财政支出占GDP的比值
	education	财政科教支出强度	政府财政科教支出占财政支出的比重
	environment	环境污染程度	单位GDP的工业烟（粉）尘排放量

（三）数据来源与描述性统计

本章数据的主要来源为国家统计局、CSMAR中国经济金融数据库、《中国城市统计年鉴》等。考虑到城市层面数据的可得性和有效性，本章剔除了行政地区调整和数据缺失较为严重的城市，选取了2011—2020年的全国285个地级市的数据，针对各年鉴中部分数据缺失问题，采用替代指标和数据的方式进行补充，最终整合为面板数据。

对各变量的描述性统计见表10-2。绿色创新的均值是1.437，最小值为0，最大值为49.98，表明不同的城市的绿色创新水平具有明显的差异性。数字基础设施建设水平的均值为3.450，最小值为2.296，最大值为10.32，说明各城市的数字基础设施建设具有明显的差异性。由控制变量的最大值与最小值可以看出，其具有较明显的个体差异。

表10-2　变量描述性统计

变量	均值	标准差	最小值	最大值
绿色创新	1.437	3.156	0	49.98
数字基础设施建设	3.450	0.870	2.296	10.32

续表

变量	均值	标准差	最小值	最大值
经济发展水平	10.72	0.573	8.613	13.06
人口规模	5.875	0.697	3.148	8.074
对外开放程度	0.0164	0.0170	0	0.198
财政支出水平	1.629	54.07	0	2,282
财政科教支出强度	0.0381	0.0186	0.00800	0.195
环境污染程度	0.00281	0.0227	0	1.001

四、数字基础设施建设影响城市绿色创新的实证分析

（一）基准回归

数字基础设施建设对于城市绿色创新影响的回归结果如表10-3所示。本章采用递进式回归方法。列（1）为控制城市和年份固定效应的单变量回归结果，列（2）、列（3）分别为单独控制时间或城市固定效应并加入控制变量的回归结果，列（4）为控制城市和时间固定效应并加入控制变量的回归结果。结果显示，数字基础设施建设对城市绿色创新的回归系数均显著为正，表明数字基础设施建设能够显著促进城市绿色创新。

从控制变量来看，经济发展水平、财政支出水平、财政科教支出强度的回归系数均显著为正，说明城市的经济发展越快，财政科教支出强度越高、财政自由度越高，地区绿色创新水平越高。对外开放水平的回归系数显著为负，可能是因为鼓励外商投资会引入更多的高污染高能耗的生产部门，抑制了技术创新向绿色清洁方向的转变。

表10-3 基准回归结果

	（1）	（2）	（3）	（4）
因变量	绿色创新	绿色创新	绿色创新	绿色创新
数字基础设施建设	0.856*** （0.102）	2.108*** （0.0572）	0.880*** （0.0967）	0.812*** （0.103）
经济发展水平		1.620*** （0.113）	1.024*** （0.169）	0.476** （0.216）
人口规模		0.663*** （0.0556）	1.561** （0.651）	0.441 （0.625）

续表

	（1）	（2）	（3）	（4）
对外开放程度		10.34*** （2.286）	−10.13*** （3.542）	−7.246** （3.431）
财政支出水平		0.00246*** （0.000682）	0.00222*** （0.000604）	0.00195*** （0.000572）
财政科教支出强度		26.71*** （2.782）	21.12*** （5.553）	16.30*** （5.797）
环境污染程度		1.043 （2.869）	1.08 （2.618）	1.302 （1.370）
城市固定	是	否	是	是
时间固定	是	是	否	是
N	2850	2850	2850	2850
R^2	0.780	0.620	0.754	0.782

注：***、**、*分别表示在1%、5%和10%的统计水平上显著。表中括号内报告的是稳健标准误。

（二）稳健性检验

1.控制省份趋势效应

前面研究表明数字基础设施建设会对城市绿色创新产生显著促进作用。但这一结论可能由于反向因果关系而存在内生性问题，即绿色创新水平高的地区信息化进程更快，数字基础设施建设发展更先进。基于此，本章通过控制省份固定效应、省份与年份交互效应进行回归分析，来缓解数字基础设施不断发展可能带来的宏观环境变化，回归结果如表10-4所示。核心解释变量数字基础设施建设的回归系数均显著为正，与本章的回归结果一致，因此本节的结论不受潜在的内生偏差的影响，具有较好的稳健性。

表10-4 控制省份趋势效应

	（1）	（2）
因变量	绿色创新	绿色创新
数字基础设施建设	0.812*** （0.103）	0.401*** （0.106）

续表

	（1）	（2）
控制变量	是	是
城市固定	是	是
时间固定	是	是
省份固定	是	是
省份与年份交互固定	否	是
N	2,850	2,790
R^2	0.782	0.822

注：***、**、*分别表示在1%、5%和10%的统计水平上显著。表中括号内报告的是稳健标准误。

2.工具变量法

为进一步解决潜在的内生性问题，本章参考黄群慧等（2019）的方法，利用各城市1984年每万人电话机数量为代表的邮电历史数据作为核心解释变量的工具变量。传统电信工具是移动互联网等数字基础设施的根基，与当前数字基础设施的建设密切相关，而历史的电信基础又很难直接对城市绿色产生影响，一定程度上满足工具变量的相关性与外生性的要求。但考虑到选取的工具变量为截面数据，参考Nunn和Qian（2014）的处理方法，引入上一年的全国互联网用户数并与工具变量构造交互项，作为面板工具变量进行回归分析。

由表10-5可知，该工具变量对当地数字基础设施建设存在显著的正向影响，意味着工具变量与数字基础建设高度相关，通过了F检验，识别不足检验，证实了工具变量选取的合理性。因此，数字基础设施建设依然显著促进城市绿色创新，进一步证实了研究结论的稳健性。

表10-5 工具变量的检验结果

自变量	数字基础设施建设	绿色创新
Ⅳ	17.047*** （0.249）	
数字基础设施建设		2.844*** （0.078）

续表

自变量	数字基础设施建设	绿色创新
控制变量	是	是
城市固定	是	是
时间固定	是	是
N	2,850	2,850
R^2	0.771	0.553
First stage F—stat	37.6735	
Weak Identification test	26.447	

注：***、**、* 分别表示在 1%、5% 和 10% 的统计水平上显著。表中括号内报告的是稳健标准误。

3. 外生冲击检验——"宽带中国"试点政策

城市数字基础设施建设水平，往往取决于当地的经济发展水平、产业结构水平和对外开放程度，同时这些因素又会深刻影响其绿色创新发展（赵涛等，2020）。因此，为了验证数字基础设施促进城市绿色创新这一结论的稳健性，本章以"宽带中国"试点政策作为一项准自然实验，采用双重差分（DID）模型评估这一外生政策冲击对于城市绿色创新的影响。模型设定如下：

$$greeninnovation_{it} = \varphi_0 + \varphi_1 treat_{it} + \varphi_2 Control_{it} + \mu_i + \delta_t + \varepsilon_{it} \qquad （式10-4）$$

其中，$treat$ 表示城市当年是否被列入"宽带中国"政策试点名单，是则为1，否则为0，其余字母含义同上。

在进行回归之前，本章参考Beck等（2010）的方法，进行了平行趋势检验，具体结果如图10-2所示，在政策试点之前，实验组和对照组的回归系数不存在显著差异；在政策试点之后，实验组和对照组城市的创新差异越来越大，说明通过了平行趋势检验。

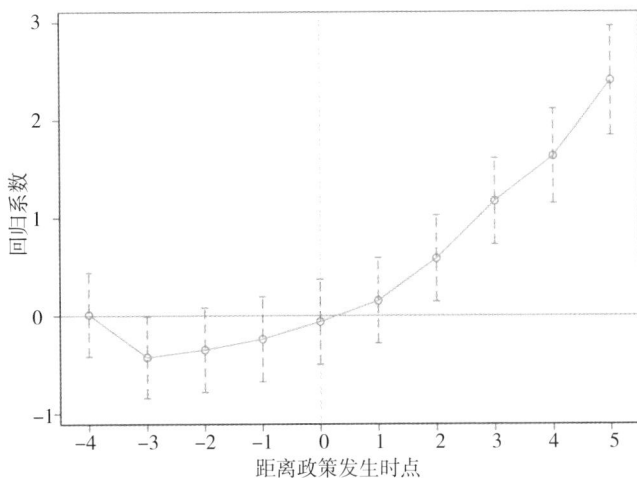

图10-2　平行趋势检验

　　DID回归结果如表10-6，列（1）未加入控制变量。列（2）加入了控制变量，所有回归结果均表明，"宽带中国"试点政策的实施会显著促进城市绿色创新，与前面的结果保持一致。由此可知，本章的结果并不是由潜在的内生性偏差导致的。

表10-6　外生冲击检验结果

	（1）	（2）
自变量	绿色创新	绿色创新
treat	1.162*** （0.122）	1.046*** （0.120）
控制变量	否	是
城市固定	是	是
时间固定	是	是
N	2,565	2,565
R²	0.808	0.817

注：***、**、* 分别表示在1%、5%和10%的统计水平上显著。表中括号内报告的是稳健标准误。

　　为了进一步排除偶然因素以及不可观测因素的影响，本章采用安慰剂检验来缓解遗漏变量的影响。在本章的样本城市中随机抽取"宽带中国"政策试点城市，保持政策实施的时间不变，重复随机抽取500次并保存回归系数，画出500次回归系数的核密度图，如图10-3所示，估计系数分布在0附近且近似服从正态分布，符合安慰剂检验的预期，进一步验证了本章结论的稳健性。

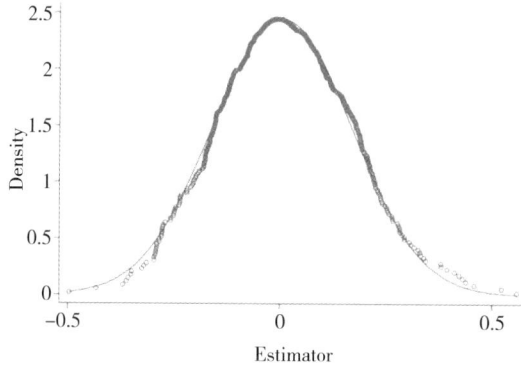
图10-3 安慰剂检验

为进一步验证数字基础设施建设对城市绿色创新影响的结论的可靠性和有效性，进一步通过替换被解释变量，缩尾处理和删除部分样本三种方式证实基准回归的稳健性。结果如表10-7所示。

4. 替换被解释变量

基准回归中的城市绿色创新通过绿色专利申请数量来衡量，为进一步验证回归的稳健性，参考董直庆和王辉（2019）的研究，采用每万人绿色专利产出数量来替换被解释变量进行回归分析。列（1）为替换被解释变量后的回归结果，结果与上文一致。

5.缩尾处理

由于异常值的数据对分析结果会产生一定影响，为了避免异常值对结果造成的干扰，本章对各个变量采取了1%水平的缩尾处理。列（2）为缩尾处理后的回归结果，数字基础设施建设的回归系数仍显著为正，说明数字基础设施建设的确会显著促进城市绿色创新。

6.更换样本范围

为了验证实证结果不受特定地区的影响，剔除北京、天津、上海、重庆四个直辖市以及新疆、西藏地区样本数据，重新进行估计检验。列（3）为删除特定样本数据后的回归结果，结果依然稳健。

表10-7　稳健性检验

	（1）	（2）	（3）
自变量	替换被解释变量	缩尾处理	改变样本范围
数字基础设施建设	0.387*** （0.0549）	0.845*** （0.0757）	0.751*** （0.102）
控制变量	是	是	是
城市固定	是	是	是
时间固定	是	是	是
N	2,849	2,850	2,810
R^2	0.750	0.837	0.772

注：***、**、*分别表示在1%、5%和10%的统计水平上显著。表中括号内报告的是稳健标准误。

五、进一步分析

（一）机制检验

通过上文分析，可以发现数字基础设施建设对城市绿色创新能够起到显著而重要的促进作用。数字基础设施深度融合经济社会各个领域，有利于形成绿色的生产生活方式，推动科技进步，为城市绿色创新发展提供多个思路。根据前面的理论分析，笔者基于人力、物力、财力三个视角，进一步地从人才集聚效应、研发投入增加和产业结构升级来揭示数字基础设施建设对于城市绿色创新的作用渠道和路径机制，借鉴了江艇（2022）关于作用机制的分析思路，进行了机制分析。检验结果如表10-8所示。

表10-8　作用机制检验结果

	（1）	（2）	（3）
自变量	人才集聚效应	研发投入增加	产业结构升级
数字基础设施建设	0.0777** （0.0324）	0.278*** （0.0183）	3.405*** （0.235）
控制变量	是	是	是
城市固定	是	是	是
时间固定	是	是	是

	（1）	（2）	（3）
N	2,850	2850	2,850
R^2	0.005	0.710	0.279

注：***、**、* 分别表示在 1%、5% 和 10% 的统计水平上显著。表中括号内报告的是稳健标准误。

1. 人力资本视角——人才集聚效应是推动城市绿色创新发展的重要引擎

首先，在人力层面，检验数字基础设施建设影响城市绿色创新的人才集聚效应路径。参考现有文献做法，选择地区信息传输、软件和信息技术服务业从业人员数的对数来表征人才集聚。由表10-8列（1）可知，数字基础设施建设的回归系数显著为正，表明数字基础设施建设显著推动了城市人才集聚效应。在数字化、网络化时代，信息传递突破了原有的地理空间集聚的限制，数字基础设施建设能够通过革新信息技术、提高信息化水平等促进知识共享，降低了信息交流成本，并通过提供更广阔的发展平台和丰富的资源环境，吸引人才向区域集聚。高素质人才是绿色创新的最关键要素，其既是科技发展与技术创新的主体，也是知识与技术流动的重要载体。一方面，人才集聚为城市提供了丰富的知识和创新资源，形成了良好的创新的生态系统，各类背景的人才相互交流、碰撞，激发了创新的火花；另一方面，多样化人才具有不同的视角和观点，能够提供多元化的解决方案和创新思路，促进了创新思维和创新文化的形成；此外，城市人才集聚为城市绿色创新奠定良好的人力资本基础，同时也为城市绿色创新注入强大动力，从而对城市绿色发展水平提升起到显著促进作用。

2. 财务资金视角——研发投入增加是促进城市绿色创新的重要推动力量

其次，在财力层面，检验数字基础设施建设影响城市绿色创新的研发投入增加路径。参考相关文献，采用各城市的人均科学技术支出水平来衡量，为了便于比较，对原始数据进行自然对数处理。由表10-8列（3）可以看出，数字基础设施建设的回归系数为正，且通过了1%的显著性检验，即数字基础设施建设水平越高，研发投入水平越高。随着各地区对数字基础设施建设的重视程度日益提升，会进一步推动科技研发投入的增加，使数字基础设施更好地为城市绿色创新赋能。一方面，研发投入的增加能够有效地提升城市创新主体的学习能力和消化吸收外部知识的能力，促进创新主体之间的知识技术之间的交流，有助于创新主体学习创造新知识和新技术，提高创新产出，增强绿色创新方面的竞争优势，从而提升城市创新能力；另一方面，政府增加研发投入降低了企业融资的门槛和成本，推动了财政资金进一步流向绿色创新领域（Khin和Ho，2018），确保资金的高效配置和使用，为绿色创新企业提供了更加持续稳定的资金支持，加快了技术研发和创新活动的进程，更好地满足企业绿色创新的需求，进而推动了绿色可持续发展。

3. 物质资料视角——产业结构升级是影响城市绿色创新的重要因素

最后，在物力层面，检验数字基础设施建设影响城市绿色创新的产业结构升级路径。借鉴干春晖等（2011）研究，采用第三产业产值与第二产业产值的比值来作为产业结构升级的代理变量，该指标能够很好地度量经济结构朝着"服务化"发展的趋势。由表10-8列（2）可以发现，数字基础设施建设的回归系数在1%的统计水平下显著为正，即数字基础设施建设对于产业结构升级起到了显著的推动作用。作为数字经济的基础设施，数字基础设施的建设能够有效推动数字产业、数字技术和数字化服务的发展，为产业结构升级提供新动力，推动城市发展摆脱对传统产业的依赖，逐步淘汰落后的高污染、高能耗产业，加强对于绿色环保型和创新型产业的培育和发展，引导经济向绿色、低碳、可持续发展方向转型，形成创新驱动高质量发展的新模式。优化城市产业结构，能够有效提高创新产业资源要素配置效率，改善创新环境，通过引进和培育高端人才、加大科研投入，推动绿色技术的研发和应用，提高城市绿色创新能力。同时，产业的融合与协同发展，加强了不同产业之间的合作与资源共享，加快了绿色创新的发展速度和广度，为城市绿色创新提供更多的机会和空间。

（二）异质性分析

1. 城市规模异质性

考虑到由于城市人口规模存在差异，地区绿色创新资源及重视程度上的差异，可能最终导致数字基础设施建设对地区绿色创新发展的促进作用存在异质性。本章参考王娇等（2021）的做法，按照人口规模将样本区分为中小城市、大城市和特大城市，分别进行回归。

由表10-9结果可以发现，特大城市、大城市和中小城市的数字基础设施建设均能促进绿色创新，促进作用随着城市规模的扩大而增强。原因在于，大规模城市的数字经济与产业集聚程度更加发达，比中小城市更容易引入先进生产要素，数字基础设施更加完备和数字技术应用更加普及，更能发挥对于城市绿色创新的推动作用。

表10-9　城市规模异质性

	特大城市	大城市	中小城市
自变量	绿色创新	绿色创新	绿色创新
数字基础设施建设	1.703*** （0.216）	0.469*** （0.129）	0.446*** （0.141）
控制变量	是	是	是
城市固定	是	是	是
时间固定	是	是	是
N	1,001	1,686	120
R^2	0.802	0.789	0.840

注：***、**、* 分别表示在1%、5%和10%的统计水平上显著。表中括号内报告的是稳健标准误。

2. 人力资本水平异质性

人力资本水平是影响绿色创新水平的重要因素，因此数字基础设施对于绿色创新的影响会因为人力资本水平的差异而产生异质性影响。基于此，本章利用普通本专科在校学生数占总人口之比来衡量人力资本水平，以其中位数为界限，将样本划分为人力资本水平较低和人力资本水平较高两组，进行异质性分析。回归结果如表10-10所示。在人力资本水平较高的城市，数字基础设施建设对于绿色创新的促进作用要明显高于人力资本水平较低的城市。主要原因可能在于人力资本较高的城市，研发人员较充裕且知识技能较丰富，同时能够更好地利用数字技术和数据要素，从而使得数字基础设施建设对绿色创新具有更强的推动作用。

表10-10　人力资本水平异质性

	人力资本水平较低	人力资本水平较高
自变量	绿色创新	绿色创新
数字基础设施建设	0.105*** （0.0310）	1.311*** （0.148）
控制变量	是	是
城市固定	是	是
时间固定	是	是
N	1,490	1,347
R^2	0.807	0.838

注：***、**、* 分别表示在 1%、5%和10%的统计水平上显著。表中括号内报告的是稳健标准误。

3. 环境规制强度异质性

环境规制是影响绿色创新的外部压力，合理设计的环境规制对技术创新具有重要的促进作用，因此在环境规制强度不同的地区，数字基础设施对于绿色创新的影响可能不同。基于此，本章参考相关文献（沈坤荣等，2017；李虹和邹庆，2018；董直庆和王辉，2019），采用工业烟（粉）尘去除率、工业SO_2去除率、一般工业固体废物综合利用率、生活垃圾无害化处理率、污水处理厂集中处理率等指标综合测算环境规制强度，以其中位数为界限，将样本划分为环境规制程度较低和环境规制程度较高两组，进行异质性分析。回归结果如表10-11所示。在环境规制强度较高的城市，数字基础设施建设对于绿色创新的促进作用要明显高于环境规制强度较低的城市。原因在于，环境规制强度更高有利于增强企业创新动力，优化创新模式，有效地弥补环境治理与惩罚成本上升导致的不利的竞争局面，进而推动企业绿色创新。

表10-11　环境规制强度异质性

自变量	绿色创新	绿色创新
数字基础设施建设	0.215*** （0.0678）	0.907*** （0.199）
控制变量	是	是

	环境规制强度较低	环境规制强度较高
自变量	绿色创新	绿色创新
城市固定	是	是
时间固定	是	是
N	1,439	1,383
R^2	0.805	0.794

注：***、**、*分别表示在1%、5%和10%的统计水平上显著。表中括号内报告的是稳健标准误。

4. 财政补贴力度异质性

财政补贴是影响城市绿色创新的外在动力，因此财政补贴力度也会对于绿色创新产生异质性影响。因此，将样本划分为财政补贴力度较小和财政补贴力度较大两组进行回归分析。从表10-12可知，相比于财政补贴力度较低的城市，财政补贴力度较大城市的数字基础设施对于城市绿色创新的促进作用更强。财政补贴能够促进企业增加技术创新投入，支持企业开展技术研发活动，优化创新资源配置，从而提升绿色创新能力。

表10-12　财政补贴力度异质性

	财政补贴力度较小	财政补贴力度较大
自变量	GI	GI
数字基础设施建设	0.0976*** （0.0242）	1.000*** （0.175）
控制变量	是	是
城市固定	是	是
时间固定	是	是
N	1,415	1,414
R^2	0.783	0.805

注：***、**、*分别表示在1%、5%和10%的统计水平上显著。表中括号内报告的是稳健标准误。

（三）空间溢出效应分析

本章利用莫兰指数（Moran's I）来检验空间自相关性。在空间邻接矩阵、地理距离矩阵、经济地理距离矩阵下，对于2011—2020年285个地级市的绿色创新水平和数字基础设施建设的全局Moran's I指数进行了测算，如表10-13所示。2011—2020年全局莫兰指数均为在1%的统计水平下显著为正，表明我国城市的绿色创新能力和数字基础设施建设，并非无序的空间分布，而是表现出显著的空间正向相关性，即呈现出高—高型集聚和低—低型集聚的分布特征，存在空间集聚效应。

表10-13 Moran's I指数

年份	绿色创新			数字基础设施建设		
	邻接	地理	经济	邻接	地理	经济
2011	0.324***	0.070***	0.189***	0.447***	0.100***	0.205***
2012	0.351***	0.078***	0.214***	0.483***	0.111***	0.206***
2013	0.318***	0.071***	0.220***	0.462***	0.107***	0.202***
2014	0.348***	0.080***	0.250***	0.455***	0.112***	0.212***
2015	0.384***	0.091***	0.264***	0.435***	0.105***	0.209***
2016	0.404***	0.097***	0.251***	0.461***	0.108***	0.219***
2017	0.445***	0.106***	0.248***	0.493***	0.119***	0.251***
2018	0.410***	0.101***	0.233***	0.495***	0.126***	0.237***
2019	0.367***	0.092***	0.265***	0.404***	0.102***	0.208***
2020	0.344***	0.092***	0.325***	0.375***	0.093***	0.197***

注：***、**、* 分别表示在1%、5%和10%的统计水平上显著。

在检验了绿色创新水平和数字基础设施建设具有空间相关性后，要进一步确定空间计量模型的具体估计形式。根据LM检验和Robust LM 检验结果综合考虑，本章选择具有一般意义的空间杜宾模型；根据Hausman检验结果，选择固定效应模型进行分析。具体估计结果如表10-14所示。空间邻接、地理距离权重矩阵下的空间自相关系数均通过了1%水平下的显著性检验，且三个权重矩阵下数字基础设施建设的回归系数在本地和邻地均显著为正。由于空间杜宾模型中存在空间滞后项，其估计系数不能直接反映解释变量对被解释变量的影响，需要对回归结果进行进一步处理，分解为直接效应、间接效应和总效应，进一步考察空间溢出效应。

表10-14　SDM模型回归结果

变量	邻接矩阵	地理距离矩阵	经济距离矩阵
数字基础设施建设	0.812*** （0.0718）	0.812*** （0.0713）	0.814*** （0.0717）
空间效应系数	0.311** （0.131）	1.752* （1.026）	0.339* （0.198）
直接效应	0.809*** （0.0725）	0.808*** （0.0736）	0.814*** （0.0720）
间接效应	0.251** （0.121）	0.379 （0.476）	0.329* （0.194）
总效应	1.060*** （0.116）	1.187*** （0.450）	1.144*** （0.192）
rho	−0.0526* （0.0280）	−1.152*** （0.242）	−0.00683 （0.0343）
sigma2_e	1.020*** （0.0270）	1.007*** （0.0268）	1.023*** （0.0271）
控制变量	是	是	是
城市固定	是	是	是
时间固定	是	是	是
N	2,850	2,850	2,850
R^2	0.133	0.448	0.432

注：***、**、* 分别表示在 1%、5% 和 10% 的统计水平上显著。表中括号内报告的是稳健标准误。

由表10-14可知，在空间邻接矩阵和经济距离矩阵下，数字基础设施建设的直接效应在1%的统计水平上显著为正，即数字基础设施建设水平提升，则本地区的绿色创新能力提高。数字基础设施建设的间接效应的系数显著为正，表明数字基础设施建设对邻近地区的绿色创新也具有促进作用。综合数字基础设施的直接效应和间接效应，其总效应在1%水平下显著为正，表明数字基础设施建设的发展会提高整体的绿色创新水平。在数字经济时代，数字基础设施的飞速发展促进了创新要素高效便捷地流动，通过新一代信息通信技术，创新要素可以实现实时沟通与合作，人才、资本和技术等要素能够迅速响应市场需求，拓展了创新要素配置的空间范围，创造了良好的区域间合作与共享的创新环境。

（四）门槛效应分析

在估计门槛模型之前，本章首先基于Hansen（1999）的方法进行了面板门槛存在性检验。运用"自助法"（bootstrap）反复抽样1000次后得出F值和P值，检验结果如表10-15所示。数字基础设施建设的单门槛效应在1%显著性水平通过检验，且均未通过双门槛和三门槛显著性检验，表明数字基础设施建设促进城市绿色创新存在单门槛效应，门槛值为5.4257。

表10-15　门槛效应检验结果

门槛变量	门槛数量	F值	P值	门槛值	95%置信区间
数字基础设施建设	单门槛	231.99	0.0000	5.4257	[5.3659,5.4558]
	双门槛	90.55	0.1910		
	三门槛	36.92	0.8600		

门槛回归结果如表10-16所示。数字基础设施建设对城市绿色创新发挥非线性影响。在数字基础设施建设发展的不同阶段，其对于城市绿色创新的影响作用不同。当数字基础设施发展水平较低时（digital≤5.4257），其对于城市绿色创新产生积极影响，数字基础设施建设水平每提升1%，城市绿色创新能力提升1.084%；当数字基础设施建设跨越门槛值，达到较高水平（digital>5.4257），其对于城市绿色创新的"赋能效应"更加显著地发挥。数字基础设施建设水平的提升将促进城市绿色创新能力提高。数字基础设施建设对于城市绿色创新存在单门槛的非线性影响，当数字基础设施建设水平跨越门槛值，其对于城市绿色创新的促进作用不断增强，呈现出较为明显的"边际递增"特征。

表10-16　门槛模型回归结果

因变量	绿色创新
数字基础设施建设（th≤5.4257）	1.084*** （0.0843）

因变量	绿色创新
数字基础设施建设（th> 5.4257）	1.833***
	（0.0575）
控制变量	是
城市固定	是
时间固定	是
N	2,850
R^2	0.630

注：***、**、*分别表示在 1%、5%和 10%的统计水平上显著。表中括号内报告的是稳健标准误。

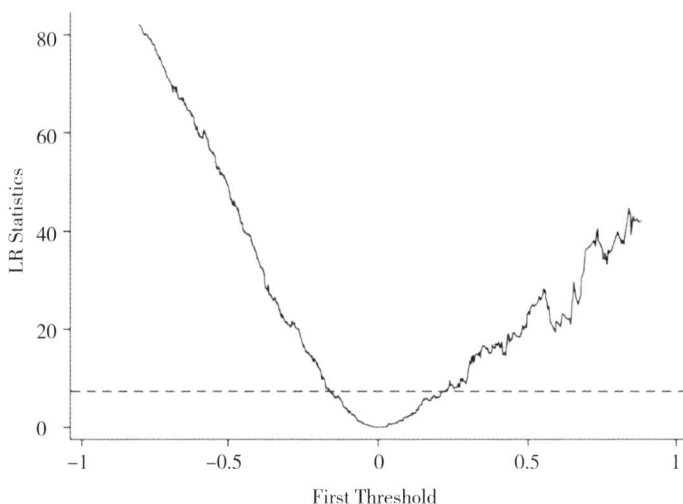

图10-4 单门槛效应图

六、结论

在数字经济时代和绿色可持续发展的时代背景下，随着数字技术的飞速发展及其在社会各个领域的渗透融合，数字基础设施建设取得明显成效，中央有关会议也多次强调要加强数字基础设施建设。与此同时，中国经济进入新常态，发展模式也逐步向创新驱动型转变，数字基础设施建设被认为是推动城市绿色创新能力和经济社会绿色高质量发展的重要支撑。已有文献较多关注数字基础设施的经济效应，但较少讨论其绿色效应，探究这一问题，有助于在理论上明晰数字基础设施促进城市绿色创新的内在逻辑，在实践上充分发挥数字基础设施作用，进一步推动经济社会数字化绿色化发展。

本章基于2011年至2020年中国285个地级市的面板数据，在利用主成分分析法测算城市数字基础设施的综合发展指数的基础上，综合采用面板固定效应模型、空间杜宾模型和门槛效应模型等方法，实证研究了数字基础设施建设对我国城市绿色创新的影响机制与效果。研究发现：第一，数字基础设施建设显著促进了城市绿色创新能力的提升。经过控制固定效应，工具变量法、外生冲击检验、替换被解释变量、缩尾处理、改变样本范围等一系列内生性处理与稳健性检验后，该研究结论仍然成立。第二，从作用机制来看，数字基础设施建设能通过促进人才集聚效应、产业结构升级以及研发投入增加对城市绿色创新产生积极影响。第三，异质性分析表明，从内部禀赋来看，数字基础设施建设对于规模较大、人力资本水平较高城市的绿色创新促进作用更显著；从外部环境来看，环境规制强度较高、财政补贴力度较大城市的绿色创新效应更强。第四，空间杜宾模型检验结果表明，数字基础设施不仅对本地绿色创新起到了促进作用，而且还可以对周边地区产生正向的溢出效应。第五，从非线性影响角度来看，数字基础设施建设对城市绿色创新存在门槛效应，呈现出边际效应递增的非线性特征。

根据以上研究结论，本章提出如下政策建议。

第一，进一步加强数字基础设施的合理布局与高水平建设。加快传统基础设施的数字化、智能化和网络化的改造升级，扩大数字基础设施的覆盖广度，提高其安全性、可靠性、协调性和高效性，加强5G、云计算、大数据等数字基础设施核心技术的研发与应用，进一步挖掘数字基础设施建设推动城市绿色创新方面的巨大潜力，充分发挥数字基础设施对于城市绿色创新的赋能效应。

第二，探索数字基础设施驱动城市绿色创新的多维路径。首先，人力资本层面，城市应该创造宽松开放的环境，建立跨学科合作的平台和机制，加大资金支持和投入，提供更多的资源和机会，注重具有综合能力和创新思维的优秀绿色创新人才的培养与引进，发挥人才集聚效应。其次，在财务资金层面，未来应进一步加强研发资金投入，支持开展更多的研发活动，加快数字基础设施以及绿色创新的发展进程，进而促进绿色经济的繁荣与可持续发展。最后，在物质资料层面，政府要加大对绿色产业和创新型产业的支持和引导，提供政策激励和资金支持，为其发展提供良好的环境和条件。同时，需要加强政府、企业和研究机构之间的合作与协调，共同推动绿色创新的实施。

第三，促进区域数字基础设施与绿色创新协调发展。由于城市规模、发展水平以及政策环境等方面存在差异，政府应该实施因地制宜的差异化发展策略。一方面，相较于内部禀赋条件较好的城市，经济发展较快，专业人才较充足，数字基础设施建设较完善，对规模较小以及人力资本水平较低的城市，政府要加大扶持力度，加强数字基础设施建设，深化新一代数字技术的应用，使得数字基础设施更好地促进城市绿色创新。另一方面，环境规制强度和财政补贴力度较大的城市，要进一步发挥政府的监管力度和政策支持在影响城市绿色创新中的作用，通过制定环保标准和监管措施等手段，引导城市在数字化和绿色创新方面的实践，并加强财政补贴、税收激励和创新奖励，完善数字基础设施建设，营造良好的创新环境，推动绿色创新的发展。

第四，助推数字基础设施建设对城市绿色创新显著的空间正向溢出作用。打破地区之间的信息、知识与产业等方面的限制，促进区域之间的数字基础设施建设协同发展，加强区域间绿色科研和成果转化的信息交流，通过新兴数字技术挖掘和传递前沿绿色科技创新知识，强化数字基础设施促进城市绿色创新的扩散效应，共享数字红利。

本章研究了数字基础设施对城市绿色创新的影响及其作用机制，得出了有价值的结论，但仍存在需要改进和拓展的方面：第一，本文参考相关文献并结合数据可得性。选取8个指标，采用主成分分析法对数字基础设施水平进行测度。在指标的选取上可能存在偏差。未来可寻求更为客观的衡量数字基础设施建设的指标，以获得更为准确的结论。其次，本文从人才集聚、研发投入增加和产业结构优化三个方面研究了数字基础设施影响城市绿色创新的作用机制。然而，数字基础设施可能通过多种渠道影响绿色创新，未来可以探索更多的潜在路径。此外，本研究基于中国城市层面，未来可推广至多个国家，以加强研究结论的普适性。

参考文献：

[1]　Alderete M V. Mobile broadband：a key enabling technology for entrepreneurship?[J]. Journal of Small Business Management, 2017, 55（2）：254–269.

[2]　Bai Y, Song S, Jiao J, et al. The impacts of government R&D subsidies on green innovation：Evidence from Chinese energy–intensive firms[J]. Journal of cleaner production, 2019, 233：819–829.

[3]　Beck T, Levine R, Levkov A. Big bad banks? The winners and losers from bank deregulation in the United States[J]. The Journal of Finance, 2010, 65（5）：1637–1667.

[4]　Cao B, Wang S. Opening up, international trade, and green technology progress[J]. Journal of Cleaner Production, 2017, 142：1002–1012.

[5]　Chu Z, Cheng M, Yu N N. A smart city is a less polluted city[J]. Technological Forecasting and Social Change, 2021, 172：121037.

[6]　Dong S, Ren G, Xue Y, et al. Urban green innovation's spatial association networks in China and their mechanisms[J]. Sustainable Cities and Society, 2023, 93：104536.

[7]　Feng Y, Chen Z, Nie C. The effect of broadband infrastructure construction on urban green innovation：Evidence from a quasi–natural experiment in China[J]. Economic Analysis and Policy, 2023, 77：581–598.

[8]　Feng Y, Chen Z, Nie C. The effect of broadband infrastructure construction on urban green innovation：Evidence from a quasi–natural experiment in China[J]. Economic Analysis and Policy, 2023, 77：581–598.

[9]　Forman C, Van Zeebroeck N. Digital technology adoption and knowledge flows within firms：Can the Internet overcome geographic and technological distance?[J]. Research policy, 2019, 48（8）：103697.

[10]　Guo B, Wang Y, Zhang H, et al. Impact of the digital economy on high–quality urban economic development：Evidence from Chinese cities[J]. Economic Modelling, 2023, 120：106194.

[11]　Han X, Fu L, Lv C, et al. Measurement and spatio–temporal heterogeneity analysis of the coupling coordinated development among the digital economy, technological innovation and ecological environment[J]. Ecological Indicators, 2023, 151：110325.

[12]　Hansen B E. Threshold effects in non–dynamic panels：Estimation, testing, and inference[J]. Journal of econometrics, 1999, 93（2）：345–368.

[13]　Hansen M T. The search–transfer problem：The role of weak ties in sharing knowledge across organization subunits[J]. Administrative science quarterly, 1999, 44（1）：82–111.

[14]　Hao X, Li Y, Ren S, et al. The role of digitalization on green economic growth：Does industrial structure optimization and green innovation matter?[J]. Journal of environmental management, 2023, 325：116504.

[15] Hu H, Xiong S, Wang Z, et al. Green financial regulation and shale gas resources management[J]. Resources Policy, 2023, 85: 103926.

[16] Hu J, Zhang H, Irfan M. How does digital infrastructure construction affect low-carbon development? A multidimensional interpretation of evidence from China[J]. Journal of cleaner production, 2023, 396: 136467.

[17] Hu S, Wang M, Wu M, et al. Voluntary environmental regulations, greenwashing and green innovation: Empirical study of China's ISO14001 certification[J]. Environmental Impact Assessment Review, 2023, 102: 107224.

[18] Huang Q, Yu Y, Zhang S. Internet development and productivity growth in manufacturing industry: Internal mechanism and China experiences[J]. China Ind. Econ, 2019, 8: 5–23.

[19] Jiang T. Mediating effects and moderating effects in causal inference[J]. China Ind. Econ, 2022, 5: 100–120.

[20] Khin S, Ho T C F. Digital technology, digital capability and organizational performance: A mediating role of digital innovation[J]. International Journal of Innovation Science, 2018, 11 (2): 177–195.

[21] Kong J, Zhang C H, Han C H. Growth strategy of infrastructure system interacting with natural ecology[J]. China Popul Resour Environ, 2018, 28 (1): 44–53.

[22] Li C, Liang F, Liang Y, et al. Low-carbon strategy, entrepreneurial activity, and industrial structure change: evidence from a quasi-natural experiment[J]. Journal of Cleaner Production, 2023, 427: 139183.

[23] Li C, Wang Y, Zhou Z, et al. Digital finance and enterprise financing constraints: Structural characteristics and mechanism identification[J]. Journal of Business Research, 2023, 165: 114074.

[24] Li K. Can resource endowment and industrial structure drive green innovation efficiency in the context of COP 26?[J]. Resources Policy, 2023, 82: 103502.

[25] Li L, Li M, Ma S, et al. Does the construction of innovative cities promote urban green innovation?[J]. Journal of environmental management, 2022, 318: 115605.

[26] Lin B, Ma R. How does digital finance influence green technology innovation in China? Evidence from the financing constraints perspective[J]. Journal of environmental management, 2022, 320: 115833.

[27] Liu B, Gan L, Huang K, et al. The impact of low-carbon city pilot policy on corporate green innovation: Evidence from China[J]. Finance Research Letters, 2023, 58: 104055.

[28] Liu K, Meng C, Tan J, et al. Do smart cities promote a green economy? Evidence from a quasi-experiment of 253 cities in China[J]. Environmental Impact Assessment Review, 2023, 99: 107009.

[29] Liu K, Xue Y, Chen Z, et al. The spatiotemporal evolution and influencing factors of urban green innovation in China[J]. Science of the Total Environment, 2023, 857: 159426.

[30] Liu X, Liu F, Ren X. Firms' digitalization in manufacturing and the structure and direction of green innovation[J]. Journal of Environmental Management, 2023, 335: 117525.

[31] Ma D, Zhu Q. Innovation in emerging economies: Research on the digital economy driving high-quality green development[J]. Journal of Business Research, 2022, 145: 801-813.

[32] Munawar S, Yousaf H Q, Ahmed M, et al. Effects of green human resource management on green innovation through green human capital, environmental knowledge, and managerial environmental concern[J]. Journal of Hospitality and Tourism Management, 2022, 52: 141-150.

[33] Nunn N, Qian N. US food aid and civil conflict[J]. American economic review, 2014, 104 (6): 1630-1666.

[34] Paunov C, Rollo V. Has the internet fostered inclusive innovation in the developing world?[J]. World Development, 2016, 78: 587-609.

[35] Popkova E G, De Bernardi P, Tyurina Y G, et al. A theory of digital technology advancement to address the grand challenges of sustainable development[J]. Technology in Society, 2022, 68: 101831.

[36] Ren X, Xia X, Taghizadeh-Hesary F. Uncertainty of uncertainty and corporate green innovation—evidence from China[J]. Economic Analysis and Policy, 2023, 78: 634-647.

[37] Ren X, Zeng G, Sun X. The peer effect of digital transformation and corporate environmental performance: Empirical evidence from listed companies in China[J]. Economic Modelling, 2023, 128: 106515.

[38] Ren X, Zeng G, Sun X. The peer effect of digital transformation and corporate environmental performance: empirical evidence from listed companies in China[J]. Economic Modelling, 2023, 128: 106515.

[39] Ren X, Zeng G, Zhao Y. Digital finance and corporate ESG performance: Empirical evidence from listed companies in China[J]. Pacific-Basin Finance Journal, 2023, 79: 102019.

[40] Schade P, Schuhmacher M C. Digital infrastructure and entrepreneurial action-formation: A multilevel study[J]. Journal of Business Venturing, 2022, 37 (5): 106232.

[41] Song M, Pan H, Vardanyan M, et al. Evaluating the energy efficiency-enhancing potential of the digital economy: Evidence from China[J]. Journal of Environmental Management, 2023, 344: 118408.

[42] Song M, Wang S, Zhang H. Could environmental regulation and R&D tax incentives affect green product innovation?[J]. Journal of Cleaner Production, 2020, 258: 120849.

[43] Tang K, Yang G. Does digital infrastructure cut carbon emissions in Chinese cities?[J]. Sustainable Production and Consumption, 2023, 35: 431-443.

[44] Thacker S, Adshead D, Fay M, et al. Infrastructure for sustainable development[J]. Nature Sustainability, 2019, 2 (4): 324-331.

[45] Wang H, Qi S, Zhou C, et al. Green credit policy, government behavior and green innovation

quality of enterprises[J]. Journal of Cleaner Production, 2022, 331：129834.

[46] Wang K L, Sun T T, Xu R Y, et al. How does internet development promote urban green innovation efficiency? Evidence from China[J]. Technological Forecasting and Social Change, 2022, 184：122017.

[47] Wang X, Yang W, Ren X, et al. Can financial inclusion affect energy poverty in China? Evidence from a spatial econometric analysis[J]. International Review of Economics & Finance, 2023, 85：255-269.

[48] Wang Z, Deng Y, Zhou S, et al. Achieving sustainable development goal 9：A study of enterprise resource optimization based on artificial intelligence algorithms[J]. Resources Policy, 2023, 80：103212.

[49] Wang Z, Liang F, Li C, et al. Does China's low-carbon city pilot policy promote green development? Evidence from the digital industry[J]. Journal of Innovation & Knowledge, 2023, 8（2）：100339.

[50] Wang Z, Zhang S, Zhao Y, et al. Risk prediction and credibility detection of network public opinion using blockchain technology[J]. Technological Forecasting and Social Change, 2023, 187：122177.

[51] Wei L, Lin B, Zheng Z, et al. Does fiscal expenditure promote green technological innovation in China? Evidence from Chinese cities[J]. Environmental Impact Assessment Review, 2023, 98：106945.

[52] Wu S, Qu Y, Huang H, et al. Carbon emission trading policy and corporate green innovation：internal incentives or external influences[J]. Environmental Science and Pollution Research, 2023, 30（11）：31501-31523.

[53] Xue L, Zhang Q, Zhang X, et al. Can digital transformation promote green technology innovation?[J]. Sustainability, 2022, 14（12）：7497.

[54] Yan Z, Sun Z, Shi R, et al. Smart city and green development：Empirical evidence from the perspective of green technological innovation[J]. Technological Forecasting and Social Change, 2023, 191：122507.

[55] Yang H, Li L, Liu Y. The effect of manufacturing intelligence on green innovation performance in China[J]. Technological Forecasting and Social Change, 2022, 178：121569.

[56] Yin H, Qian Y, Zhang B, et al. Urban construction and firm green innovation：Evidence from China's low-carbon pilot city initiative[J]. Pacific-Basin Finance Journal, 2023, 80：102070.

[57] Yin X, Chen D, Ji J. How does environmental regulation influence green technological innovation? Moderating effect of green finance[J]. Journal of Environmental Management, 2023, 342：118112.

[58] Zhang D, Rong Z, Ji Q. Green innovation and firm performance：Evidence from listed companies in China[J]. Resources, conservation and recycling, 2019, 144：48-55.

[59] Zhang D, Rong Z, Ji Q. Green innovation and firm performance：Evidence from listed companies

in China[J]. Resources, Conservation and Recycling, 2019, 144： 48−55.

[60] Zhang M, Hong Y, Zhu B. Does national innovative city pilot policy promote green technology progress? Evidence from China[J]. Journal of Cleaner Production, 2022, 363： 132461.

后　记

　　本书内容聚焦于数字经济的效应研究，探究数字经济下结构转型的规律，凝练数字经济促进包容性增长的内在机理。本书包含家庭篇、企业篇、区域篇三个方面，从不同视角揭示了数字经济对家庭、企业、区域影响的包容性特征，涉及数字平台、数字基础设施、家庭数字生活、企业数字化转型、智慧城市等数字经济相关的热点问题。

　　在从传统业态转向数字生态的过程中，促进包容性增长是新时代推动数字经济高质量发展的必然要求，而识别其内在机理的关键在于从结构视角考察数字经济对经济社会的各个层面、各个主体、各个维度带来的冲击影响，从系统观念和动态思维把握数字经济发展的一般规律。具体来看，在家庭篇方面，本书探究了数字平台发展对弱势群体创业的影响、家庭数字生活对幸福感的影响、数字基础设施建设对家庭多维减贫的影响，描述了数字经济下家庭消费、家庭金融等方面的结构性变化，揭示了数字经济在促进弱势群体创业、增强居民幸福感、推动家庭共同富裕中的推动作用。在企业篇，本书探究了企业数字化转型对市场势力的影响、企业数字化转型对劳动收入份额的影响、数字基础设施建设对企业ESG绩效的影响，刻画了数字经济下企业组织模式、分配模式、发展模式等方面的变化特征，揭示了数字经济在改变市场竞争格局、促进社会分配公平、推动可持续发展中的积极作用。在区域篇，本书探究了智慧城市建设对创业活跃度、资源诅咒、就业结构、绿色发展的影响，明晰了智慧城市建设下产业结构、资源结构、就业结构和创新结构的转型特征，揭示了数字经济对区域产业转型升级、城市转型发展、包容性就业和城市绿色增长的赋能作用。企业、家庭、地方政府是中国特色社会主义市场经济体系中的三个重要市场主体，本书从这三个方面解释了数字经济在推动结构转型过程中的包容性增长特征，为加快数字经济赋能高质量发展提供了经验证据，也为解决我国发展不平衡不充分问题提出了数字化路径，希望本书能为我国数字经济高质量发展提供政策参考和学理支持。

　　本书的成果源于硕博学习期间和工作期间的思考和研究，尤其在中央民族大学数字经济本科专业和数字经济研究院建设过程中的实践与理论碰撞激起了我对诸多现实问题的研究。感谢国家自然科学基金青年科学基金项目的资助。感谢中央民族大学和北京大学在本书成稿期间给予作者的支持。感谢中央民族大学经济学院对于书中所涉及的相关研究提供的资助，感谢学院领导、老师和同学们的支持帮助。当然，要特别感谢合作者们，我的博士导师董志勇教授以及何丝、霍鹏、李博、李大铭、梁飞燕、梁银鹤、王霄、王泽宇、徐阳、闫强明、曾良恩、翟晨晨、张伟广、张心怡、文美玉、张泽宇昕等在研究过程中提供的支持，同时感谢张雪同学在整理书稿过程中的协助。最后，还要特别感谢人民日报出版社的编辑老师们高效和细心的工作。诚然，尽管笔者在前期研究中已做了大量基础工作并尽力统稿审校，但书中仍可能存在不足之处，诚挚期待学界同行和广大读者给予宝贵的反馈意见和建议，在此一并感谢。